现代国际金融理财标准（上海）有限公司 / 指导

国际金融理财师认证考试参考用书

员工福利与退休规划

北京当代金融培训有限公司 / 组织编写

Employee Benefits and Retirement Planning

中国人民大学出版社

· 北京 ·

丛书序

自 2004 年被引进到中国以来，CFP 系列认证经过十多年的发展，已经成为金融机构和理财专业人士广泛认可的专业认证，并逐步为社会大众所认知。CFP 的英文全称是 Certified Financial Planner（中文译为“国际金融理财师”），是一个全球性的金融理财师专业认证，至今已有近 50 年的历史。它以公众利益为核心，以理财相关各方（理财专业人士、金融机构、监管机构、消费者、教育机构、政府代表等）的经验为基础，恪守“客户至上”的理念，遵循严格的“4E”[即教育（education）、考试（examination）、从业经验（experience）、职业道德（ethics）] 标准，推行严格的金融理财执业标准，赢得了全球金融机构、理财专业人士和社会大众的广泛认可与尊重。

关于国际金融理财标准委员会（FPSB）和国际标准

国际金融理财标准委员会（Financial Planning Standards Board，FPSB）是一个非营利组织，它为各类金融理财机构开发、管理和运作认证、教育和其他相关项目，通过在金融理财领域建立、维护和推广全球职业标准，使社会各方受益。FPSB 的总部位于美国丹佛，现有 26 个成员组织，覆盖了全球主要的国家和地区。截至 2017 年底，全球 CFP 持证人达到 175 573 人。此外，还有十多个亚洲、欧洲和南美洲的金融理财组织正在积极地申请加入 FPSB。

CFP 认证的历史可以追溯到 20 世纪 60 年代末。1969 年，美国金融咨询业的一些专业人员创立了首家金融理财的专业协会——国际金融理财协会（International Association for Financial Planning，IAFP）。三年后，IAFP 创立了自己下属的专门的教育、培训机构——美国金融理财学院（College for Financial Planning）。此后，该学院毕业生发起设立了国际金融理财师学会（Institute of Certified Financial Planners，ICFP）。经过十余年的努力，美国金融理财学院和国际金融理财师学会在 1985 年共同设立了国际金融理财师标准和实践委员会（International Board of Standards and Practices for Certified Financial Planners，IBCFP）。1994 年，IBCFP 改名为美国 CFP 标准委员会（CFP Board of Standards）。

CFP 认证制度的国际化始于 1990 年。澳大利亚是第一个与 IBCFP 签署联署协议获得 CFP 商标国际许可证的国家。两年之后，1992 年，IBCFP 与日本签署了协议。随后，英国、加拿大、新西兰、法国、德国等陆续加入。为了管理这些国际成员组织，IBCFP 于 1994 年成立了国际 CFP 理事会（International CFP Council）。国际 CFP 理事会于 2004 年发展成为 FPSB。

CFP 认证制度至今已有近 50 年的历史，期间历经多个经济周期，为什么依然保持着强大的生命力，而且越来越受到社会的认可和尊重？这个问题的答案可以从 FPSB 的使命中找到。FPSB 的使命是“在金融理财领域通过建立、维护和推广全球性的职业标准来造福社会”。为此，FPSB 针对金融理财建立了一系列的标准，并在全球范围内推广。这些标准主要包括：

1.《金融理财师竞争力标准》

《金融理财师竞争力标准》规定了金融理财专业人士与客户共同制订金融理财规划时所需要的知识、技能、能力、态度和判断力。它是高质量职业认证的基石。

2.《金融理财执业标准》

《金融理财执业标准》规定了金融理财师无论在何时、何地、何种背景、何种付酬方式下提供金融理财服务都应该达到的执业标准。

3.《金融理财师道德准则和专业责任》

在《金融理财师道德准则和专业责任》中，FPSB 规定并界定了金融理财专业人士在日常的金融理财活动中应遵守的八大道德准则：客户至上、正直诚信、客观公正、公平合理、专业精神、专业胜任、保守秘密和恪尽职守。

4.《金融理财师行为准则》

《金融理财师行为准则》是《金融理财师道德准则和专业责任》和《金融理财执业标准》的补充强化机制。《金融理财师行为准则》规定了金融理财专业人士应当遵守的 37 条行为准则，对使用 FPSB 商标系列的个人和单位均具有约束力。

5.《金融理财教育体系》

《金融理财教育体系》用来指导成员组织的金融理财教育，尤其是用来反映 CFP 专业人士所需要的认知水平和学习成果。它为构建理财规划培训模块和课程提供了指导框架，提高了全球各地区课程教学要求和标准的一致性。

上述的一系列标准对金融理财师从培训、认证到执业提出了全面的规范要求，从而使获得 CFP 系列认证的从业人员具备良好的职业道德、素养和技能，能够更好地服务社会大众，也因此得到社会的广泛认可与尊重。

关于 FPSB China 和 CFP 系列认证

2002 年 11 月，中美金融策划论坛在北京举行，拉开了 CFP 认证进入中国的序幕。经过数年的沟通和准备，在 2005 年，中国以准会员身份加入 FPSB，并在 2006 年成为 FPSB 的第 19 个正式会员。FPSB China 是唯一取得 FPSB 授权在中国进行 CFP 认证和 CFP 商标管理的机构。FPSB China 由两部分组成，即金融理财标准指导委员会和现代国际金融理财标准（上海）有限公司。

金融理财标准指导委员会由金融实务界和学术界有丰富从业经验和学术地位、有社会责任感和热心金融理财事业的人士组成，指导 CFP 系列认证在中国的组织和实施。作为 FPSB 的会员单位，现代国际金融理财标准（上海）有限公司负责 CFP 认证项目的全面管理和运营。

在过去的十多年里，FPSB China 与授权培训机构一起付出了巨大的心血，建立了一个包括培训、考试、认证、继续教育、再认证的完整体系。从这个意义上讲，CFP 认证在中国不仅仅是一个证书，更像理财专业人士的职业生涯导师和伙伴。

CFP 认证体系的一个很大的特点就是将国际标准和本土实践相结合。在 FPSB 全球统一标准的指导和要求下，各成员组织要根据本国或本地区的实际情况来制定适宜的标准用以指导该国或该地区持证人的学习和实践。中国的 CFP 系列认证包括 CFP、AFP、EFP、CPB 认证。其中，AFP（金融理财师）是 CFP（国际金融理财师）的初级阶段；EFP（金融理财管理师）主要面向金融理财管理人员；CPB（认证私人银行家）面向服务高端财富人士的专业人员。所有的标准均由 FPSB 制定或认定，委托 FPSB China 在中国执行，并由 FPSB 统一颁发证书。这种“接地气”的制度安排，使得 CFP 系列认证在全球和中国都取得了长足的发展。

2004 年 11—12 月，在北京举行了首期 240 学时的 CFP 认证培训班。2005 年 6 月，经 FPSB 认可，CFP 认证在中国实施两级认证制度，即 AFP 认证和 CFP 认证，培训也相应地分为两个部分，即 AFP 培训（108 学时）和 CFP 培训（132 学时）。2006 年 9 月，首届 EFP 培训班开班。2008 年初，首届 CPB 培训班开班。之后，CFP 认证事业蒸蒸日上，参与学习和认证的专业人士越来越多。截至 2018 年 6 月 30 日，由 FPSB 认证的中国 CFP 系列持证人总数为 220 618 人，其中 AFP 持证人 185 899 人，CFP 持证人 28 504 人，EFP 持证人 3 853 人，CPB 持证人 2 362 人。他们为数十万的客户提供了优质的理财服务，是中国金融理财行业的中坚力量。

随着持证人队伍的不断壮大，不仅社会对 CFP 认证的认可度越来越高，一些地方政府也纷纷将 CFP 持证人看作高端金融人才而特别优待。例如，上海、深圳、杭州、成都等地的政府将 CFP 认证列入当地金融业发展的“十三五”规划，广州将通过 CFP 认证的人员列为金融高级专业人才，等等。未来，我们坚信，随着理财师队伍的不断壮大，CFP 认证一定会受到社会越来越多的认可，越来越具有特殊的品牌价值。同时，中国大众也能享受到更多的专业的、符合国际标准的、有职业道德的金融理财服务。

FPSB China

现代国际金融理财标准（上海）有限公司

2018 年 10 月

2019 版前言

CFP®系列认证来到中国，已经走过了 15 个年头。

CFP 的英文全称是 Certified Financial Planner®（中文译为“国际金融理财师”），是一个全球性的金融理财师专业认证，至今已有近 50 年的历史。管理运作 CFP 认证项目的国际金融理财标准委员会（Financial Planning Standards Board，FPSB）是一个非营利组织，总部设在美国丹佛，现有 26 个会员，覆盖了全球主要的国家和地区，通过在金融理财领域建立、维护和推广全球职业标准，使社会各方受益。

早在 2000 年，CFP 认证制度进入了中国金融界有识之士的视野，引进 CFP 认证制度逐渐成为共识。经过不懈努力，在 2005 年中国以准会员身份加入 FPSB，并在 2006 年成为 FPSB 第 19 个正式会员。

与国外发达国家的理财业相比，我国的个人金融理财业起步较晚，但发展前景十分广阔。多家研究机构发布的中国财富管理市场报告均指出，中国已经成为世界财富管理业务增长速度最快、发展潜力最大的理财市场。随着中国改革开放的不断深入，社会经济结构转型加快，经济金融领域发生的一系列重大变革，尤其在个人理财领域，其市场规模不断扩大已成为不争的事实。

金融理财业务是理财专业人士以其服务对象的个人或家庭资产和收入为基础数据，帮助他们梳理自己的人生财务目标，制定科学的、可操作的、可实现的规划方案，以期实现财务资源与人生目标的完美契合。事实上，理财不是单一地为了保值增值，理财规划还应该是一个标准化的程序，从建立客户关系到提出理财方案，并监督这个方案的执行，整个工作流程都要按照标准运行，这就要求从事个人金融理财工作的从业人员接受严格的培训，具备良好的专业水平和较高的道德水平。

引进 CFP 系列认证，借鉴国外个人理财业的制度经验，是提升我国金融理财业从业人员整体素质水平和专业技能所做的有益探索。CFP 制度的核心体现于 FPSB 所奉行的“在金融理财领域通过建立、维护和推广全球性的职业标准来造福社会”的使命，以及其倡导的核心理念与价值观。在 40 余年的不断摸索和实践过程中，FPSB 建立并完善了金融理财师职业认证的“4E”标准［即教育（education）、考试（examination）、从业经验（experience）、职业道德（ethics）］，从培训、认证、执业操作、道德准则到行为规范，对金融理财师提出了全面要求。

FPSB 系列标准之一的《金融理财教育体系》，用以指导会员组织的金融理财教育，反映 CFP 专业人士所需要的认知水平和学习成果。在 FPSB 构建的理财规划培训模块和课程框架指导下，中国首套 CFP 系列教材共 5 本于 2004 年 11 月出版面世。随着 CFP 认证在中国实施两级认证制度，即 AFP 认证和 CFP 认证，专门为 AFP 认证组织编写的《金融理财原理》教材上、下两册于 2007 年 2 月出版。此后，在 FPSB China——现代国际金融理财标准（上海）有限公司的指导下，北京当代金融培训有限公司先后参与修订、编写了《金融理财原理》2009 年修订版、2010 年第二版，以及 CFP 系列（含 AFP 认证教材）全套 7 本教材 2011 年版和 2014 年版及与之相关的教辅图书。自 2004 年来，该系列教材发行量已累计近百万册。

北京当代金融培训有限公司获得现代国际金融理财标准（上海）有限公司的培训授权，多年来通过提供专业的金融理财培训教材和课程体系，帮助数以万计的金融机构从业人员学习认证课程，取得 CFP 系列认证，使他们在金融服务过程中能够更加专业化、规范化和标准化。

2019 年，我们迎来 CFP 系列认证进入中国 15 周年。此刻，CFP 系列认证教材 2019 版同读者见面了。修订出版 2019 版系列教材是北京当代金融培训有限公司最近 5 年内所做的较为庞大的一项工程。在修订过程中，我们对所有的知识模块都重新做了梳理，将当前全球最前沿的业界发展动态、经济政策变化及大众最关心的热点问题领域与理论知识进行了关联整合。教材出版前经过了一线专家、学者及金融界知名实务工作者们的认真审读及校对，我们希望呈现给大家的不仅仅是一套阐述理论的教材，更是一部指导实践的作品。

与上一版相比，本版《员工福利与退休规划》主要有下面的变化：

在员工福利部分，对我国单位福利的发展历程和内容分类进行了重新梳理，使之更富阅读性。为帮助读者更准确地测算客户权益，识别潜在风险，结合例题进行了更加严谨的解释说明。根据近年来我国企业年金计划的推广与实施，对原第二章内容进行了扩展，并对国外典型年金计划和我国企业年金计划的政策数据进行了全面更新。其他典型的单位福利计划如健康保障、住房福利、股权激励等内容均有较大篇幅的重新编写。

在退休规划部分，为与《金融理财原理》一书中的内容更好地衔接，对养老金缺口的解决方案重新整理完善，希望呈现给读者更加合理的建议；对目前市场上热门的养老产品和养老模式做了较为详细的区分和阐述；为帮助读者了解世界上多样化的养老模式现状，新增了境外部分地区养老模式介绍，以引起读者对国内养老问题的关注与思考。

2019 版《员工福利与退休规划》的修订工作由张珊珊负责统稿，参与新内容编写工作的有宋健；参与更新工作的有张珊珊、霍丽芳、刘雪莹、翟进等；参与审核的有宋健、赵智文、刘广君。

自 2004 年 11 月国内首套 CFP 系列教材出版至今，众多专家、学者、授课教师和相关工作人员参与了历次教材的编订工作，在各版教材前言中已有列示。本次教材更新工作得到以往各版教材编写人员的大力支持，许多参与 CFP 认证培训教学的教师也提出了宝贵意见；中国人民大学出版社相关编辑为 2019 版教材的出版提供了大量帮助，在此一并致谢。

最后，谨以此教材向一直以来为中国金融理财人才培养付出努力的各位同仁致敬。“心诚求之，虽不中，不远矣”，让我们以此共勉。

北京当代金融培训有限公司教材编写组

2019年4月于北京

目 录

CONTENTS

第一章

单位福利概述

本章主要内容

第一节　引言

一、员工福利的含义

员工福利（employee benefit）是指薪酬中的非工资性收入。工资是体现当期劳动力消耗补偿原则的分配，福利是体现保障原则的分配。

员工福利是薪酬的重要组成部分。在 AFP 阶段，我们比较详细地解析了“薪酬”这一概念，这里简要回顾一下：

薪酬（compensation）是指企业为获得员工提供的服务或解除劳动关系而给予的各种形式的报酬或补偿。

（1）薪酬反映了按生产要素补偿的原则，对影响生产结果和参与分配的因素给予补偿。生产要素包括资本、劳动力、土地、技术和信息等。生产要素的所有者应按其直接或间接投入生产、经营活动的数量和质量或贡献率获取收益。

（2）薪酬概念承认个人对单位的各种贡献，并按照贡献对个人进行补偿，分配标准具体包括岗位责任、实际绩效、年功等。

（3）全面补偿原则，不仅包括员工因其劳动付出获得的劳动贡献补偿，即工资，还包括单位应为员工提供相应的社会保障的福利，如基本养老保险、企业年金、医疗保险等。

（4）薪酬是一揽子安排，包括内在和外在补偿、货币和非货币补偿、当期和延期收入。具体的薪酬结构如图 1－1 所示。

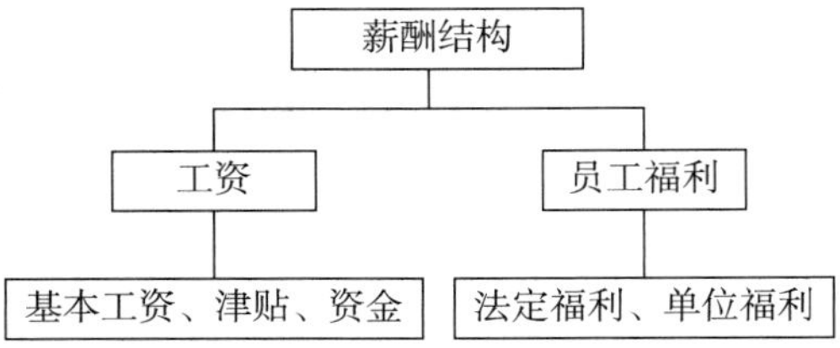

图 1－1　薪酬结构

专栏 1－1

《企业会计准则第 9 号——职工薪酬》修订版

（2014 年 7 月 1 日起施行）

第二条　职工薪酬，是指企业为获得职工提供的服务或解除劳动关系而给予的各种形式的报酬或补偿。职工薪酬包括短期薪酬、离职后福利、辞退福利和其他长期职工福利。企业提供给职工配偶、子女、受赡养人、已故员工遗属及其他受益人等的福利，也属于职工薪酬。

短期薪酬，是指企业在职工提供相关服务的年度报告期间结束后十二个月内需要全部予以支付的职工薪酬，因解除与职工的劳动关系给予的补偿除外。短期薪酬具体包括：职工工资、奖金、津贴和补贴，职工福利费，医疗保险费、工伤保险费和生育保险费等社会保险费，住房公积金，工会经费和职工教育经费，短期带薪缺勤，短期利润分享计划，非货币性福利以及其他短期薪酬。

带薪缺勤，是指企业支付工资或提供补偿的职工缺勤，包括年休假、病假、短期伤残、婚假、产假、丧假、探亲假等。利润分享计划，是指因职工提供服务而与职工达成的基于利润或其他经营成果提供薪酬的协议。

离职后福利，是指企业为获得职工提供的服务而在职工退休或与企业解除劳动关系后，提供的各种形式的报酬和福利，短期薪酬和辞退福利除外。

辞退福利，是指企业在职工劳动合同到期之前解除与职工的劳动关系，或者为鼓励职工自愿接受裁减而给予职工的补偿。

其他长期职工福利，是指除短期薪酬、离职后福利、辞退福利之外所有的职工薪酬，包括长期带薪缺勤、长期残疾福利、长期利润分享计划等。

二、法定福利与单位福利

员工福利包括法定福利和单位福利。

（一）法定福利

法定福利是指用人单位根据国家法律、法规的要求，向员工提供的福利，一般带有强制性。法定福利主要包括社会保险、住房公积金制度及法定休假制度。

社会保险是国家通过立法手段建立的，旨在保障劳动者在遭遇年老、疾病、伤残、失业、生育及死亡等风险和事故，暂时或永久性失去劳动能力和劳动机会，从而全部或部分丧失生活来源的情况下，能够享受国家或社会给予的物质帮助，维持其基本生活水平的社会保障制度。在我国，社会保险主要包括基本养老保险、基本医疗保险、失业保险、工伤保险、生育保险。社会保险具有强制性、普遍性、保障性、公益性和互济性等特点。

住房公积金制度是国家依法建立的，参保人依法履行缴费义务和使用基金购（盖）房，由政府确保支付的住房资助计划，旨在提高城镇居民的居住水平。

法定休假制度是国家依法统一规定的员工享有休息时间的制度，主要包括法定节假日、公休假日和带薪年休假。

（二）单位福利

单位福利比法定福利种类更多，也更加灵活，典型的单位福利计划通常包括企业年金计划、利润分享计划、股权激励计划、健康保障计划、住房福利计划、教育福利计划等。此外，很多用人单位还提供交通福利计划、旅游福利计划、家庭服务计划、员工咨询服务计划、法律服务计划、理财服务计划等。

图 1－2 概括了法定福利和单位福利的主要内容。

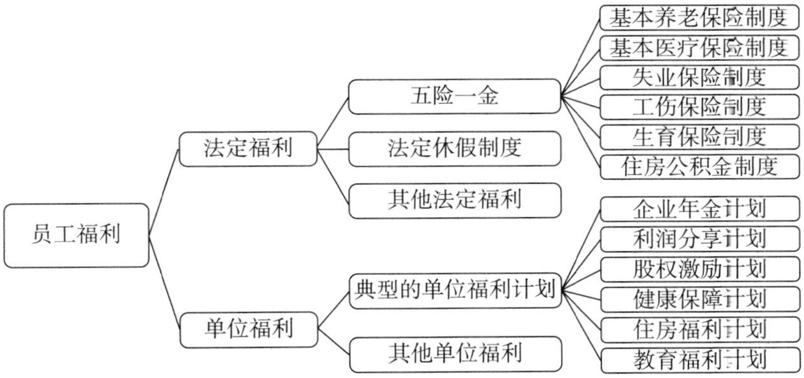

图 1－2　员工福利的主要内容

鉴于在 AFP 阶段学员们比较详尽地学习了法定福利的相关知识，在 CFP 阶段，我们将重点解析单位福利。

三、员工福利与理财规划

员工福利在理财规划中占有重要地位。

首先，单位福利是家庭收入与理财的重要资源。

在现代薪酬计划中，员工福利所占的比例越来越大，是工资的重要补充部分。随着市场竞争的加剧，用人单位逐步认识到人力资源的重要性，吸引优秀人才、保持员工积极性的员工福利成为企业吸引员工的越来越重要的工具。伴随着社会风险的加大，各国政府开始关注员工福利的社会价值，鼓励单位通过福利分配提高员工的待遇水平，帮助员工抵御社会风险、解除后顾之忧。

对员工而言，员工福利成为家庭收入的重要来源，也成为理财规划的重要资源，其投资规划、保险规划、住房规划，甚至其子女教育规划，都将受到员工福利的影响。

其次，员工福利是退休规划的重要资源。

退休规划是个人理财规划的重要组成部分，是人们为了在将来拥有高品质的退休生活而从现在开始进行的财富积累和资产规划。养老现金、医疗、住房和养老服务是人们养老的四个保障因素，因此，退休规划需要在这四个方面综合设计资产安排，而员工福利通常会涉及收入保障、健康保障和住房保障，成为退休规划的基础。

最后，员工福利具有形式多样性和延期收入的特点。

员工福利具有形式多样性的特点，由用人单位综合考虑成本、绩效、本单位实际情况等因素而设立，员工则根据实际需求、受益程度等因素自主选择，这就需要理财师提供员工福利分析、比较、筹划等服务。

员工福利大多数具有延期收入的特征，其受益程度受到待遇支付条件（受益资格）、待遇确定方式、待遇支付方式等多种因素的影响，因此，客观上需要理财师提供专业服务，认真评估其风险，管理其收益。

第二节　单位福利的概念

一、单位福利的定义

单位福利，又称雇主福利、企业福利或非法定福利，是指由用人单位（雇主）自主建立的，为满足员工的生活和工作需要，向员工及其家属提供的一系列保障计划。

二、中国单位福利的发展历程

在中国，单位福利的发展历程是与经济体制改革历程紧密相连的，在计划经济体制向市场经济体制转型的过程中，单位福利也经历了重大变革。

（一）计划经济时期

计划经济时期，我国奉行的是“低工资、高福利”的政策，而单位福利便成为社会福利的载体。在政府的不断调整和支持下，用人单位开始大力兴办福利事业，从发放副食品、劳保用品、各种补贴，到设立托儿所、幼儿园、学校、医院、商店、职工食堂等机构，帮助员工解决与生活有关的一系列问题，建起了一个包办员工“从摇篮到坟墓”一切福利的“小社会”。职工一旦进入企业，就等于进入了一个封闭的社会，生老病死都有人管，只要象征性地交一些钱，甚至不用交钱就能享受到医疗、教育、住房等福利项目。正是因为有了这些单位福利项目，职工才能够以微薄的工资收入维持正常的生活开支。由此可以看出，国家保障、单位包办是计划经济时期的最大特征。这个时期的单位福利弥补了当时低工资的不足，缓解了职工的生活困难，促进了当时生产的发展和社会管理的运行，但也给用人单位带来了沉重的经济负担。

（二）市场经济体制改革初期

20世纪70年代末到80年代初，我国推动市场经济体制改革，国有企业成为改革的重点。

改革中，企业成为自负盈亏的经济主体，拥有了经营自主权，在“效率优先”的指导原则下，很多企业纷纷甩掉了福利这个沉重的包袱，且市场经济体制改革初期资金短缺，很多企业过分看重眼前利益，没有充分认识到单位福利的重要作用，视它为企业的纯支出，即便对于法定福利也采取能省则省、能逃则逃的态度，单位福利就更显得冷清。因此，市场经济体制改革初期出现了单位福利匮乏的局面。

（三）单位福利快速发展阶段

20世纪90年代以前，单位福利基本由单位内部统筹管理，例如企业补充养老制度基本是由企业内部建立统筹基金或购买集体商业养老保险。伴随着市场化改革，企业的责任归位于发展生产，计划经济时代“企业办社会”的现象不断扭转，单位福利的重心不断调整。这一时期中国单位福利的发展主要体现在以下几个方面：

第一，建立现代薪酬制度。企业按照现代薪酬理念，结合本单位实际，制定科学、合理的薪酬体系。除了工资、奖金、津贴、补贴等报酬外，考虑其他激励性的、非现金性报酬的激励作用、吸引作用和稳定作用，如职工团体保险、持股等，形成灵活多样、标准合理的分配模式。

第二，加强法律约束。2008年1月实施的《中华人民共和国劳动合同法》强调了企业参加社会保险的责任，明确了经济补偿金的规定，严格实施最低工资、加班工资等制度，依法保障职工权益。

第三，构建多层次体系。2013年国务院批准发布了《关于深化收入分配制度改革的若干意见》，提出“完善基本养老保险制度”，“发展企业年金和职业年金，发挥商业保险补充性作用”。党的十八届三中全会通过的《中共中央关于全面深化改革若干重大问题的决定》也明确提出“加快发展企业年金、职业年金、商业保险，构建多层次社会保障体系”。

第四，大力促进职业年金发展。中国的企业年金从理论上讲仅适应于企业，职业年金是指针对机关及事业单位工作人员的补充养老金计划。职业年金制度的建立对完善中国养老保险制度具有重要的意义。2013年12月6日，财政部、人力资源和社会保障部、国家税务总局颁布《关于企业年金、职业年金个人所得税有关问题的通知》，并于 2014 年 1 月 1 日起实施。这体现了政府利用税收优惠激励机制，促进企业年金的健康发展，提高第二支柱养老金的替代水平。

第五，以发展企业年金为核心内容。2017 年 12 月人力资源和社会保障部颁发的《企业年金办法》于 2018 年 2 月 1 日正式施行。该办法规定，企业及其职工在依法参加基本养老保险的基础上，自愿建立补充养老保险制度。

在这种背景下，单位福利呈现出快速发展的势头，越来越多的用人单位建立和发展单位福利，单位福利的品种越来越丰富。很多用人单位的单位福利涵盖了企业年金、团体医疗保险、利润分享计划、股权激励计划等多种形式。

三、单位福利的内容

单位福利的内容概括起来，可以分为以下几类：

（一）收入保障计划

收入保障计划也称持续收入计划，旨在提高员工当期收入（如利润分享计划和员工持股计划）和延期收入（如企业年金、团体人寿保险）的福利计划。收入保障计划的主要形式有：

1. 企业年金计划

企业年金计划是在政府强制实施的公共养老金或国家基本养老金之外，用人单位在国家政策的指导下，根据自身经济实力和经济状况建立的、为本单位职工提供一定程度退休收入保障的补充性养老金制度。

我国正在完善的城镇职工养老保障体系由基本养老保险、企业年金计划和个人养老储蓄三个部分组成，其中，企业年金计划已成为基本养老保险之外的“第二支柱”。

2. 利润分享计划

利润分享计划是指由用人单位建立并提供资金支持，让职工或受益者参与企业利润分配的福利制度安排。

3. 股权激励计划

股权激励计划是指为吸引、保留和激励员工，通过员工持有股份或股票（或与股票相关的收益权）的方式实现的利益分享和参与决策的企业管理制度。它使员工通过一定形式获取公司一部分股权，能够以股东的身份参与企业决策，分享利润，承担风险，从而勤勉尽责地为公司的长期发展服务。

（二）健康保障计划

健康保障计划是指企业在国家基本医疗保险的基础上，举办或参加的、以保障员工健康为目的的多项福利计划。我国企业发展健康保障计划的方式主要有以下三种：

1. 团体医疗保险

用人单位购买保险公司开发的商业医疗保险（通常为团体医疗保险），为员工提供大病医疗保险、住院费用补贴、住院护理补贴等。

2. 医疗互助计划

用人单位提供全部或部分资金，使员工参加社保机构或工会经办的职工医疗互助计划，为员工提供大病医疗保险、门诊费用补贴等。

3. 单位保健计划

用人单位制订计划，为员工提供定期体检、健身活动。

（三）住房福利计划

住房福利计划是指单位根据自身经营情况，在国家住房公积金计划之外，自愿建立用于解决和改善员工住房问题的福利计划。其主要形式有：

1. 补充住房公积金

补充住房公积金是指企业和员工在普通住房公积金之外，向个人住房公积金账户增缴的资金。

2. 住房贷款援助

用人单位向员工提供一定额度的无息或低息贷款，用于员工购置住房。

3. 低价购房计划

低价购房主要有三种途径：一是用人单位组织团购，通过批量购房及与开发商谈判，享受较大折扣；二是用人单位与房地产商联合开发，提供给员工；三是用人单位作为房地产开发商，以优惠价格提供自身开发的住房。

（四）员工服务计划

员工服务计划是指用人单位为员工或其家庭提供的旨在帮助员工克服生活困难或支持员工事业发展的福利计划。其主要形式有：

1. 教育福利计划

教育福利计划是指用人单位通过一定的教育或培训手段，提高员工工作效率，改善职工知识结构、综合素质以及提高能力的福利制度安排。大多数单位的教育福利计划以组织内部培训为主，有些单位会资助员工接受外部培训、进修或攻读学位，有些单位甚至为员工子女的教育提供资助。

2. 员工援助计划

员工援助计划用于对员工提供心理等问题的咨询或治疗服务。其方式有：一是由公司内部工作人员援助；二是由多个公司通过合作共同提供援助；三是由公司与专业公司签订合同，由第三方提供援助。

3. 员工咨询服务计划

员工咨询服务计划是指用人单位通过向员工提供各方面的咨询服务，解决员工工作和生活中的困难。员工咨询服务计划提供的内容非常广泛，包括与工作相关的职业生涯规划、再就业咨询、工作业务咨询，以及与家庭生活相关的婚姻感情咨询、家庭理财咨询、健康咨询等。此外，员工咨询服务还为员工提供法律咨询。

4. 家庭服务计划

家庭服务计划是一种主要面向员工家庭中的老人和儿童提供照顾和看护的福利计划。该计划的目的是减轻员工的家庭压力，保证员工安心工作。面向儿童的服务计划一般是为员工提供儿童看护帮助，服务方式包括两种：一种是用人单位直接兴办托儿所等儿童看护机构，另一种是为需要支付儿童看护费用的员工提供儿童看护补贴。另外，由于在现代家庭中，员工赡养老人的压力也越来越大，企业可通过资助老年看护中心、实行弹性工作时间、提供长期保健保险项目等帮助员工履行赡养老人的义务。

（五）其他福利计划

除上述员工福利内容外，企业还提供其他灵活多样的福利，为员工的工作和生活提供便利，以增强员工的归属感。例如，为员工提供健身场所和器械以及外出旅游计划；提供相对低价的膳食或饮料等饮食服务；为员工提供地铁、公交车等交通费补贴，开设公司班车等交通服务；为员工提供信件递送、房屋修葺等家庭生活料理服务；为核心员工提供法律和理财服务等。

四、单位福利的作用

单位福利具有物质激励、风险保障和成本利用三大价值，可以根据单位的动机和员工的需要进行计划设计，以实现不同的企业发展和个人生活改善的目标。

（一）物质激励

单位福利以公平与效率有效结合的运作计划以及丰富灵活的表现形式，极大地发挥出对员工的物质激励作用。通过员工福利计划，可以为员工提供一个能够发挥其所长及与单位并肩发展的环境。

（二）风险保障

单位福利以其人性化的设计和兑现方式极大地发挥出对员工基本生活的保障作用，甚至起到改善生活的保障作用。例如，我国社会医疗保险的支付水平被控制在当地年平均工资的 4～6 倍以内，即封顶线；同时，鼓励企业通过举办补充医疗计划的方式分担封顶线以上的医疗成本，以降低员工个人因疾病带来的经济负担。

（三）成本利用

实行单位福利计划对企业来说是划算的事情。首先，单位福利以延期支付为主，在当期仅表现为附带员工责任和风险项目的承诺，并不需要企业立即如数提供资金。一个覆盖不同类型员工和针对不同风险的单位福利计划，可以利用有限资金，通过委托—代理服务和市场资金运作，用较少的成本使企业和员工都获得较多的收益。其次，很多国家政府鼓励单位自主实行福利计划，以减轻政府的负担，因此对举办单位福利计划的单位给予减免税收的优惠政策。

第三节　单位福利的类型

单位福利设计主要有三种类型：待遇确定模式、缴费确定模式和混合模式。

一、待遇确定模式

待遇确定（defined benefit，简称 DB）模式，是指在单位福利计划中预先承诺福利待遇，当员工符合特定条件或履行特定义务后，按照预先承诺兑现相应福利待遇，这类员工福利被称为 DB 计划。例如，某公司补充医疗保障计划规定，为本公司服务年限满 1 年以上的、对于基本医疗保险封顶线以上发生了医疗费用的员工，每 1 年司龄（在本公司工作年限，非个人全部工龄）可获得医疗补贴 1 万元。

（一）待遇确定模式的特征

我们以职业养老金计划为例来说明待遇确定模式的特征。

1. 预先确定养老金的待遇水平

在计划设立之初，就对未来每月（或每年）养老金的计发金额和发放期限做出明确的规定。

（1）养老金计发额。

不同的职业养老金计划会规定不同的养老金计发额或计发公式，这需要综合考虑用人单位的动机、支付能力和员工的需求等多种因素。常见的规定方法有：

①固定金额法。所谓固定金额法，就是职业养老金计划规定所有人领取的养老金都相同，是一个固定的数额。

实例 1-1　某公司的养老金计划方案为：由公司为每名员工购买人寿保险，当员工在本公司连续工作年限满 10 年并且达到法定退休年龄后，由保险公司每月向该员工支付养老金 3 200 元，支付期限为 20 年。

②替代率法。所谓替代率法，就是职业养老金计划预先确定一个养老金目标替代率，退休后根据替代率计发养老金。

养老金＝退休前工资×目标替代率

实例 1-2　某公司建立养老金计划，养老金待遇承诺替代率为：公司高管人员 30%，公司部门经理级人员 25%，部门副经理及以下人员 20%。

解析

按照该养老金计划的规定，员工的养老金待遇水平取决于其退休前工资和目前替代率，而替代率取决于其退休前的职位级别。

如果员工 A 退休前职位为部门经理，月工资 12 000 元，则其养老金计发额为每月 3 000 元；如果员工 B 退休前职位为普通职员，月工资 5 000 元，则其养老金计发额为每月

1 000元。

③工龄、工资系数法。这种计发办法通常以退休前最后一年的年薪、一定期间薪酬均值或全程薪酬的均值作为基数，综合考虑员工的工龄、司龄、在职时的工资水平等因素确定一个支付系数，两者结合给出养老金的支付水平。其计发公式可以表述为：

养老金=退休前工资×司龄×支付系数

实例1-3 某养老年金计划规定，为每一年企业工龄提供相当于个人退休前5年平均月工资1%的养老金。员工C在本企业工作了28年，退休前5年平均月工资为4 800元，请计算其公司提供的月养老金。

解析

养老金=(1%×4 800)×28=1 344(元)

企业养老金计划将为C员工每月支付1 344元养老金。

④点数法。有些公司的人力资源部门规定了“点数”管理制度，员工在公司工作满一年会挣得一定“点数”，具体点数值取决于员工职务、工龄、司龄、创收贡献及特殊贡献等多种因素。员工退休前可以计算工作期间所取得的累积点数，公司事先规定每个点数的价值，从而将累积点数转换为养老金。

该计划的主要特点为：根据年龄和最后平均工资等条件计算养老金，以吸引中年员工。因为有上限，员工的点数不至于积累过高导致企业养老金支付的财务负担过重。

实例1-4 某跨国公司点数法养老金计划

在某跨国公司，29岁以下者年功点数为7，45岁以上为16，养老金计发公式（月）为：

点数和(有上限)×点价值(由董事会确定)=月养老金支付额

员工C累积50点，如果一个点折合18美元，请计算其月养老金支付额。

解析

18美元×50点=900(美元)

员工C的月养老金支付额为900美元。

（2）发放期限。

待遇确定模式的职业养老金计划很少采用一次性发放养老金的做法，通常采用年金形式。

年金又分为定期年金和终身年金（或称生存年金）两种形式。其中，定期年金规定了明确的发放期限，如10年或20年，超过规定的发放期限，就会停止发放养老金；终身年金则以员工生存作为发放条件，活多久就发放多久，没有确定的发放期限。

待遇确定模式的养老金计划一般都按终身年金方式支付，即由用人单位担保的信托基金在员工生存期内向退休员工按月支付年金，为退休员工提供终身养老保障。

这种终身年金支付的方式又可分为两大类：一类是生命年金，以保障退休员工本人的生活为目的；另一类是联合年金，以保障退休员工及其配偶的生活为目的。

①生命年金。生命年金又可以分为纯生命年金、保证支付期生命年金和保证本金退还的生命年金。

纯生命年金仅以退休员工生存为支付条件，死亡时支付将终止。该种年金在三种生命年金中预期支付期数是最少的，所以一般每期支付的年金是最多的。纯生命年金适合于没有家庭负担也不需要留下遗产的退休员工。

如果退休员工在保证支付期内死亡，保证支付期生命年金除了给退休员工提供终身年金外，年金可以继续支付到保证支付期满。保证支付期可以由员工选择，如保证支付 60 个月、120 个月等。保证支付期越长，每期支付的年金越少。有了保证支付期，退休员工就不必担心由于过早死亡而失去积累了一辈子的养老金。

保证本金退还的生命年金是在退休员工死亡时领取的年金总数尚未达到其退休前的缴费总额（也许还包括投资收益）时，将差额部分继续按年金方式支付或一次性支付给继承人。

②联合年金。联合年金是以退休员工及其配偶至少有一人生存为支付条件，只要一方仍活着，年金就会继续支付。但一般会在有一人死亡后减少年金支付额，例如退休员工死亡后支付给其配偶的年金额减为一半；若配偶先死亡，则支付给退休员工的年金额减为 2/3。联合年金更适合于退休员工配偶没有养老金的情况。

在重视遗属保障的国家，可能要求 DB 计划以联合年金为主要支付方式。如美国在《雇员退休收入保障法》（ERISA）中规定，合格的 DB 计划必须按联合年金方式支付，除非员工配偶以书面声明放弃联合年金支付方式而选择其他支付方式。

2. 支付计算复杂

待遇确定模式的职业养老金计划通常采用年金形式发放养老金，与缴费确定模式的养老金计划（通常允许一次性发放养老金）相比，支付的计算较为复杂。

在计算缴费额时，至少需要借助两个精算假设：一是员工的预期余寿，员工的预期余寿越长，未来发放的养老金越多，用人单位需要建立的养老金准备资产就越多；二是投资收益率，投资收益率越低，用人单位需要的缴费额就越高。除此之外，还需要考虑退休前的服务年限、职位等级等多项因素。

3. 用人单位承担风险

在待遇确定模式的职业养老金计划中，用人单位承担两种风险。

其一是投资风险（或称市场风险）。为了保证兑现职业养老金计划所承诺的待遇水平，用人单位必须通过历年缴费和投资管理的方式积累足够的养老金准备资产，如果投资收益率较高，则用人单位的缴费额可以相应降低，相反，如果投资收益率较低或者亏损，则用人单位的缴费额就要相应提高。

其二是员工长寿风险。待遇确定模式的职业养老金计划通常采用终身年金形式发放养老金，员工寿命越长，需要支付的养老金就越多。

4. 不设立个人账户

大部分待遇确定模式的职业养老金计划是由用人单位单方面缴费，也有一部分待遇确定模式的职业养老金计划要求用人单位和员工共同缴费。

待遇确定模式的职业养老金计划下企业预提的准备金统一存入共同账户，统一管理，不设立个人账户。

5. 需要精算养老金债务，建立养老准备金

待遇确定模式的职业养老金计划预先承诺了未来养老金的待遇水平，用人单位负有兑现其承诺的责任，这种责任形成了用人单位的负债，因此，用人单位必须通过缴费及投资管理的方式建立相应的养老金准备资产，来应对其负债。在计算所需缴费的过程中会面临很多不确定性，需要借助较多假设。

从本质上来说，待遇确定模式的职业养老金计划实际的缴费额是不确定的，它取决于兑现养老金承诺的需要。

（二）待遇确定模式的优缺点

1. 待遇确定模式的优点

（1）福利待遇水平确定。用人单位会按照事先的承诺定期支付给员工确定的福利待遇，对员工来说，本身承担的风险较小。

（2）统一账户管理费用较低。所有参加计划的员工只设一个统一账户，账户管理和资金结算都比较简单，因而管理成本较低。

（3）筹资具有灵活性。单位的筹资可以根据实际支出情况灵活调整，在资金紧张年份少筹一些，在资金充裕年份适当增加一些。

2. 待遇确定模式的缺点

（1）用人单位风险较大。无论整体经济形势怎样，公司经营状况如何，用人单位必须为员工支付预先承诺的待遇水平，因此用人单位需要承担主要的风险。

（2）需要复杂的精算工作和定期的精算报告。待遇确定模式是根据对未来支付额的预测来确定各年的筹资额，由此确定的筹资额要在变动的员工环境和投资环境中寻求平衡，这一过程需要复杂的精算技术来完成。如果是长期的计划，则需要不断地调整，定期做精算报告以反映基金资产和筹资水平是否足以履行对员工的承诺。

（3）员工的决策权较小，不易及时了解养老资产积累状况。用人单位为员工建立统一的账户，账户的投资决策权完全掌握在用人单位手中，员工不能自己选择投资，同时员工对自己在统一账户中拥有的权益和计划运行的情况可能不太了解，因为涉及复杂的精算问题。

实例 1－5　DB 养老金计划的实务练习

某银行为 A 先生建立用人单位养老金托管账户。养老金待遇承诺如下：退休后养老金支付 15 年，如果 A 先生在本公司工作到 60 岁退休，用人单位月养老金支付金额是 2 376 元。假设年均贴现率为 3%，A 先生现在年满 46 岁，请计算用人单位承诺的养老金的现值。

解析

养老金的现值计算：

（1）年养老金总额为：2 376×12＝28 512(元)。

（2）退休时点的养老金现值为：$n=15$，$I=3\%$，$PMT=-28\ 512$，$FV=0$，按期初模式，得出 $PV=350\ 585.64$(元)。

(3) 从退休时点贴现到当前的现值为：$n=14$，$I=3\%$，$FV=350\ 585.64$，$PMT=0$，按期末模式，得出 $PV=-231\ 778.41$(元)。

A 先生年满 46 岁时用人单位所承诺养老金的现值为 231 778.41 元。

二、缴费确定模式

缴费确定（defined contribution，简称 DC）模式，是指在单位福利计划中预先承诺福利缴费水平，当员工符合特定条件或履行特定义务后，按照预先承诺将福利缴费积累额归属员工，这类员工福利被称为 DC 计划。

（一）缴费确定模式的特征

我们仍以职业养老金计划为例来说明缴费确定模式的特征。

1. 预先确定缴费水平，养老金待遇取决于缴费积累额

与待遇确定模式不同，缴费确定模式的职业养老金计划对用人单位和员工的缴费方法和缴费水平事先做出规定，而员工未来所能享有的养老金水平取决于缴费的积累额，职业养老金计划本身不做任何承诺。

通常，缴费确定模式的职业养老金计划要求用人单位和员工共同缴费。不同的职业养老金计划会规定不同的缴费额或缴费比率，常见的方法有：

(1) 固定金额法。

所谓固定金额法，就是职业养老金计划规定用人单位、员工的缴费是一个固定的数额。

实例 1-6 某职业养老金计划规定：员工每个月缴费 200 元，从税前工资中扣除；用人单位为每个员工每个月缴费 400 元。

(2) 工资比率配款法。

所谓工资比率配款法，就是职业养老金计划规定员工按照其工资的一定比率缴费，用人单位按照一定比率配款。

实例 1-7 某职业养老金计划规定：员工每个月按其上一年度月平均工资的 4%缴费，从税前工资中扣除；用人单位为每个员工按 1∶1 配款。

解析

如果员工 A 上一年度月平均工资为 6 000 元，那么，本年度他（她）每月缴费额为 240 元，用人单位为他（她）也缴费 240 元。

(3) 效益工资法。

所谓效益工资法，就是企业缴费水平是以企业效益为基础，企业效益越高，缴费水平越高。

(4) 综合系数法。

所谓综合系数法，就是按照某个缴费基数（如工资额）的一定比率缴费，而企业按照员工职务、工龄、司龄、业绩贡献等多种因素综合设定该比率。

实例 1-8　某职业养老金计划的缴费规定

(1) 用人单位缴费。用人单位按照员工职级确定职级系数（见表 1-1），根据不同员工的不同职级系数计算缴费额度，计算方式如下：

用人单位年缴费＝缴费基数×职级系数

表 1-1　职级系数表

职级	职级系数
总经理级	1.2
部门经理级	1.1
主管级	1
普通员工	0.8

缴费基数是员工上一年度应发的薪酬总额。

企业缴费部分按上一年度每名员工工资标准比例计入个人账户。

(2) 个人缴费。个人缴费按上一年度职工工资的 4%缴纳。

事实上，用人单位可以根据自身政策环境、经济状况、激励动机、员工需求等因素灵活设计缴费方法。例如，用人单位缴费中可以引入奖励制度，根据员工的工作业绩等以奖励的形式增加配款。

2. 支付方式简单

绝大多数 DC 计划提供一次性领取方式和分期领取方式，往往还会在员工领取前提供转换终身年金的选择。有些 DC 计划只提供一次性领取，如我国香港的强制性公积金计划。

大多数参加 DC 计划的员工在退休时会选择一次性领取。选择一次性领取方式将遇到纳税问题，因为领取的数额很大，按累进制税率要缴纳很多个人所得税。一些国家有相应的税收处理办法，如美国是采用 5 年平均法或 10 年平均法，将一次性领取的养老金按 5 年或 10 年平均分摊，即按每年领取 1/5 或 1/10 计算所得税，这样就适用较低的税率。

在对一次性领取没有纳税优惠时，可以选择分期领取方式，这样可以少纳税。分期领取方式可以提供一段时间稳定的退休收入，但不一定能与退休员工的寿命匹配。退休员工可以根据其个人规划确定一个领取期，然后确定每期的领取额，保留其个人账户，直到账户余额支取完。

转换成终身年金也是一种选择。有这种选择的 DC 计划可以像 DB 计划那样为退休员工提供终身养老保障。与 DB 计划不同的是，转换成终身年金是由计划受托人将退休员工的个人账户积累额作为趸缴保费购买寿险公司的终身年金产品，由寿险公司而不是由用人单位担保支付。

在拥有个人养老储蓄税收优惠制度的国家，DC 计划的个人账户积累额还可转入退休员工的个人退休账户以继续享受税收优惠待遇。

实例 1-9　某企业的养老金支付方式

(1) 一次性领取：按照职工个人账户中的积累额（含本金和投资收益）一次性全额领取。

(2) 分期领取：分期领取分为平准型领取和递增型领取，以及保证领取和非保证领取，由企业年金管理机构根据职工不同的选择，以其个人账户中的积累额（含本金和投资收益）为基数进行计发。

(3) 职工可将其个人账户中的积累额（含本金和投资收益）用于购买商业保险年金。

3. 员工承担风险

与待遇确定模式相反，在缴费确定模式的职业养老金计划中，投资风险和长寿风险都由员工个人承担。员工未来所能享有的养老金额取决于其个人账户积累额，而个人账户积累额一方面依赖于用人单位和员工的历年缴费额，另一方面依赖于投资收益，投资收益率越高，个人账户积累额越多，相反，投资收益率越低，个人账户积累额越少。此外，在缴费确定模式的职业养老金计划中，用人单位的责任仅限定于缴费，不会在个人账户积累额之外再提供养老金。

4. 设立个人账户

缴费确定模式的职业养老金计划为每个员工设立个人账户，分别记录其缴费及投资收益。个人账户的积累额形成员工的养老金权益，当员工离职时，可以携带该权益；当员工退休时，可以领取个人账户积累额作为养老金。

员工的缴费直接计入其个人账户，而用人单位的缴费将按照事先规定的条件向个人账户划转。用人单位缴费向个人账户划转的过程被称为“缴费归属”过程，我们将在后文中介绍。

（二）缴费确定模式的优缺点

1. 缴费确定模式的优点

(1) 设立个人账户，员工容易理解。用人单位和员工按合同规定定期缴费到个人账户，员工个人账户的积累额就是员工的权益，账户管理人定期公布员工个人账户的情况，员工也可随时查询自己账户上的积累额，因此很容易被员工理解和接受。

(2) 用人单位承担的风险较小。在 DC 计划中，用人单位无须预先做出支付承诺，最终的待遇支付根据个人账户的积累额而定，因此用人单位的风险较小。

(3) 无须做精算报告。在 DC 计划中，员工对基金资产所拥有的权益就是其个人账户的积累额，因此无须对基金的负债和所需的筹资水平进行精算评估。

(4) 员工可以参与投资决策。由于员工需承担其个人账户的投资风险，许多 DC 计划允许员工对其个人账户中个人缴费部分有投资决定权，一些 DC 计划甚至允许员工对雇主缴费部分也享有投资选择权。

(5) 员工离职时便于处理。DC 计划中的个人权益是明确的，员工任何时候都对其个人缴费有 100%的归属权，雇主缴费部分通常在一定年数后归属员工。员工离职时，其个人账户中的个人缴费和用人单位缴费已归属个人的部分以及相应的投资收益就是其享有的权益，可以自由提取。

2. 缴费确定模式的缺点

(1) 待遇水平不确定。员工个人账户的积累水平不仅取决于个人账户缴费水平和积累年数，还取决于资金的投资运作是否成功。由于投资收益的不确定性，员工的待遇水平难以确定。

(2) 个人账户管理费用高。个人账户因人而异，每个员工的缴费和领取都不同，日常的账户管理和资金结算非常复杂，通常需要专业机构来承担这些工作，账户管理费用在整个计划运行费用中占有很高的比例。

(3) 筹资缺乏灵活性。在大多数 DC 计划中，用人单位根据合同定期按工资总额的一个比例缴费。当资金紧缺时，对员工个人账户承诺的缴费使用人单位陷入更困难的境地。

三、混合模式

混合 (hybrid) 模式，是指待遇确定模式 (DB 计划) 与缴费确定模式 (DC 计划) 相结合的福利计划。

以职业养老金计划为例，待遇确定模式与缴费确定模式直观上的区别是，前者没有个人账户，后者设立个人账户。而待遇确定模式与缴费确定模式本质上的区别在于，前者承诺了福利待遇水平，用人单位需要兑现承诺，因而承担了投资风险和员工长寿风险；后者没有承诺福利待遇水平，用人单位的责任仅限于缴费，投资风险和长寿风险由员工承担。

相比于 DB 计划，混合型职业养老金计划一般建立个人账户，透明度高，参与者能时刻了解到自己的养老金状况，同时还有机会获得投资收益；相比于 DC 计划，混合型职业养老金计划承诺了一个固定收益或承担了一定的生存风险，使得计划参与者能有一个最低保障。

待遇确定模式与缴费确定模式对用人单位和员工都是各有优劣，因而混合计划不仅兼具待遇确定模式和缴费确定模式各自的优点，同时也规避了待遇确定模式与缴费确定模式的很多不足，得到了人们越来越多的关注。

混合模式可以有多种形式，各自具备不同的特点。国外比较典型的混合型职业养老金计划有现金余额计划 (cash balance pension plan) 和目标受益计划 (target benefit pension plan)。其中，现金余额计划将养老金待遇承诺与个人账户相结合，便于员工选择以及离职时携带权益；目标受益计划按照不同员工设计不同的缴费率 (参见专栏 1－2)。在我国，有企业推出的混合型职业养老金计划，实行“新人”“中人”之间待遇混合，给“中人”提供补偿性缴费或最低待遇承诺，以解决“中人”待遇问题 (参见专栏 1－3)。

专栏 1－2

现金余额计划

A 国某银行的养老金计划规定，雇主按照个人薪酬的 5%缴费，计入员工个人账户，年末向托管银行供款，按国债年利 4%计息。

某员工参加计划已 5 年，本年年薪为 40 000 美元，已知第 6 年初账户余额为 8 000 美元，他第 6 年末离开公司时的雇主养老金账户余额为：

[8 000+(8 000×4%)]+(40 000×5%)=10 320(美元)

该计划的主要特点为：DB计划和DC计划混合，简单易懂，收入可预期；工龄长，收益多，离开公司可全额携带，在挽留员工和便于人员流动方面具有弹性；年末供款，当年不计算利息收入；退休可一次性支付。

目标受益计划

目标受益计划根据特定养老金替代率目标计算缴费金额，向个人账户缴费，但该计划并不保证实现预计的目标替代率。员工养老金取决于个人账户的实际积累额。

某公司有三名员工：约翰，50岁；莱恩，40岁；罗德，30岁。三名员工年薪相同，预计65岁退休，公司退休计划准备为他们提供相同替代率的养老金。

公司退休计划为每位员工设立个人账户，每月向员工个人账户缴费，缴费额以实现相同替代率为目标，根据积累期限、预期收益率等因素经精算而确定。由于约翰的积累时间短于莱恩，莱恩的积累时间短于罗德，所以，公司为约翰的缴费高于莱恩，为莱恩的缴费高于罗德。缴费金额确定后，公司定期缴费，不因实际投资收益率的变化而改变缴费金额。

员工退休时按个人账户实际积累额提供养老金，个人承担投资风险。

待遇混合计划

××集团公司企业年金方案为“中人”规定了16年的过渡期，对过渡期内退休的人支付企业年金和过渡养老金，直至去世。支付公式为：

企业年金供款额=岗位计入额+司龄计入额

过渡养老金=退休前最后一个月月薪的一定比例+岗位计入额

专栏1-3

中国某企业“中人”混合计划

某企业建立了企业年金计划，其中企业缴费分为两部分。

1. 普通缴费

以计划参加人上一年度月平均工资为基数，按一定比例计算该计划参加人的企业缴费额，企业根据每个计划参加人岗位价值等情况计算该计划参加人的企业缴费额。具体计算方式如下：

普通缴费=缴费基数×缴费比例

缴费比例从计划建立起10年内为3%，第11年起统一调整为4%。

2. 特殊缴费

为了实现新老退休职工待遇的平稳过渡，将根据经营业绩及职工的具体情况，对“中人”给予一定的补偿缴费。

补偿缴费原则是对退休时企业年金个人账户领取额未达到相应目标领取标准（或距离退休不足10年）的“中人”账户进行补偿。目标领取标准参照当地现行的退休人员基本养老统筹外项目待遇水平制定。

具体计算方式如下：

特殊缴费=上年度工资总额×4%-普通缴费

第四节　单位福利的法律规范

用人单位一般是在遵守国家关于法律关系和财务规则的规定的基础上，自主制定单位福利计划的。单位福利是劳动关系的产物，劳动合同是确定用人单位和员工之间劳动关系和规定员工福利待遇及用人单位相关责任的法律事实。

单位福利的法律特征，主要有以下三方面：

- 劳动合同；
- 用人单位责任；
- 员工权益。

一、劳动合同

《中华人民共和国劳动合同法》和《中华人民共和国劳动法》是制定劳动合同和员工福利方案的主要法律依据，本部分主要介绍劳动合同的相关知识。

（一）劳动合同的定义和特征

劳动合同即指用人单位和劳动者之间建立劳动关系、明确各自权利义务的协议。其法律特征有：

（1）是建立劳动法律关系的法律事实，包括书面合同和基于口头合同形成的事实合同。

（2）建立劳动关系的主体具有不可替代性，签约的企业和劳动者均不得以任何理由让他人代替自己履行合同义务。

（3）合同约定事项与劳动关系的实际情况相比，总是不完善的。

（4）针对个体劳动者约定劳动条件，具有个性要求。

（二）劳动合同的期限

劳动合同期限指由劳动合同当事人约定的劳动合同的有效时间。它是企业根据生产需要进行劳动力配置的手段，也是劳动者根据自己职业生涯设计的、实现就业权的手段。

劳动合同期限包括：

（1）固定期限，即明确规定终止时间，具有时间刚性的合同。固定期限劳动合同可以分为：长期合同（10 年以上）、中期合同（5 年以上）和短期合同（1 年或者几个月）。

（2）无固定期限，即不规定合同终止时间，具有时间弹性的合同。无固定期限劳动合同应当科学、合理和明确地规定解除合同的具体条件，以保证无固定期限合同不是随意解雇员工的借口，也不是限制企业用工自由的手段。

（3）以完成一定工作任务所需时间为合同期限。这类劳动合同适用于建筑业、铁路交通和水利工程等行业。

金融理财师要关注劳动合同期限对单位福利归属和预期的影响：第一，单位福利计划会限定参加人员资格，通常要求参加人员与本单位具有劳动合同关系；第二，单位福利计划会规定受益资格，通常要求在本单位工作达到若干年限，或参加福利计划达到若干年限，劳动合同期限影响单位福利的归属、给予和价值计算。

二、用人单位责任

用人单位是单位福利的主办者，承担主体责任。总体而言，主体责任包括：第一，保证福利计划设立的合法性；第二，保证福利计划运行的安全性；第三，履行缴费责任或待遇支付责任。

专栏 1－4

相关法律——《中华人民共和国劳动合同法》第二章　劳动合同的订立

第十二条　劳动合同分为固定期限劳动合同、无固定期限劳动合同和以完成一定工作任务为期限的劳动合同。

第十三条　固定期限劳动合同，是指用人单位与劳动者约定合同终止时间的劳动合同。用人单位与劳动者协商一致，可以订立固定期限劳动合同。

第十四条　无固定期限劳动合同，是指用人单位与劳动者约定无确定终止时间的劳动合同。用人单位与劳动者协商一致，可以订立无固定期限劳动合同。有下列情形之一，劳动者提出或者同意续订、订立劳动合同的，除劳动者提出订立固定期限劳动合同外，应当订立无固定期限劳动合同：

（一）劳动者在该用人单位连续工作满十年的；

（二）用人单位初次实行劳动合同制度或者国有企业改制重新订立劳动合同时，劳动者在该用人单位连续工作满十年且距法定退休年龄不足十年的；

（三）连续订立二次固定期限劳动合同，且劳动者没有本法第三十九条和第四十条第一项、第二项规定的情形，续订劳动合同的。用人单位自用工之日起满一年不与劳动者订立书面劳动合同的，视为用人单位与劳动者已订立无固定期限劳动合同。

一旦员工完成劳务即形成用人单位支付员工福利的责任，为了准确判定用人单位在单位福利中承担的责任，我们需要从不同的角度分析。例如，从法律约束力的角度可以把用人单位责任划分为法定责任（强制性）和推定责任（先自愿、后强制），单位福利中用人单位主要承担的是推定责任。从单位福利特征的角度可以把用人单位责任划分为 DB 计划责任和 DC 计划责任。

（一）法定责任和推定责任

法定责任指依据法律、规章和合同产生的用人单位支付福利的责任，包括带薪假期、社会保险缴费、辞退补偿等。例如，根据《中华人民共和国劳动合同法》的规定，出于用人单位原因辞退员工的，用人单位必须依法支付补偿金。法定责任主要是在法定福利中用人单位需要承担的责任。

推定责任指基于惯例，用人单位应当承担的责任。所谓“惯例”，是指以下几种特定情形：一是用人单位所属行业的通常做法，或者由行业协会制定的行规；二是本单位历来的做法；三是本单位对外做出的公开承诺；四是本单位制定的内部制度。在法律、规章或合同没有约束用人单位承担法定责任的情况下，如果符合上述特定情形，用人单位应当承担推定责任。

例如，许多国家（如美国、中国等）没有用法律手段强制用人单位建立利润分享计划、企业年金计划等单位福利，而是由用人单位自愿建立，员工自愿参加，因此，用人单位不承担相应的法定责任。然而，一旦用人单位建立了利润分享计划或企业年金计划等单位福利，那么用人单位应当根据福利计划方案承担其推定责任，保证福利计划设立的合法性，保证福利计划运行的安全性，履行缴费义务或待遇支付义务。

（二）DB 计划责任和 DC 计划责任

基于 DB 计划和 DC 计划的不同性质，用人单位在 DB 计划和 DC 计划中的责任也有所不同。

在 DB 计划下，用人单位要对其做出的员工福利支付承诺承担如下责任：

（1）足额筹集资金。

（2）管理福利基金和财产拥有投资收益并承担损失风险。

（3）确保支付福利待遇。

在 DC 计划下，用人单位要对其做出的员工福利缴费承担如下责任：

（1）足额筹集资金。

（2）定期按时向员工福利个人账户供款。

（3）合理规定雇主供款向员工的归属条件，并认真履行归属责任。

（4）采取有效措施帮助员工管理福利账户，如提供理财培训、建立员工福利理事会、出资购买理财服务等。

总之，用人单位的福利责任体现在集体协议、单位福利计划和劳动合同之中。

三、员工权益

员工权益指员工有权获得某种利益，这里指员工依据法律与劳动合同，在履行劳动义务后应当获取的福利待遇。这些福利待遇是员工薪酬的组成部分。

在延期支付条件下，员工福利伴随劳动关系的变化具有以下几种权益状态，其中，第（一）项和第（二）项发生在员工履行劳务以后，第（三）项发生在员工履行劳务之前。

（一）已归属权益

已归属权益（vested benefits）指不以未来雇佣为条件的员工福利，即个人已经获得的不可撤销的权益。在法律上具有如下特征：

（1）个人产权受法律保护，不可撤销和剥夺。

（2）不因劳动关系终止而撤销，员工携带权受法律保护。

(3) 不因员工退出劳动力市场而撤销。

(二) 未归属应计权益

未归属应计权益 (unvested accrued benefits) 指员工基于以往为公司提供的服务而获得的，但因未满足受益资格而尚未归属的福利待遇。对于该种权益，最后的归属具有两种可能：

(1) 在员工履行相关义务并满足受益资格后，用人单位供款归属员工所有。

(2) 在员工未能履行相关义务即离开用人单位后，视为员工放弃该权益，用人单位供款归属员工福利计划所有。

通常，应计未归属权益的用人单位供款已经计入员工名下，但依法律授权而附带了归属条件，如履行劳动合同至期限届满，或者设定归属期限。

(三) 预期权益

预期权益 (projected benefits) 指基于法定条件和员工履行劳务的情况，将来可能获得的权益增量。所谓预期，包括劳动合同的有效期限、员工达到退休之前的就业期限。预期权益是员工职业生涯设计的组成部分。

员工福利理财规划服务，涉及员工职业生涯和终生收入状况，金融理财服务要以客户需求为核心，进行综合理财服务，不仅要关注员工的往期权益，还要关注预期权益以及未归属应计权益，才能实现员工利益最大化的目标。

在实践中，理财师需要基于特定时点为客户计算其已归属权益、未归属应计权益，以及对预期权益进行估算。这里，需要明确以下计算规则：

(1) 工资增长一般从次年算起。

(2) 退休年龄指领取养老金起始年，该年度不计入缴费 (例如，参保人年满 60 岁退休，缴费到 59 岁岁末)。

(3) 关于缴费，如无特殊说明，视为期末 (如月末或年末) 缴费，缴费形成的年金视为期末年金。

(4) 关于福利待遇支付，如无特殊说明，视为期初 (如月初或年初) 支付，支付福利待遇形成的年金视为期初年金。

实例 1-10 A 先生在 45 岁初加入了某银行，当年年薪为 6 万元人民币，以后年均增长 5%，该银行养老金计算公式为：

养老金支付单位/月＝最后年薪×2%

请计算 A 先生 60 岁退休时可领取的用人单位养老金月支付金额。

解析

$$60\ 000\times(1+5\%)^{14}\times2\%=2\ 376(\text{元})$$

A 先生 60 岁退休时每月可领取 2 376 元。

注意：工资增长是从次年开始计算，本例题只增长 14 期。

实例 1-11 已归属权益与未归属应计权益计算

某公司企业年金方案规定：企业每月按个人工资总额的 2% 向员工个人账户缴费；企

业缴费归属条件：在公司服务满3年归属30%，5年归属50%，7年归属100%。

刘先生月薪为1万元人民币，暂不考虑增长率；他为公司服务满2年时若离开公司，有多少用人单位缴费已归属？满3年时已归属和未归属应计权益分别是多少？

解析

第二年年底离开，视为放弃权益，可携带用人单位缴费额为0。

未归属应计权益=10 000×2%×12×2=4 800(元)

第三年年底离开，需要考虑两部分权益：

已归属权益=10 000×2%×12×3×30%=2 160(元)

未归属应计权益=10 000×2%×12×3×70%=5 040(元)

实例1-12　预期权益计算

某公司承诺每年年初支付养老金，共付20年。养老金计算公式为：

养老金支付额=1.5%×最后年薪×司龄

哈里先生至今年年初已为公司服务23年，准备明年年底退休。目前已具备公司养老金的受益资格，去年的年薪为60 000元，未来2年年均增长6%，年均贴现率7%。

如果以当前工资计算已归属权益，以预计工资计算未来时点的已归属权益，请计算当前哈里先生已归属权益和预期权益。

解析

(1) 已归属权益计算。

当前工资下的养老金支付额为：

1.5%×60 000×23=20 700(元)

已归属权益总额（不考虑货币时间价值）为：

20 700×20(支付年限)=414 000(元)

已归属权益总额（考虑货币时间价值），即计算贴现率7%的情况下，期初年金在当前时点的现值，根据$n=20$，$I=7\%$，$PMT=-20\ 700$，$FV=0$，计算得到$PV=234\ 647$，即已归属权益总额为234 647元。

(2) 预期权益计算。

未来两年工资增长6%，退休时工资水平为：

$60\ 000\times(1+6\%)^2=67\ 416$(元)

两年后工资水平下的养老金支付额为：

1.5%×67 416×25=25 281(元)

未来时点的已归属权益（不考虑货币时间价值）为：

25 281×20(支付期限)=505 620(元)

未来时点的已归属权益（考虑货币时间价值）：根据$n=20$，$I=7\%$，$PMT=-25\ 281$，$FV=0$，计算得到$PV=286\ 575$，即未来时点的已归属权益为286 575元。

预期权益＝未来时点的已归属权益－当前已归属权益

不考虑货币时间价值：505 620－414 000＝91 620(元)

考虑货币时间价值：286 575－234 647＝51 928(元)

计算结果说明哈里先生选择在当前时点退休要比继续工作 2 年后退休少领取的金额。在不考虑货币时间价值的情况下为 91 620 元，在考虑货币时间价值的情况下为 51 928 元。

第五节　单位福利的税收政策

一、合格计划与非合格计划

政府在制定税收优惠政策时，通常会设定前提条件，要求用人单位在单位福利计划中适当接纳“普惠、公平”的原则。例如，美国《国内税收法规》(IRC) 第 401 条(k)款对私营公司设立雇主养老金计划给予税收优惠政策［即 401(k)计划］，前提是该养老金计划经过税务管理部门审核，满足“非歧视性待遇”要求，即：在该养老金计划中，雇主的缴费不能过度偏向于公司的高管人员和高收入人员。

如果政府的税收优惠政策力度较大，具有足够的吸引力，就会起到促进用人单位建立和发展单位福利计划的作用，同时，也会使单位福利计划注意“公平”与“效率”的相互平衡及有机结合。相反，如果在用人单位看来，政府的税收优惠政策不具有足够的吸引力，其单位福利计划可能会放弃享受税收优惠政策的机会，以“效率”为优先原则来设计单位福利计划。因此，现实生活中单位福利计划有合格计划与非合格计划之分。

(一) 合格计划

合格计划指经过资格审查，符合税法规定的税收优惠条件，从而获得税收优惠待遇的单位福利计划。例如，美国 401(k)计划、澳大利亚超级年金计划和中国企业年金计划均属于合格计划。

(二) 非合格计划

非合格计划是指不满足税法规定的税收优惠条件，从而不享受税收优惠待遇的单位福利计划。

二、税收优惠的条件

通常政府在设定单位福利计划享受税收优惠政策的条件时，要考虑以下几个方面：

(1) 参加人员覆盖率是否达到一个较高的比率。

(2) 单位缴费是否照顾到低收入的员工。

(3) 投资管理政策是否符合制度规范。

（4）计划是否及时全面披露相关信息。

三、单位福利的税收政策模式

（一）单位福利的涉税环节

单位福利计划包括缴费、投资运营和待遇支付（对员工而言，则为福利待遇领取）三个阶段，政府可以在这三个阶段分别安排税收政策。换言之，单位福利计划有缴费、投资运营和待遇支付三个涉税环节。

1. 缴费环节

有些单位福利计划由用人单位单方缴费，有些单位福利计划由用人单位和员工共同缴费，因此，用人单位和员工在缴费环节均有可能涉及税收问题。

对用人单位而言，缴费环节是主要的涉税环节，所涉及的税种是所得税。例如，如果用人单位是一家公司，其所涉及的税种就是企业所得税。该环节的主要问题是用人单位为员工所缴的费用是否可以在规定范围内作为费用支出从应税收入中扣除。按现行会计制度，如果用人单位不将这笔资金作为单位福利计划的缴费，而以现金的形式发放给员工，那么，这些支出便形成了用人单位的工资成本，可在税前扣除。当然，对用人单位来说，以现金的形式作为当期工资的一部分发放给员工，显然不如将同样的资金作为缴费而建立单位福利计划对员工的激励和约束作用大。但是，如果政策规定用人单位的缴费不能在税前扣除，必然会加大用人单位的负担。这样看来，国家为鼓励用人单位举办养老金计划，合理的做法是给予用人单位所得税的优惠，准许用人单位的缴费在规定的额度内从应税所得中扣除，降低用人单位的人力资源成本。

对员工而言，缴费环节所涉及的税种是个人所得税。个人所得的确定，各国一般遵循“综合所得”的原则，即个人所有财富增量都应包括在个人所得税税基当中，也就是说，用人单位为员工的缴费在归属给员工时也被确认为个人所得。这样，员工在缴费环节就面临两个税收问题：一是员工自身的缴费能否在规定的范围内从应税收入中扣除，免缴个人所得税；二是用人单位为员工的缴费在归属给员工时能否从应税收入中扣除，免缴个人所得税。如果政府在政策上给予税收优惠，将提高员工缴费的积极性，从而增加单位福利计划的资金额。

2. 投资运营环节

投资运营环节所涉及的税种取决于投资途径，投资国债取得的利息收益本身是免税的，但是，投资企业债券将面临利息税，投资股票取得的股息红利收入将面临个人所得税。此外，投资股票、债券还可能面临资本利得税（我国目前尚无此税种）。

该环节的主要问题是政府是否在一定范围内对投资收益给予减税、免税或延期纳税政策，对于已经缴纳的税收（注：利息税、股息的个人所得税由企业代扣）政府是否可以安排退税机制。显然，如果在投资运营环节给予税收优惠政策，则可以提高实际的投资收益率，增加单位福利计划的资金积累额，最终提高单位福利计划的待遇水平，这将鼓励单位福利计划的发展。

3. 待遇支付环节

对员工而言，待遇支付环节所涉及的税种是个人所得税。

显然，支付环节的税收政策直接影响员工的福利待遇水平。如果政府给予税收优惠政策，将直接提高单位福利计划对员工的实际价值。

（二）单位福利的税收政策模式比较

1. 单位福利税收政策模式

在缴费、投资运营和待遇支付等三个涉税环节上，国家可以分别安排是否给予税收优惠政策，而税收优惠政策又包括减税、免税和延期纳税三种形式，因此，税收政策的模式可以是多种多样的。这里，我们仅按是否免税来划分单位福利的税收政策模式。

如果用“E”代表在某个环节免税，用“T”代表在某个环节征税，那么，我们可以概括出以下几种常见的税收政策模式：

（1）EEE 模式。该税制模式对单位福利计划的缴费、投资收益和福利待遇领取均予免税。

（2）TEE 模式。该税制模式对单位福利计划的缴费征税，即用人单位和员工的缴费不能扣除，对投资收益和福利待遇领取免征税负。

（3）EET 模式。这种税制模式对用人单位和员工的缴费、投资收益免税，但在领取福利待遇时征税。

（4）TTE 模式。该税制模式对缴费和投资收益征税，但领取福利待遇时免征个人所得税。

（5）ETT 模式。该税制模式对缴费免税，允许用人单位和员工的缴费在税前收入中扣除，但对投资收益征税，在领取福利待遇时征收个人所得税。

（6）TTT 模式。该税制模式对缴费、投资收益和福利待遇领取三个环节均设置相应的税收，没有给予任何免税政策。

2. 单位福利税收政策模式的效果比较

各种税收政策模式体现着不同的政策导向，也产生了不同的效果。让我们通过一个实例来比较不同税收政策所产生的实际效果。

实例 1－13 假定某员工用于单位福利缴费的个人收入为 100 元，单位福利计划投资运营 5 年，投资收益率为 10%，单位福利计划按缴费资金的投资积累额支付福利待遇。假定所有税种（如个人所得税、利息税等）的税率均为 25%，在不同的税收政策模式下，实际效果有何区别？

解析

单位福利计划按缴费资金的投资积累额支付福利待遇，我们可以把员工用于缴费的 100 元收入在不同税收政策模式下的积累额列于表 1－2。

从表 1－2 的比较结果来看，EEE 模式下员工取得的福利待遇额最高，达到 161.05 元，说明这种税收政策模式会对单位福利计划产生最强的激励效果。

TEE 模式和 EET 模式的效果相同，员工取得的福利待遇额能够达到 120.79 元，说明这两种税收政策模式也会对单位福利计划产生较强的激励效果。与 TEE 模式相比，EET 模式事实上是一种对个人推迟征收个人所得税的形式，即将一部分收入应缴纳的税负推迟到福利待遇领取期间征收，因此称为延期纳税模式。

TTE 模式和 ETT 模式的效果相同，员工取得的福利待遇额为 107.67 元，说明这两种税收政策模式对单位福利计划的激励效果明显减弱。

TTT 模式的效果最差，员工取得的福利待遇额仅为 80.75 元。事实上，对于员工而言，缴费环节中的 100 元资金缴纳了个人所得税，在领取福利待遇时还要缴纳个人所得税，那么，对于同一笔资金存在重复纳税现象。这种税收政策模式会严重挫伤建立单位福利计划的积极性。

表 1-2　　不同的税收政策模式下实际效果的比较

	EEE	TEE	EET	TTE	ETT	TTT
(1) 用于缴费的个人收入	100	100	100	100	100	
(2) 缴费环节纳税额（税率 25%）	—	25	—	25	—	25
(3) 税后缴费额 (1)－(2)	100	75	100	75	100	75
(4) 5 年投资收益额（税后）	61.05①	45.79②	61.05	32.67③	43.56④	32.67
(5) 5 年后积累额 [(3)＋(4)]	161.05	120.79	161.05	107.67	143.56	107.67
(6) 支付环节纳税额（税率 25%）	—	—	40.26	—	35.89	26.92
(7) 税后福利待遇额 (5)－(6)	161.05	120.79	120.79	107.67	107.67	80.75

注：① $100\times(1+10\%)^5-100=61.05$；

② $75\times(1+10\%)^5-75=45.79$；

③ $75\times[1+10\%\times(1-25\%)]^5-75=32.67$；

④ $100\times[1+10\%\times(1-25\%)]^5-100=43.56$。

为了促进单位福利的发展，我们希望国家设立积极的税收政策，即能够对单位福利计划产生激励效果的税收优惠政策。

事实上，由于各国的具体国情不同，某些应税所得和投资回报常常被隐匿，现实生活中的养老金税收政策及其立法要比上述各模式复杂得多。另外，假定所有税种（如个人所得税、利息税等）的税率均为 25%，这种假设远不符合实际。例如，各国的个人所得税都采用累进制税率，在缴费环节，如果某员工的薪酬水平较高，其个人所得税边际税率就比较高，而在领取福利待遇时，其面临的个人所得税税率通常另有规定，比一般的所得税税率要低［例如，美国的 401(k) 计划规定，个人一次性领取养老金的税率为 20%，按 20 年的年金方式分期领取养老金的税率为 5%］，在这种情况下，EET 模式比 TEE 模式的实际激励效果更强，因为 EET 模式中的“T”与 TEE 模式中的“T”的实际税率相差很多。

3. 单位福利税制模式的国际做法

目前，大多数国家对单位福利缴费均给予减免税优惠。

以养老金计划为例，很多国家不管是雇主还是雇员的缴费都享受税收优惠。对于养老金投资回报，大多数国家免税，澳大利亚、丹麦、意大利等都是给予低于通常所得税税率的税收待遇。

对于个人领取的养老金，一般是要作为应税收入征收个人所得税，但部分国家也给予养老金收入所得税税率低于边际所得税税率的优惠，如澳大利亚、奥地利、瑞典、瑞士。此外，对于退休金给付的税收政策，通常按年金的方式给付和一次性给付方式有所不同；而在另一些国家，如英国、德国，人们在退休时一次性领取养老金享受免税待遇，或是享受超低的所得税税率。这主要是由于退休职工从养老金计划一次性提款后，还要将这笔资金存放到寿险公司或其他金融机构，以后再以年金的形式从这些机构领取养老金，当他们每年领取养老金时还要按税法的规定缴纳所得税。所以为了避免重复课税，有些国家规定对一次性提取退休金的给予税收优惠。

可见，养老金税收待遇的国际相似程度很高，EET 税制模式占据了主导地位。

第六节　单位福利的财务确认

客户常常要求理财师帮助合理选择单位福利计划，测算客户权益，识别潜在风险。为了完成这项工作，理财师需要准确了解计划的财务规则。

一、当期承诺、延期支付与权责发生制

大部分单位福利项目属于用人单位当期承诺和延期支付，对员工而言，属于延期收入。

用人单位关于单位福利的承诺并非是“空头支票”。用人单位一旦发起单位福利计划，就必须按照福利方案的有关规定供款，并依法托管基金，承担兑现福利待遇承诺的责任。

在现代企业财务制度中，确认收入和费用的基础原则是权责发生制。权责发生制是以权利和责任的发生来决定收入和费用归属期的一项原则。按照权责发生制原则，凡是本期已经实现的收入和已经发生或应当负担的费用，不论其款项是否已经收付，都应作为当期的收入和费用处理；凡是不属于当期的收入和费用，即使款项已经在当期收付，都不应作为当期的收入和费用。

具体到单位福利计划，简单地说，权责发生制就是根据用人单位的责任确认其费用，根据未实际履行的责任确认其债务。虽然大部分单位福利项目属于用人单位当期承诺和延期支付，但是，其费用要计入当期的损益表，其债务要计入当期的资产负债表。

缴费确定模式和待遇确定模式的不同决定了用人单位的责任也是不同的，两种模式下单位福利计划的财务规则需要分别介绍。

二、缴费确定模式的财务确认

缴费确定模式的特点是用人单位的责任仅限于缴费，而不承担投资风险、员工长寿风险等其他责任。因此，理解缴费确定模式的财务规则，重点在于了解用人单位的缴费责任。

（一）缴费水平的确定

单位福利计划方案中会明确规定用人单位的缴费方法。具体内容在本章第二节已经进行了详细的介绍，具体在确定使用哪种缴费方法时必须考虑以下几方面的影响因素：

1. 法律、规章的约束

在有些国家，法律、规章对用人单位的缴费设立最低限额或最高限额。例如，澳大利亚的《超级保障法》（Superannuation Guarantee Act）规定了雇主为员工缴费的最低标准，2014 年为员工工资的 9.25%，今后该标准将逐步提高，至 2021 年达到 12%；2017 年 12 月 18 日我国人力资源和社会保障部、财政部联合公布《企业年金办法》，第十五条规定企业缴费每年不超过本企业职工工资总额的 8%。

2. 单位的经济承受能力

用人单位的缴费形成其成本负担，必然以其经济实力为基础。为了保证单位福利计划的可持续性，用人单位缴费水平的确定不仅取决于当期的收入状况，还要考虑未来收入状况的变化。

3. 税收优惠政策

在上一节中我们分析过，不同的税收优惠政策会不同程度地降低用人单位的人力资源成本，对企业的缴费积极性产生影响。

4. 预期福利待遇的需要

用人单位建立单位福利计划是为了提高员工生活保障水平和建立物质激励机制，这就需要未来的福利待遇达到一定水平，对员工具有吸引力。在缴费确定模式中，员工未来的福利待遇水平取决于缴费积累额，因此，用人单位缴费水平的确定必然要与预期的福利待遇水平相适应。

（二）用人单位缴费的分配原则

单位福利不同于社会保险，通常允许用人单位缴费“坚持公平与效率结合原则，保留差别待遇，禁止歧视待遇”。

用人单位缴费的动机包括提高保障水平和促进激励两个目标，前者表现为支付基本费，后者为奖励性缴费和根据个人贡献进行配款。基本缴费即按照计划成员人头支付的最低缴费，如人均 5 000 元/年；奖励性缴费指与工作岗位和绩效考评关联的缴费，根据个人贡献进行配款，即在个人缴费的基础上，用人单位进行配比缴费，例如 1∶1 或者 1∶0.5。

借鉴美国《雇员退休收入保障法》和 401(k)计划的相关经验，我们可以基于员工平均工资，在高收入员工和低收入员工之间建立合理系数（如图 1－3 所示），政府监督管理将歧视待遇作为合格计划的检验条件之一。这项法律规范可以控制分配差距，避免用人单位福利计划陷入“富人俱乐部”的境地，而失去发展的社会基础和政府支持。在薪酬级差不大的公共部门，则不需要如此规范。

	工资		系数	缴费
	6 000	高于平均工资	1:0.4	240 + 96 = 336
	5 000		1:0.6	200 + 120 = 320
	4 000		1:0.8	160 + 128 = 268
平均工资	**3 000**	→	**1:1**	**120 + 120 = 240**
	2 500	低于平均工资	1:1.2	100 + 120 = 220
	2 000		1:1.4	80 + 112 = 192
	1 500		1:1.6	60 + 96 = 156

图 1－3 雇主缴费的合理系数法

图 1－3 举例解释了用人单位缴费合理系数法的运作方式。假设某公司员工的平均月薪酬为 3 000 元，最高月薪酬为 6 000 元，最低月薪酬为 1 500 元，每个员工按其薪酬的 4%向养老金计划缴费。如果用人单位对每个员工均按 1∶1 的系数配款，那么，最高薪酬员工得到的缴费总额为 480 元（员工缴费 240 元＋用人单位缴费 240 元），最低薪酬员工得到的缴费总额为 120 元（员工缴费 60 元＋用人单位缴费 60 元），前者为后者的 4 倍，这种做法可能违背法律要求，形成歧视待遇。为此，该公司对中等薪酬的员工按 1∶1 的系数配款，对高于平均薪酬水平的员工适当降低用人单位配款系数（例如，对月薪酬 6 000 元的员工的配款系数降至 1∶0.4），对低于平均薪酬水平的员工适当提高用人单位配款系数（例如，对月薪酬 1 500 元的员工的配款系数升至 1∶1.6）。这样，最高薪酬员工得到的缴费总额为 336 元（员工缴费 240 元＋用人单位缴费 96 元），最低薪酬员工得到的缴费总额为 156 元（员工缴费 60 元＋用人单位缴费 96 元）。这种做法既保持了差别待遇，又避免了歧视待遇。

（三）用人单位缴费的归属原则

缴费确定模式单位福利计划设有个人账户，员工的缴费直接计入个人账户，而用人单位为员工的缴费则按照单位福利计划方案事先规定的原则向个人账户划转。用人单位缴费向员工个人账户划转的过程称为用人单位缴费的归属过程。

1. 员工未归属应计权益

用人单位缴费必须指明受益人，并记在计划成员的名下，但用人单位可以依法锁定权益的归属期，在锁定的期间内暂不实施权益归属，这对员工来说是未归属应计权益；由此对人员流动起到了一定的限制作用。

如果员工主动提前离开用人单位，将被视为员工自动放弃权益；如果由于员工违规违纪，用人单位决定让员工提前离开组织，视为剥夺权益。在法定保护情况下，用人单位如果决定让员工提前离开，应当提前归属。因此，缴费确定模式的单位福利计划财务账户系统需要设立计划账户、过渡账户和个人账户，过渡账户用以记录和保存用人单位缴费未归属员工的资金。

2. 用人单位缴费的归属期

用人单位缴费归属期可以理解为单位福利计划对员工受益资格的一种规定方法。通过归属期的规定，在1974年美国政府颁布《雇员退休收入保障法》之前，美国雇主和保险公司的合同约定，雇主缴费对员工实行永久锁定期，如果员工在退休前离开雇主，就意味着他将放弃全部养老金权益，这被称为保护雇主动机和限制人员流动的“悬崖法”。员工主张拥有转换工作单位甚至转换职业的自主性，并主张其单位福利计划中利益的最大化，因而反对过长的归属期。

1974年，美国颁布的《雇员退休收入保障法》规定，于单位福利计划建立第一年退出的员工（如出于个人原因离开公司），被视为对雇主缴费权益的放弃，不能携带雇主缴费；一年以后可按如下归属原则办理：（1）阶段转移法，即规定不携期限；（2）阶梯转移法，即逐年增加携带比例，但是不能超过7年；（3）完全转移法，即基于法定原因实行全额归属，如解除劳动合同、退休等。在一定程度上，政府保护人员的合理流动。

《雇员退休收入保障法》允许养老金计划自主选择归属方法和确定归属期，但是不能超过7年。我国目前的相关法律、规章对此尚无规定。

通常，单位福利计划按照员工参加计划年限划分用人单位缴费归属期，即员工参加计划（或者单位工龄）达到规定期限时，其用人单位缴费应当全额转入个人账户，个人离开用人单位时可全额携带。

专栏1－5

某集团公司的雇主缴费归属期

企业年金方案规定：“为集团工作满6年享有全部归属比例，不满6年的按照工作年限享受账户的归属比例，满2年享有归属比例10%，以后每增加2年归属比例增加10%。”

3. 未归属应计权益的分配

缴费确定模式单位福利计划实行资产独立原则，用人单位缴费一旦发生即与其产权分离，在任何情况下用人单位都不得收回。未归属应计权益的资产仍然归计划所有，可以对计划成员进行再分配，也可以用于支付管理费用。

以养老金计划为例，为了便于归属期内用人单位缴费的运作，用人单位计划账户系统由单位账户、个人账户和过渡账户构成（见图1－4），过渡账户暂存用人单位缴费，在员工达到约定条件后，用人单位为其缴费的本息才能进入其个人账户；用人单位缴费一旦进入员工的个人账户，即归属员工个人，受到法律保护，员工离开公司时可自由携带。

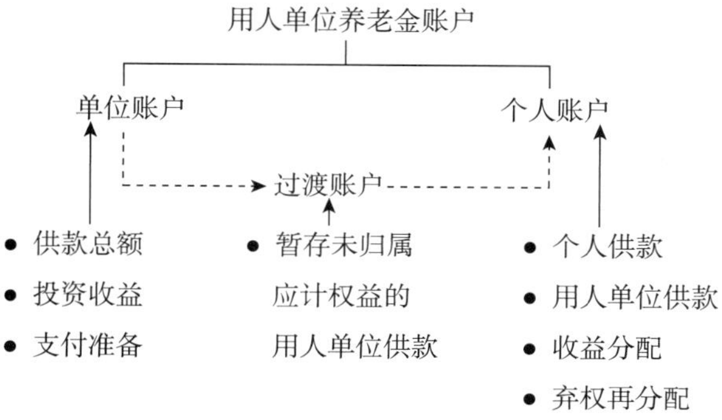

图 1-4　用人单位养老金计划账户结构

实例 1-14　员工携带用人单位缴费

某公司年金计划规定：个人缴费额为当年月平均工资的 5%，公司配款比例为 1∶1，年均收益率为 5%，双方均在年底向托管银行供款。

B 先生 2013 年 1 月 1 日参加公司年金计划，当年个人月平均工资为 5 000 元，年均增长 5%，请计算 2018 年 1 月 1 日他离开公司时两种转移方式下各自可携带的年金收入（见表 1-3）。

表 1-3　用人单位缴费的归属方式

阶梯式转移法（1）		阶段式转移法（2）	
员工工龄	个人归属比例	员工工龄	个人归属比例
4 年	40%	4 年以下（含 4 年）	0
5 年以上（含 5 年）	50%	5 年以上（含 5 年）	100%
7 年以上（含 7 年）	100%		

解析

工资增长率和收益率以及年限相同，可以使用简易公式计算其 2017 年年底个人账户中个人缴费积累额：

$$FV=T\times C\times(1+r)^{T-1}=5\ 000\times5\%\times12\times(1+5\%)^{4}\times5=18\ 232.59(\text{元})$$

（1）阶梯法：可携带年金收入＝个人缴费积累额＋用人单位供款×50%，即：

18 232.59＋18 232.59×50%＝27 348.89(元)

（2）阶段法：可携带年金收入＝个人缴费积累额＋用人单位供款×100%，即：

18 232.59＋18 232.59＝36 465.18(元)

（四）缴费确定模式的财务处理

在缴费确定模式单位计划中，用人单位所承担的义务限定为按期向养老金账户缴费，用人单位向养老金计划管理者缴纳的资产不再确认为用人单位的资产，用人单位当期应予确认的养老金成本是当期应支付的缴费额，确认的养老金负债是按照养老金计划规定，当期及以前各期累计的应缴未缴养老金计划缴费额，即：

用人单位当期福利成本＝当期应支付的缴费额

养老金负债＝累计应支付的缴费额－累计已支付的缴费额

前者体现于用人单位的利润表，后者体现于用人单位的资产负债表。

三、待遇确定模式的财务确认

目前，我国的会计准则尚未对待遇确定模式单位福利计划的财务规则做出明确规定，但考虑与国际会计准则接轨，且部分读者可能接触外企客户，需要了解按国际会计准则编制的财务信息，因此下面将根据国际会计准则的规定介绍相关内容，供读者参考及使用。

我们以养老金计划为例，介绍待遇确定模式的财务规则。

（一）待遇确定模式养老金计划的财务平衡

待遇确定模式的重要特征是用人单位对员工未来的福利待遇预先做出了承诺，并且要兑现承诺。兑现的方法是通过逐月（或年）缴费建立充足的养老金准备资产，实现养老金计划的财务平衡。

所谓财务平衡，是以员工退休时点作为平衡点，退休前为养老金资产积累阶段，退休后为养老金发放阶段，退休前历年缴费形成的终值应该等于拟发放的养老金的现值（如图 1－5 所示）。

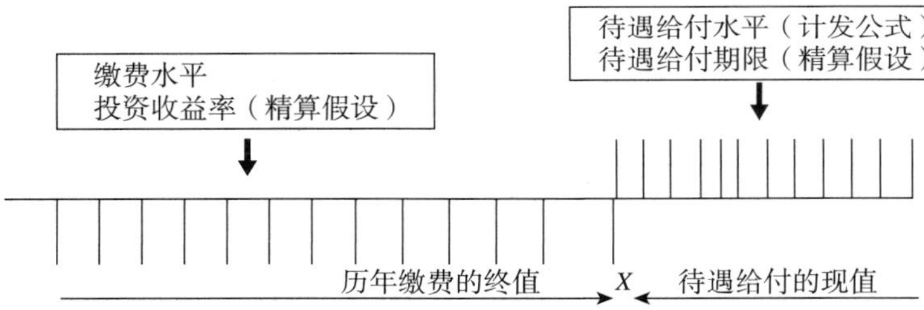

图 1－5　待遇确定模式财务平衡示意图

从图 1－5 中可以看出，要实现财务平衡，待遇确定模式养老金计划需要解决以下问题：

（1）估计未来拟发放的养老金现金流。这需要根据养老金计划承诺的计发公式来推算。

（2）估计未来拟发放养老金的期限。如果待遇确定模式养老金计划承诺按定期年金的方式发放养老金，那么未来拟发放养老金的期限是一个确定的数值，具体期限在养老金计划方案中预先规定；如果待遇确定模式养老金计划承诺按生存年限发放养老金，那么估计未来拟发放养老金的期限实际上就是估计员工的预计余寿，这是一个不确定的数值，需要引入关于平均寿命精算假设。

（3）将未来拟发放的养老金现金流折算成在员工退休时点的现值（假设该现值为 X）。为了假设该现值，需要确定养老金发放阶段应该采用的贴现率。该贴现率应该等于预计养老金发放阶段的投资收益率。

（4）确定和管理养老金资产积累阶段的缴费水平。缴费的目标是使养老金准备资产的积累额（即历年或月缴费的终值）在员工退休时点等于 X。为比，需要确定养老金资产积累阶段应该采用的贴现率。该贴现率应该等于预计养老金资产积累阶段的投资收益率。要注意的是，按照国际会计准则的规定，每年或每月具体缴费额实际上是不相同的，为了解释这个问题，需要借助预期累积福利单位法、累积给付义务法或预计给付义务法等概念。

（二）预期累积福利单位法

根据《国际会计准则》（IAS）的财务规则，待遇确定模式养老金计划的基本财务运用预期累积福利单位法。

预期累积福利单位法（有时被称为按服务比例的应计福利法或服务/年数福利法）是权责发生制会计原则在长期福利计划中的应用，其含义是：员工可按照劳动合同和福利计划方案的规定持续提供劳务以换取一定的预期福利待遇，每一个期间的劳务获得一个单位的福利待遇；最终，福利待遇总值是各个福利单位的累积结果；因此，财务处理时，应该把员工福利价值归属（或称分摊）于其既定福利权益的每个会计期间（月、季、年度）。

员工的养老金权益构成了用人单位的给付义务，这是同一个问题的两个方面。在待遇确定模式养老金计划中，用人单位预先承诺了养老金待遇的金额或者预先规定了养老金待遇的计算公式，员工提供劳务后可以计算出其养老金权益（包括已归属权益和未归属应计权益），用人单位承担按照预先承诺足额支付养老金的义务。因此，预期累积福利单位法将员工福利价值归属于与赚取福利待遇有关的每个会计期间，也就意味着应将用人单位的给付义务归属于相应的会计期间。为了保证能够履行给付义务，用人单位必须向养老金计划缴费，建立养老金准备资产（或称养老基金）；并且养老金准备资产的公允价值应该等于用人单位养老金给付义务值，从而确保按照预先承诺足额支付养老金。按照这种原则，用人单位可以计算福利计划在每个会计期间（月、季、年度）内应计提的准备金、应确认的费用和所产生的负债。

用人单位对待遇确定模式养老金计划的会计核算包括以下步骤：

第一，运用精算技术对员工所应得的养老金权益金额进行可靠估计。这需要用人单位对影响养老金权益额的人口变量（如雇员的流动率和死亡率）和财务变量（如未来工资的增加）做出精算假定。

第二，确定与该养老金权益相关联的服务期间，员工既定养老金权益应归属于（或分摊于）相关联的服务期间。

第三，运用预期累积福利单位法对员工养老金权益进行贴现，以确定待遇确定模式养老金计划中用人单位给付义务的现值和当期服务成本。

第四，确定养老准备资产的公允价值并确认负债。

在待遇确定模式养老金计划中，养老金待遇水平通常与退休前工资、工龄等因素挂钩，养老金的支付通常采取生存年金方式或保付生存年金方式，测算用人单位的给付义务需要涉及大量的精算假设和会计估计，如员工未来工资水平、未来养老金水平、领取养老金的年数、精算利率、剩余服务年限、能够领取养老金的员工人数等。可见，待遇确定模式养老金计划的财务原理比较复杂，对精算技术具有一定的依赖性。

以下结合例题加以说明。

实例 1-15　预期累积福利单位法的应用

某公司养老金计划规定为退休员工发放 15 年养老金，养老金计算公式为：

养老金(月)＝最后年薪×2%

为简化计算，假设每年年初一次性发放当年养老金。A 先生在 45 岁初加入该公司，当年年薪为 6 万元，以后年均增长 5%，A 先生预计 60 岁退休。请解释公司对养老金计划进行核算的财务原理（假设精算利率为 3%）。

解析

第一步：计算 A 先生的预期累积养老金权益。

(1) A 先生退休前（59 岁）的工资水平为：

$$60\ 000\times(1+5\%)^{14}=118\ 795(\text{元})$$

(2) 根据养老金计算公式，A 先生预期每年领取养老金为：

$$118\ 795\times2\%\times12=28\ 512(\text{元})$$

(3) 连续领取 15 年，A 先生养老金贴现至其退休时点的价值为：根据 $n=15$，$I=3\%$，$PMT=28\ 512$，$FV=0$，期初模式计算得到 $PV=-350\ 585.64$。

即 A 先生的预期累积养老金权益在其退休时点的价值为 350 585.64 元。员工的养老金权益构成了用人单位的给付义务，为了保证能够履行给付义务，用人单位必须向养老金计划缴费，建立养老金准备资产，A 先生退休时公司必须为他准备 350 585.64 元的养老金准备资产。

第二步：计算养老金福利单位（金额）。

(1) 分摊期间的确认。

A 先生预期享有的 350 585.64 元预期累积养老金权益是他 45～59 岁（含 45 岁、59 岁）持续提供劳务的结果，所以，应归属于 45～59 岁期间，共 15 年。

(2) 养老金福利单位。

每一年的劳务赚取一个养老金福利单位；最终，预期累积养老金权益是各个养老金福利单位的累积结果。

$$\text{养老金福利单位}=350\ 585.64/15=23\ 372.38(\text{元})$$

即 A 先生每工作 1 年，可为未来赚取 23 372.38 元的养老金权益。

第三步：确认应缴费用和当期劳务成本。

员工的养老金权益构成了用人单位的给付义务。A 先生每工作 1 年，可为未来赚取 23 372.38 元的养老金权益，用人单位承担相应的给付义务。需要注意的是，该养老金金额是 A 先生退休时点上的价值，公司每个年度的应缴费用等于该养老金额贴现至缴费时点。具体而言，A 先生 45 岁时公司应缴费用等于 23 372.38 元的养老金权益在 A 先生 45 岁末的贴现值，即：

$$23\ 372.38\div(1+3\%)^{14}=15\ 451.90(\text{元})$$

相应地，A 先生 46 岁时公司应缴费用为：

$$23\ 372.38 \div (1+3\%)^{13} = 15\ 915.45(\text{元})$$

A 先生 47 岁时公司应缴费用为：

$$23\ 372.38 \div (1+3\%)^{12} = 16\ 392.92(\text{元})$$

以此类推，公司可以计算出各年度的应缴费用。

当期劳务成本等于该年度的应缴费用。

第四步：确定养老准备资产的公允价值并确认负债。

在某个特定时点上，公司建立的养老准备资产的公允价值应该等于该时点之前历年应缴费用的总和。如果养老准备资产的公允价值小于该时点之前历年应缴费用的总和，则其差额形成公司的负债；如果养老准备资产的公允价值大于该时点之前历年应缴费用的总和，则形成公司的资产。

（三）累积给付义务

很多养老金计划所承诺的待遇水平与最后工资和司龄同时挂钩，养老金待遇计算公式为：

养老金(月)＝最后月薪×司龄×养老金系数

随着司龄增加、工资增长，员工权益和企业给付义务相应增加。这一类待遇确定模式同样采用预期累积福利单位法的基本原理进行财务管理。但是，在计算公司给付义务时，可以选择使用累积给付义务概念。

1. 累积给付义务法

累积给付义务是指按照当前工龄和当前工资水平测算的养老金给付义务，等于按照当前工龄和当前工资水平测算的员工权益（包括已归属权益和未归属应计权益）的现值；属于员工的既定权益范畴，与养老金实际支付额比较接近。

2. 养老金准备资产

为了保证能够履行给付义务，企业必须向养老金计划缴费，建立养老金准备资产。如果采取累积给付义务管理方法，某个特定时点上的养老金准备资产的公允价值应该等于该时点上企业的养老金累积给付义务值，从而确保可以按照预先承诺足额支付养老金。

3. 当期服务成本

随着工龄、工资增长，员工权益和公司累积养老金给付义务逐步增加，养老金准备资产的公允价值也需要相应提高。养老金准备资产公允价值的提高有两个途径：一是原有准备资产产生利息收入，二是公司缴费。由此，在财务上引出三个基本概念，即年度劳务成本、利息成本和当期养老金费用。

年度劳务成本是指某时点上公司累积养老金给付义务与上一时点上公司累积养老金给付义务的差额；利息成本是指按精算利率计算，上一时点上养老金准备资产在当期内应产生的利息收入；理论上公司当期应缴费额等于年度劳务成本减去利息成本，在公司利润表中，年度劳务成本减去利息成本的差额记录为当期养老金费用。

4. 养老金负债

如果现实中养老金准备资产的公允价值高于该时点上企业养老金累积给付义务，其差额计为公司的资产；相反，如果现实中养老金准备资产的公允价值低于该时点上企业养老金累积给付义务，其差额计为公司的负债，在资产负债表上称为“最低养老金负债”，即：

$$\text{最低养老金负债}=\text{该时点上累积给付义务}-\text{养老金准备资产价值}$$

5. 基金化比率

待遇确定模式养老金计划中，养老金准备资产是否充足直接影响员工权益面临的风险。

描述养老金准备资产充足程度的重要指标是基金化比率。

$$\text{基金化比率}=\frac{\text{养老准备资产的公允价值}}{\text{累积(或预计)给付义务}}$$

如果基金化比率大于或等于100%，表明养老金准备资产比较充足；如果基金化比率小于100%，表明养老金准备资产不足。各国政府通常规定，职业养老金计划的基金化比率不得低于95%。

按照国际会计准则规定，混合模式单位福利计划的财务处理与待遇确定模式单位福利计划相同。

第七节　单位福利的管理

一、单位福利计划的制订与修订

（一）制订与修订的主体

根据单位福利计划制订过程中用人单位和员工所扮演的角色不同，可以将单位福利划分为用人单位主导型、员工主导型和共同参与型。

1. 用人单位主导型

用人单位主导型是指在单位福利计划制订过程中，用人单位居于绝对主导地位，员工基本上不能参与。也就是说，福利方案所涉及的内容主要是由用人单位（通常由用人单位的管理层来代表）来决策的。

这种做法的好处在于：首先，以用人单位为主导制定福利方案，出发点是保证用人单位利益最大化，所制定的福利方案往往最能体现用人单位建立福利计划的动机；其次，由于管理层对本单位情况熟悉，由他们来制定福利方案，可以保证所做出的决策比较符合用人单位的实际情况；最后，可以简化制定过程，提高决策效率，节约福利方案制定过程中的期间成本。

这种形式最大问题是，由于缺乏员工参与，员工无法表达利益诉求，因此，福利方案可能与员工需求不太相符，从而降低了福利计划的实际价值。

2. 员工主导型

员工主导型是指在单位福利方案制定过程中，员工居于绝对主导地位。也就是说，福利方案所涉及的内容主要是由员工（通常由工会来代表）来决策。从国外单位福利计划发展历程来看，工会起到了非常重要的推动作用。很多单位福利计划是由工会代表员工制定方案，与用人单位谈判。

以员工为主导来制定福利方案，员工可以充分表达自己的意愿，可以最大限度地满足员工的不同需求，从而增强对员工的激励效果。但是，这种形式可能带来的问题是，在员工追求自身利益最大化的情况下，会忽略用人单位的价值取向；而相比于管理层，员工对用人单位的整体情况缺乏全面的了解和认识，所做出的决策可能过于短视。

3. 共同参与型

用人单位主导型和员工主导型都存在明显缺点。实践中，通常采取第三种做法，即共同参与型，即在福利方案制定过程中，用人单位和员工双方共同协商，参与决策。

具体做法有：管理层充分调研员工意见，草拟福利方案，交由员工讨论，管理层进行综合平衡，最终确定福利方案；或者是由管理层、员工代表共同组建方案制定委员会，共同协商，集体决策，制定方案。

（二）单位福利计划的核心内容

在不同的单位福利计划中，如职业养老金、医疗福利计划、利润分享计划等，其核心内容都应该包括以下几个方面：

1. 覆盖范围

每一个福利计划首先要规定该计划的覆盖范围，对参加人员的资格进行明确界定。大多数单位福利计划属于全员福利计划，即所有员工都可以参加计划，平等地享有福利待遇资格。但是用人单位也可能为不同职位、岗位或不同需求的员工提供特殊福利。例如，企业的期权激励计划通常覆盖高管人员、中层管理人员、技术骨干等，而不是覆盖全体员工；旅行安全保险福利可能仅覆盖经常有出差任务的营销人员；特困帮扶计划通常只覆盖工伤残疾、重病员工。

2. 资金筹集

福利计划的运行需要资金支持。在单位福利计划中，用人单位是必然的出资方。但福利计划还需明确规定员工是否需要缴费，以及用人单位和员工各按什么原则、方法缴费。

3. 财务管理

福利计划需要明确规定其财务管理模式，其中，最主要的内容是投资管理方式。比如，是否建立个人账户，投资活动由用人单位统一管理，还是委托信托方式交由受托人管理，或者交由员工个人决策、风险自担。

4. 受益方式

福利计划需要明确参加者将以何种形式享受单位福利，可以统一为一种形式，也可以是多种形式的组合。

5. 支付方式

福利计划需要明确规定参加者的受益资格以及支付福利待遇的方式。

6. 权益转移

福利计划需要明确规定，当员工离职时，其权益如何界定，如何携带、保留；当员工死亡时，其权益如何界定，是否可以继承。

7. 计划终止的条件

为了保护参与者的权益，福利计划只能在满足方案规定的条件下才能终止。

8. 信息披露的内容、时间和方式

单位福利计划通常需要定期将其运作情况进行披露，以便于监管部门及参与者及时了解相关信息。

福利方案是福利计划建立和运行的基础，也是对员工利益有重要影响的文件。同时，福利方案又是用人单位和员工缴费的依据，是员工领取福利待遇的依据，是员工携带相关权益的依据；当员工与用人单位出现纠纷时，也是解决纠纷的依据。

专栏 1-6

某公司员工医疗补贴方案

第一条 为保障员工的身体健康，促使医疗保健落到实处，特制定本规定。

第二条 凡在本公司就业的正式聘用员工每人每月补贴医药费 40 元；员工子女补贴一个，即每月 40 元；员工父母实行半费补贴一个，即每月 20 元。

第三条 凡在本公司就业的试用人员及临时工每人每月补贴 30 元。

第四条 正式聘用员工因病住院，其住院的医疗费凭区以上医院出具的住院病历及收费收据，经公司有关领导批准方可报销。报销时应扣除当年应发医药补贴费，超支部分予以报销，批准权限如下：

1. 收据金额在 5 000 元以内的由财务经理审核，主管、副总经理批准。
2. 收据金额在 5 000 元至 20 000 元的由财务经理审核，总经理批准。
3. 收据金额在 20 000 元以上的由主管、副总经理审核，总经理批准。

第五条 试用人员、临时工因病住院，其住院的医疗费用按第四条报销办法，扣除当年医药补贴后，超支部分按 60%报销。

第六条 员工因工负伤住院治疗，其报销办法同第四条。

第七条 员工父母因病住院，可向公司申请补助，由财务经理核定，总经理批准后，在职工福利或工会互助金中实行一次性补贴。

第八条 由公司安排的员工每年例行身体健康检查，费用由公司报销。

第九条 医疗费补贴由劳资部每月造册，通知财务部发放。

二、单位福利计划的资金管理

资金管理是福利计划运行的重要内容之一。常见的资金管理模式包括：

（一）用人单位统一管理

这种做法是待遇确定模式单位福利计划中较多采用的方式，即由用人单位将用人单位及员工缴费集中于统一的投资管理账户，负责投资决策及实施。一些规模较大的用人单位（如美国的福特汽车公司），因为筹集资金的规模较大，会设立养老基金管理公司，专门负责养老金计划的投资管理。用人单位在银行建立储蓄账户，当员工符合受益条件时，按照既定原则支付福利待遇，投资风险由用人单位承担。

（二）员工自我管理

这种做法适用于缴费确定模式单位福利计划。缴费确定模式的单位福利计划建立了个人账户，国外较为常见的做法是将个人账户托管于金融机构，托管机构提供投资咨询或投资组合方案，由员工个人根据其风险偏好负责投资决策，自担投资风险。

（三）信托投资管理

这种做法对待遇确定模式单位福利计划和缴费确定模式单位福利计划均适用。用人单位和员工作为委托人，将缴费建立信托基金，聘请专业机构作为受托人负责投资管理。包括我国在内，许多国家的法规要求企业年金采取信托投资管理模式。在职业养老金的相关章节中，我们会对信托投资管理的运行模式进行详细介绍。

三、单位福利计划的实施主体

在任何情况下，用人单位都是单位福利计划的责任主体，承担福利计划的主体责任，包括：保证福利计划设立的合法性，保证福利计划运行的安全性，履行缴费责任或待遇支付责任。但是，实施主体可以与责任主体相分离，即在操作过程中可以选择不同的实施主体，负责福利计划的具体组织与实施。现实中，有以下几种情况：

（一）用人单位自我管理模式

用人单位自我管理模式是指以用人单位作为单位福利计划的实施主体，直接向员工提供各种福利，负责从福利方案制定、福利计划设立，到资金筹措、投资管理，再到待遇支付等一系列组织与实施工作。在这种模式下，单位福利计划的责任主体与实施主体是一致的。

采取该模式的优点在于：首先，由于单位福利计划的责任主体与实施主体是一致的，用人单位既负责福利方案的制定，又负责福利计划的实施，减少了福利计划从制订到执行的中间环节，可以有效地避免实施过程中的偏差；其次，作为实施主体，用人单位对自身的情况十分了解，因此，所制定的福利方案会比较符合用人单位的实际情况，具有较高的针对性；最后，作为实施主体，用人单位对实施过程的控制度较高，当外部环境发生变化时，可以及时做出调整，从而保证福利计划实施的灵活性。

这种模式的最大问题是加重了用人单位的管理负担，增加了工作量。为了实施福利计划管理，许多用人单位增设相关的职能部门，例如，我国的国家机关和事业单位中，几乎都设置专门部门管理退休员工的福利，如老干部处、退休职工管理科等。

（二）外包管理模式

外包管理模式是指用人单位将单位福利计划的实施工作全部或部分地委托给外部机构或组织（称为外包服务机构或中介服务机构），由这些机构或组织负责福利计划的具体实施。在这种模式中，单位福利计划的责任主体依然是用人单位，而实施主体由外包服务机构或组织承担，二者是分离的。

就单位福利计划而言，可以寻求外包的工作内容包括：

1. 设计方案

投资顾问公司或精算咨询公司可根据法律规定和责任主体的委托，为单位设计福利方案，方案的内容包括：参加人员范围、资金筹集方式、账户管理方式、基金管理方式、计发办法和支付方式、支付待遇的条件、组织管理和监督方式、终止缴费的条件、双方约定的其他事项等。通过专业的、规范的服务，确保方案的合理性、合规性和有效性，最大限度地体现和服务于客户的战略目标。

2. 提供咨询服务

中介服务机构可以代理委托人对具有资格的受托机构进行尽职调查；为受托人选择账户管理人、托管人、投资管理人提供咨询；受托人及其功能管理人的招标方式、评估体系、评估系数、评选办法等，均需要专业、科学地界定，才能保障符合单位和职工的要求。

3. 对管理绩效进行评估

包括福利计划资金的整体管理绩效、投资管理人的投资绩效评估、账户管理人和托管人的绩效评估。投资顾问公司、信用评级机构等中介机构都可以制定有关的绩效评估内容和标准，并向受托人提供评估报告。

4. 对财务报告进行审计

当法人受托机构、托管人、账户管理人、投资管理人的职责终止时，或提交季度和年度财务会计报告时，都要经会计师事务所审计，出具审计报告。

5. 其他业务

受托人和中介服务机构可以在中介服务合同中约定针对计划的个性化服务。

与用人单位自我管理模式相比，外包管理模式具有以下优势：

第一，将福利项目的执行责任从用人单位中剥离出去，从而使用人单位能够集中精力进行生产，提高用人单位的生产效率。

第二，福利项目外包大大减轻了管理部门的负担，降低了管理成本，提高了管理部门的管理效率。

第三，福利项目外包有利于避免单位福利项目重复设置的现象，从而整合社会资源，避免福利项目资金的浪费。

第四，将福利项目承包给专业化组织，可以利用这些组织的专业化知识和管理，为用人单位设计更为科学合理的员工福利项目，从而提高福利项目的合理性。

外包模式同时存在着以下劣势：

第一，由于外部组织对企业的熟悉程度不够，制定出来的福利项目可能会不适合企业的具体情况，福利项目的针对性不足，从而降低了福利项目的有效性。

第二，福利项目外包虽然减少了用人单位的管理成本，但是由于需要对福利项目的实施情况进行监督，增加了用人单位的监督成本。

第三，福利项目外包增加了福利项目从制定到实施的中间环节，可能导致福利项目在执行过程中出现偏差，降低了福利项目的有效性。

（三）社会化管理模式

社会化管理模式是指由政府批准一些面向所有行业或用人单位的福利管理机构，提供标准化的福利管理项目，用人单位不再单独设立单位福利计划，而是直接参加到这些机构所提供的福利项目中。

从某种意义上来说，外包模式也可以视为社会化管理模式的一种特例。只不过，社会化管理模式提供标准化的福利管理项目，而外包模式则可以由用人单位与外包服务机构就委托内容进行个性化协商。

用人单位为了减轻福利负担，适应竞争需要，也开始将单位福利项目外包，向社会化管理方向转变，外包管理模式和社会化管理得到迅速发展。目前，用人单位的主要福利项目，如企业年金、医疗健康保险、员工援助计划等，大多是采用福利项目外包的形式，交由外部的专业化的保险组织和服务组织运作。但是总体而言，由于我国服务业发展水平尚有待提高，福利项目外包模式和社会化管理模式的发展水平与西方国家相比差距较大。

四、单位福利计划的实施方式

（一）固定福利模式

传统上，用人单位通常采取固定福利模式，即用人单位的福利项目是固定的。从员工角度看，所有员工所享有的福利项目是相同的。用人单位提供哪些项目，员工便享有哪些项目，员工是被动的接受者，没有选择的余地。

这种实施方式显然不能满足员工个性化、多样化的需求，福利的作用不断削弱，福利的价值逐步降低，员工的满意度也不断降低。

（二）弹性福利模式

弹性福利模式，也称自选福利模式、自助福利模式，是指在给定福利资金的条件下，由员工选择福利项目和受益方式的福利安排。在实践中，通常是由用人单位提供一份列有各种福利项目的“福利菜单”，员工可以根据自己的偏好来选择所需要的福利计划。

通常，用人单位提供的弹性福利计划有以下几种：

1. 核心加选择型弹性福利

这种福利计划由核心福利项目和选择型福利项目组成，其中核心福利是所有员工都享有的福利项目，不能随意选择；选择型福利项目可以自由选择，并附有价格，每个员工在规定的福利限额下自由选择，超过限额的部分需要员工自己支付。

2. 附加型弹性福利

附加型弹性福利是指在现有的福利计划之外，增加一些员工可以自由选择的福利项目。在这种福利计划下，员工根据自己分配到的限额去认购所需要的额外福利项目。在有些公司，员工未使用完的限额甚至可以贴现。

3.“套餐”式弹性福利

这种福利计划是指由用人单位提供不同的福利项目组合，员工根据自己的需要挑选适合自己的组合，但员工不能自己进行组合。

弹性福利模式是传统固定福利管理模式的创新，与固定福利模式相比，弹性福利模式具有特定的优势。第一，弹性福利管理模式的最大特点是这种模式充分考虑了不同员工的具体需求，员工可以根据自己的特定需要选择不同的福利项目。例如，年轻职工可以选择住房福利，夫妻双方可以分别选择儿童照顾福利和旅游休假福利，年龄大的员工可以选择养老和医疗方面的福利。员工选择的灵活性大大提高了福利项目的针对性。第二，弹性福利模式可以更好地满足员工的生活需要，减轻员工生活中的负担，提高员工对工作的满意度，使员工将精力更多地投入到工作中，提高员工的工作积极性。第三，实行弹性福利模式可以提高用人单位福利项目设置的合理性，避免用人单位设立那些员工不需要的福利项目。

弹性福利模式与传统的固定福利模式相比，具有明显的优势，然而这种模式对企业管理也带来了挑战。第一，弹性福利模式中，由于员工的需求各不相同，导致用人单位福利项目的种类大大增加，对不同的福利项目进行定期的统计、核算和调整增加了管理的难度，使企业的管理成本上升。第二，福利项目多样化导致难以产生规模效应，致使福利资源浪费。第三，在这种管理模式中，员工存在追求效益最大化的动机，他们有可能选择货币价值最大的而不是最需要的福利项目，一方面导致单位福利项目并没有发挥出应有的功能，另一方面导致用人单位的福利成本上升。

总体而言，与传统的固定福利模式相比，弹性福利模式更受用人单位和员工的欢迎。实施弹性福利模式是未来的发展趋势。

为了有效地实施弹性福利，需要一些客观条件，包括：第一，法律支持。相关立法应对用人单位、员工和经办机构授权，避免不必要的法律纠纷。第二，产品支持。发达的福利产品市场是为员工提供一揽子福利项目的前提。第三，账户支持。为员工提供灵活账户，用人单位可以将福利资金划入灵活账户，供员工在税前使用该账户的资金购买自选的福利项目。

实例 1－16　弹性福利

某公司 2019 年 1 月 1 日为控制补充医疗保险费用，设计了弹性福利灵活账户。经测算，按工资总额 4%计算的灵活账户金额每人每年 3 600 元。推荐二择一方案：

(1) 购买 4 800 元补充医疗保险一份，年末一次性缴费，灵活账户不足部分从职工税前工资代扣。

(2) 购买 2 400 元商业健康保险一份，年末一次性缴费，灵活账户超过部分可记入职工税前工资。(根据规定，单位统一为员工购买符合规定的商业健康保险产品的支出，扣除限额为 2 400 元/年。)

厉先生扣除专项扣除、专项附加扣除后年收入为 100 000 元，他应如何进行选择？(按照年末汇算清缴后的结果比较，不考虑其他收入影响。)

解析

方案一：

计算个人所得税时，补充医疗保险不可以扣除，应并入当期的工资收入：

缴税额＝(100 000＋3 600－5 000×12)×10%－2 520＝1 840 (元)

税后可支配收入＝100 000－(4 800－3 600)－1 840＝96 960(元)

方案二：

计算个人所得税时，厉先生每年可扣除的商业健康保险为 2 400 元：

每年可以转入税前工资＝3 600－2 400＝1 200(元)

缴税额＝(100 000＋3 600－5 000×12－2 400)×10%－2 520＝1 600 (元)

税后可支配收入＝100 000＋1 200－1 600＝99 600(元)

从而可以看出，方案一比方案二多缴纳的税额为：

1 840－1 600＝240(元)

方案二与方案一每年税后可支配收入差值为：

99 600－96 960＝2 640(元)

由于方案一补充医疗不能在个税前扣除，不论从节税还是现金需求的角度考虑，选择方案二更合适。

企业在制订员工福利计划时，应从多方面综合考量计划的适用性。

第二章

企业年金计划

本章主要内容

第一节　引言

一、养老金与企业年金

养老金通常由国家基本养老金、补充养老金和个人养老金储蓄三部分构成。在AFP认证培训课程中，我们已经对国家基本养老金和个人养老金储蓄做了详细介绍，本章将讨论企业补充养老金相关内容。补充养老金计划包括两部分：企业年金计划和职业年金计划。

企业年金主要针对企业，是指根据《企业年金办法》等国家相关政策规定，企业及其职工在依法参加基本养老保险的基础上，自愿建立的补充养老保险制度。

职业年金主要针对机关事业单位，是指根据《机关事业单位职业年金办法》等国家相关政策规定，机关事业单位及其职工在依法参加基本养老保险的基础上建立的补充养老保险制度。下面将重点介绍企业年金的相关内容。

二、企业年金的基本特征

（一）雇佣关系

必须服务于企业单位，产生雇佣关系，以劳动收入或经营收入为主要经济来源。

（二）缴费义务

由用人单位单方或与职工共同履行该义务，体现出用人单位的责任，以及个人对养老金积累的义务。

（三）政策激励

政府一般会对符合相关要求的计划提供税收优惠政策，起到激励的作用。

（四）待遇关联

养老金待遇支付水平一般取决于两个方面，一是资金筹集额度，即用人单位及个人缴费水平；二是养老基金的保值增值能力。

专栏 2-1

《深圳市人民政府关于贯彻落实广东省人民政府关于机关事业单位工作人员养老保险制度改革的意见》

2015 年 5 月 5 日，深圳市政府印发了《深圳市人民政府关于贯彻落实广东省人民政府关于机关事业单位工作人员养老保险制度改革的意见》（以下简称《意见》），对机关事业单位养老保险制度改革的细则进行了明确。《意见》自印发之日起开始实施。

根据《意见》，深圳机关事业单位员工的基本养老保险费，由单位和个人共同负担，按月缴纳。单位缴纳的比例为参保员工个人缴费工资基数之和的 20%，个人缴费的比例为本人缴费工资基数的 8%。《意见》实施前已退休的编制内工作人员不用缴费。

《意见》提出，本次改革将根据“老人老办法、新人新制度、中人平稳过渡”这一思路，改革前退休的“老人”保持原待遇水平不降低，按照国家和广东省相关规定发放基本养老金。同时，改革后参加工作的“新人”，基本养老金由基础养老金和个人账户养老金组成。改革前参加工作、改革后退休的“中人”，则在发放基础养老金和个人账户养老金的基础上，加发过渡性养老金。

《意见》指出，参保人跨统筹范围流动，或在机关事业单位与企业之间流动时，基本养老保险个人账户储存额可随同养老保险关系转移，并按改革后各年度本人实际缴费工资之和的 12%转移基金。转移后基本养老保险缴费年限（含视同缴费年限）、个人账户储存额累计计算。

据了解，深圳在改革基本养老保险制度的同时，还为机关事业单位改革范围内的工作人员（不包括改革前已退休人员）建立了职业年金制度。根据《意见》，个人、单位分别按基本养老保险缴费工资基数的 4%和 8%缴费，全部计入职业年金个人账户。工作人员退休时，可选择按月领取职业年金待遇，或一次性购买商业养老保险产品。

第二节　国外典型年金计划

一、美国 401(k)计划

美国 401(k)养老金计划（以下简称“401(k)计划”）即指根据美国《国内税收

法规》第 401 条（k）款规定建立的私营公司养老金计划，该计划始于 1981 年，20 世纪 90 年代迅速发展，目前已经成为美国诸多雇主首选的养老保障计划。

401(k)计划具有以下特点：

（一）401(k)计划是自愿型雇主养老金计划

一方面，401(k)计划是雇主自愿建立的养老金计划，该计划可以覆盖雇主本人和雇员，是美国最普及的私人公司养老金计划；另一方面，在雇主申请设立 401(k)计划后，在规定额度内，员工每月自行决定提拨一定数量的薪水（一般为薪资的 1%～15%）至其 401(k)账户，然后雇主按一定比例配款。

（二）401(k)计划属于合格型雇主养老金计划，创立了延期纳税政策模式（EET）

美国《雇员退休收入保障法》从鼓励发展雇主出资的退休金计划出发，为雇主出资的退休金计划制定了一整套管理标准，凡按此标准管理的退休金计划被视为"合格计划"，发起建立合格计划的雇主和参加该合格计划的雇员都可以享受优惠的税收待遇。401(k)计划即属于此类计划，而该计划的税收优惠模式为 EET（缴费免税、投资收益免税、领取缴税）的延期纳税模式：

（1）雇主/员工供款从应税收入中扣除，但双方供款合计不得超过个人年薪的法定比例或法定额度，2018 年的上限是 18 500 美元。如果一个人的年龄达到 50 岁，401(k)计划每年还可以再增加 5 500 美元，这样投入退休计划中的资金每年可为 24 000 美元。

（2）投资收益免征利息税。

（3）计划成员在 59.5 岁以前提款需补缴个人所得税和 10%的罚金税，但可以依法自我贷款、付息还款（教育投资）和紧急提款（因疾病和灾难提款不用还款）；59.5 岁时一次性结算，一次提款实行高税率，领取年金税率降低，继续储蓄的利息税率为零。

应该说，由延期纳税模式所提供的税收优惠是 401(k)计划发展的原动力。在此之前的补充养老保险计划多由企业缴费，并且企业缴费可以享受税收优惠，但如有个人缴费则需纳税，这一税收政策缺乏对个人进行养老储蓄的激励。而通过个人缴费的税收优惠政策，401(k)计划实现了国家、企业、个人三方为养老分担责任的制度设计，对企业和员工有很大的吸引力。

（三）401(k)计划属于 DC 计划

401(k)计划由雇主和雇员共同缴费，实行个人账户积累制，雇员退休后养老金的领取金额取决于缴费的多少和投资收益状况。

（四）401(k)计划赋予员工个人管理养老金账户资产的权利

提供 401(k)计划的雇主会指定一个基金公司管理公司员工的 401(k)账户，通常会提供各种不同类型的、专门注册为 401(k)计划投资的基金供员工选择，有股票基金、债券基金、指数基金以及平衡基金等；此外，员工可投资的基金可能既包括最保守的货币市场基金，又包括最激进的新兴市场基金。员工可以自行选择将账户资金按不同的比例投入各种基金。近年来，401(k)计划资金的投资方向多为共同基金、保底寿险合同（平衡指数年金）、债券、股票、不动产、公司股票等。在2008年的金融危机中，一些投资股票比重较大的401(k)计划成员损失较重，特别是对那些接近退休的老职工来说，丧失了很大一部分养老金。这令人们开始考虑是否需要对个人投资决策权进行合理限制的问题。

（五）401(k)计划受到严格的监管

监管涉及各金融监管机构、国内收入署和劳工部。该计划的财务信息进入统一的5500报表系统[①]，政府对其覆盖员工的范围、雇主供款差别、信息披露等方面的法律法规执行情况实行年检，年检合格才可以继续享有税收优惠待遇。进一步说，各金融监管机构对偿付能力、市场行为、公司治理、投资行为、信息披露等进行监管。国内收入署力图防止税收收入流失和税收待遇被滥用。劳工部则要确认计划发起人、计划参与者以及计划本身的合格性，严格贯彻落实“非歧视”原则，监督受托人履行职责。

401(k)计划的运作流程如图2-1所示。

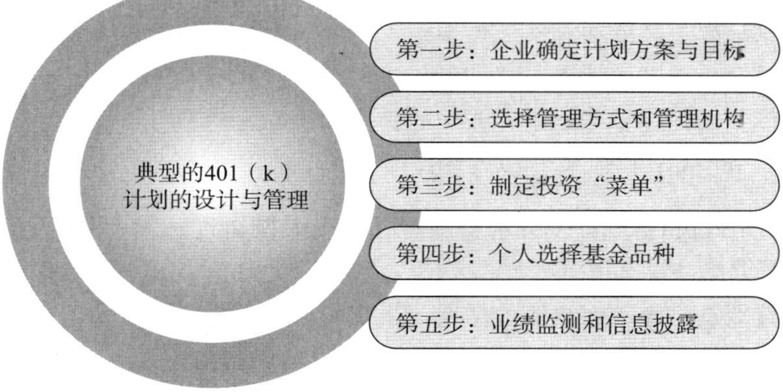

图2-1　美国401(k)计划运作流程

综上所述，401(k)计划是雇主自愿发起、雇员自愿参加并拥有投资管理权、经政府严格监管的美国私人公司雇主养老金计划。

此外，401(k)计划只是符合美国《国内税收法规》的雇主养老金计划的一类，除该计划外，符合《国内税收法规》(IRCD)的养老金计划还有403B计划、457计划、501C（抵税年金，TSA）、IRA计划（408）、团体年金保险（包括IPG、GIC、DA）等。尽管上述计划都符合美国《国内税收法规》的要求，但是各自适用的对象不同。401(k)计划主要适用于营利性企业的雇员和其他一些非营利性组织的成员，403(b)计划主要适用于教师、医护人员以及其他非营利性组织的雇员，而457计划只对州和地方政府的雇员以及非营利性组织的雇员适用。当然，上述三类计划均属于雇主养老金计划。

① 5500报表（Form 5500 series）是美国劳工部为监管401(k)计划而专门设计的年度表格。

实例 2-1　401(k)计划供款节税额

Adam 在 20××年向 401(k)账户缴费 11 000 美元，在第二年申报上年所得税时，其应税收入减少了 11 000 美元；否则这 11 000 美元供款要缴纳 41%的联邦税和 10%的州税。请计算 Adam 缴费中的减税额和税后额。

解析

减税额＝11 000×(0.41＋0.10)＝5 610(美元)

税后额＝11 000－5 610＝5 390(美元)

二、英国职业养老金计划

(一) 英国养老保障体系概述

英国于 20 世纪上半叶（1911—1946 年）建立了贝弗里奇社会保险体系，20 世纪下半叶又就其养老保险体系进行了多次改革。到 21 世纪前，英国已经建立了相对成熟的多支柱养老金体系。英国的养老金体系分为三个层次：第一层次养老金由国家提供，包括国家基本养老金制度和一个以财富审查为基础的非供款受益计划；第二层次是强制的养老金制度，包括国家提供的收入关联养老金计划以及私人提供的职业养老金和个人养老金；第三层次为自愿性私人退休储蓄。2005 年以后，英国取消了收入关联养老金计划，开始强化职业养老金计划。2008 年以后，英国开始强化养老金个人账户的管理和服务。

(二) 英国职业养老金计划简介

2006 年 5 月，英国劳动和养老金部（DWP）发布了《养老金白皮书》和 40 年养老金改革方案，提出：

(1) 建立新型个人账户服务体系，是高质量、低成本的储蓄工具。

(2) 强化国民基本养老金与平均收入之间的联系。

(3) 支持并鼓励延长工作年限。

(4) 简化管制环节。

2006 年 11 月，第二份《养老金白皮书》首次提出雇主和政府为中低收入者提供个人养老储蓄的政策。2008 年颁布的《养老金法》规定：年满 22 岁和年收入 5 035～33 540 英镑的雇员自愿参加新计划，按其收入的 4%供款，雇主匹配 3%，政府以税收减免形式供款 1%；雇员可以不参加该计划，在这种情况下雇主不供款；非雇员（包括自我雇佣和非工作者）可以参加该计划；禁止转让计划权益；该计划受个人账户指导机构的监督。自 2012 年 10 月起，所有年收入在 7 475 英镑以上、年龄在 22 岁到法定退休年龄之间、没有参加任何职业养老金计划的雇员都强制加入职业养老金计划，雇员按其收入的 4%供款，雇主匹配 3%，政府以税收减免形式供款 1%。

根据 2008 年《养老金法》建立的“养老金个人账户管理委员会”，是政府劳动部门主导的公益受托人（见图 2-2）。主要职责如下：第一，制定计划管理的策略和方向，确保实现政府的工作目标；第二，对计划实行全面管理和监管，包括面向成员的服务，确立缴费标准，资格核实和待遇发放，信息披露和年报真实性；第三，制定投资策略，确保投资使得成员能够享受最大利益，决定投资的选择范围，确定缺省基金（default fund）投资策略；第四，任命和管理基金经理。账户管理、基金投资运作和信息咨询服务以及年度报告等工作实行外包。年缴费预期为 8 000 万英镑，拥有几百万计划成员。其管理和服务系统包括：集中管理的交易中心、账户管理系统、养老基金投资管理机制、养老金待遇认定和支付体系。由此形成“国会监督、劳动和养老金部主管、养老金个人账户管理委员会执行、服务机构外包和投资管理委员会咨询”联动管理体制。劳动和养老金部制定政策和监督执行，同时向国会汇报和负责；养老金个人账户管理委员会在劳动和养老金部及养老金投资专家委员会的指导下工作，将管理服务功能外包给具有良好信誉的商业机构代理，代理机构必要时向国会报告工作和接受质询；服务商对“养老金个人账户管理委员会”负责。

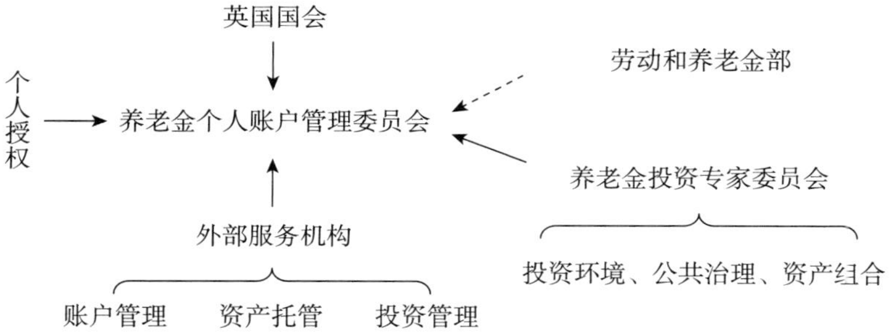

图 2-2 养老金个人账户管理体系的宏观组织结构

专栏 2-2 中介绍了英国养老金个人账户改革方案最新动态。

专栏 2-2

英国的养老金改革方案

英国政府酝酿数年的养老金改革方案已从 2017 年 4 月开始实施。新的养老金制度取消了现有的基本养老金（basic state pension）、辅助养老金（second state pension）等类别，合并成一笔数额统一的政府养老金，每周 144 英镑。

按照现行方式，英格兰、苏格兰和威尔士居民到了领取养老金的年龄时，每周可以拿到 107.45 英镑的基本养老金。另外，根据在职期间缴纳国民保险费的不同方式，还可以通过辅助养老金等不同工具把这笔钱增加到 142.70 英镑。

新的养老金制度规定缴纳国民保险费的年限必须达到 35 年，而不是现在的 30 年。也就是说，要具备领取全额政府养老金的资格，退休时间必须推迟。

新的方案只适用于 2017 年 4 月达到领取养老金年龄的人，目前已经在领取政府养老金的人将不受影响。政府统计数据显示，目前有 1 150 万人领取政府养老金。按计划，领取政府养老金的最低年龄将于 2020 年提高到 66 岁。

三、澳大利亚超级年金计划

1991 年，澳大利亚政府颁布《超级年金法》，实行强制雇主供款和个人账户积累的国家养老金计划，通过该法案的实施对原国民年金制度进行了根本变革。该计划体现了 3∶7 战略目标，即让 70%的人口通过超级年金计划获得足够的养老金，政府的责任是构建养老金安全运营机制；同时，政府向超级年金储蓄不足者和非超级年金计划者提供最低养老金，养老金替代率为社会平均工资的 25%。

澳大利亚超级年金计划具有以下特点：

（一）强制型的雇主养老金计划

该法案要求雇主为其雇员向经批准的职业养老金计划缴费。1992 年颁布的《超级年金保证费法》规定了雇主供款的最低标准。

（二）享受税收优惠

澳大利亚超级年金计划由雇员、雇主、政府三方共同供款，其税收优惠模式为 TTE，即前端和中端征税，后端免税。年度缴费 25 000 澳大利亚元（简称澳元）以下的，享受税收优惠，按照 15%的税率征收，25 000 澳元以上的，要按照所得税税率进行征收；投资收益也按照 15%的税率收取所得税。[①] 如果雇主未能按最低标准进行供款，则必须对差额进行补缴并缴纳一定的罚金，补缴的款项及罚金不能税前列支，所有供款立即归属雇员。2007 年，澳大利亚进行了最新的税制改革，进一步加强了对超级年金计划的税收减免安排，具体内容如下：

（1）60 岁以上的民众从养老基金中提取年金或者一次性提取全部养老金将全部免税。

（2）允许雇主为 75 岁以下雇员提供的养老金部分全部抵税。

（3）允许个体户自愿储蓄养老金部分全部申报抵税。

需要指出的是，澳大利亚政府在利用税收优惠鼓励超级年金发展的同时，又采取了一些超限额缴费增加税率的措施，以保证计划的公平性和中低收入人群的利益，这些措施如下：

（1）限制每人每年最多可存入养老基金并享受优惠税率的金额为 5 万澳元。

（2）限制纳税人每年从税后收入中自愿转入上限至 15 万澳元，或者 3 年内累计转入 45 万澳元到养老基金。

（三）采用基金运作模式

超级年金计划的所有缴费均由基金管理人进行管理。基金管理人可以是个人或机构，负责每天的基金运作，包括成员记录、利益给付、向信托机构及监管机构提供报告等。基金管理人由信托机构指定。基金根据基金成员分为以下六类[②]：

（1）公司基金：由公司设立的养老基金。澳大利亚各超大型公司一般都设有自己的养老基金以管理所属员工的养老金，这类基金一直是澳大利亚养老金市场的主力军。

（2）行业基金：由行业设立的养老基金。在澳大利亚，各主要行业也都设有

① 李璠．澳大利亚：超级年金“超”在何处［N］．中国劳动保障报，2014－08－29．

② 张锦．浅析澳大利亚养老金体系改革［J］．财经，2007（9）．

自己的养老基金。例如，大学员工一般都被要求将雇主提供的养老金存入“大学养老基金”(UniSuper)。由于澳大利亚的政治体制是联邦制，州政府享有很高的权力，因此有些行业会在不同的州设立不同的基金。行业基金以收费低著称，再加上行业工会的历史原因，在 2002 年以前一直是第二大类基金。近年来，许多行业基金在保持原有的管理架构和非营利的目标下，开始吸收公众的养老金储蓄，并与其他类型基金进行重组，从而使其市场份额有所下降。

（3）小型基金：主要是指小于 5 名成员的基金。小型基金的发展十分迅猛，已经成为第二大类基金。其中最重要的组成部分就是最具有澳大利亚特点的“自助养老基金”(Self-Managed Super Fund，简称 SMSF)。近两年一系列的税制改革更是对“自助养老基金”的发展起到了推波助澜的作用。

（4）公共服务行业基金：主要针对政府公务员和其他公共服务行业。政府公务员一般都享受较高的雇主提供的年金，最高可以达到 17%，因此政府部门存在着相当大的养老金缺口。

（5）零售型基金：主要指公开吸收公众养老金储蓄的基金。

（6）特许转存基金：政府指定为数不多的几家基金设立专门的存款账户，来管理一些无名养老金以及一些无法支付管理费的小额账户。

（四）采用信托模式管理

为保证养老金计划安全运行，澳大利亚《税法》和《信托法》规定，养老基金必须与计划发起人分开，交专业养老金管理公司管理（法定受托人），国家建立受托人委员会实施监督。

“超级年金”基金的法定受托人可以是信托委员会（如果是个人信托），也可以是信托理事会（如果是机构信托）。雇主和雇员在信托委员会或董事会中享有相同的代表权。投资委员会是信托机构投资决策的具体实施主体，负责监控投资业绩、向信托机构建议合适的投资策略等。投资委员会各项职能的实施可以由基金内部或通过外部的投资经理人实现。外部服务提供者负责协助信托机构或投资管理人对基金进行管理，但所有相关责任均由受托人承担。

（五）成员可选择养老金账户资产

参与超级年金计划的成员有权选择基金以及基金投资的品种来管理自己的养老金。

（六）受到政府的严格监管

1993 年，澳大利亚政府颁布了《超级年金行业监管法》[Superannuation Industry (Supervision) Act 1993]，对年金行业实行全面监管。此后，澳大利亚政府定期出台该法案的修正案 [Superannuation Industry (Supervision) Regulations]，以强化对超级年金的监管。上述法案对受托人和养老（职业年金）信托基金的注册、受托人的责任和义务、养老信托基金的运作标准、投资标准、文件公开和报告标准、消费者保护和投诉处理标准等一系列问题，都做了详细的规定。上述法案和《信托法》(Trust Law)、《职业年金保证法》(Superannuation Guarantee

Law)、《税法》(Taxation Law)及《社会保障法》(Social Security Law)一起，组成了对整个职业年金制度进行监督和管理的严密法规体系。

对职业年金制度的监管起重要作用的政府机构有三个：澳大利亚审慎监管局(Australian Prudential Regulation Authority)、澳大利亚证券和投资委员会(Australian Securities and Investments Commission)、澳大利亚税务局(Australian Taxation Office)。审慎监管局负责对养老信托基金、各种金融机构和受托人的审慎监管，要求受托人提供年度报告，对养老信托基金定期审计；监督法定运作标准的执行以确保基金的持续生存能力。证券和投资委员会负责监管投资活动，要求投资经理为委托人（养老信托基金）提供可靠的收益；同时负责发放销售和咨询中介的执照，监督委托人保护及处理法律方面的投诉。税务局负责税法的实施，对雇主进行审计，监督他们按规定缴纳职业年金贡献额。

专栏 2-3

澳大利亚 CFP 在个人账户基金管理中的作用

澳大利亚个人理财业的起源可追溯到近百年前。1909 年，澳大利亚成为最早提供政府退休金的国家之一。早期的退休金计划仅覆盖高级管理人员和公共部门高级人员，第二次世界大战后扩展到普通公民，退休金计划成为人们财富积累的重要工具。20 世纪 60 年代中期，人口老龄化趋势开始呈现，DB 计划出现，促使澳大利亚人更重视退休金的积累。但个人理财业在澳大利亚的真正出现是在 20 世纪 80 年代初。澳大利亚退休人数在 20 世纪 80 年代初开始大量增加，他们领取到丰厚的退休金并投向金融市场，导致澳大利亚投资者大量增加，理财师和相应的财务咨询业务也出现了。20 世纪 90 年代初，澳大利亚政府出台了《超级年金法》，推出了退休金保证支付(Superannuation Guarantee Charge，简称 SGC)，法律规定 SGC 由雇主（而不是由个人）按照个人薪水的比例支付到个人退休金账户。SGC 支付比例最初占薪水的 7%，之后逐年递增。随着账户价值的增长，且更多的雇主允许雇员为自己的账户挑选投资基金，越来越多的人开始寻求财务帮助。受托人可以使用很多专业机构管理自助养老基金，调查显示：基金建立之初，72%的受托人聘请税务顾问及会计师，42%的受托人聘请金融理财师，只有 3%的受托人没有聘请任何顾问机构；自助养老基金成立后，74%的受托人购买年度报表编制服务，49%的受托人一直购买账户管理服务，49%的受托人购买法律服务，只有 11%的受托人不购买任何外部专业服务。

第三节　中国企业年金计划

一、中国企业年金概述

中国建立企业年金计划、完善养老保障制度的思想最早产生于 20 世纪 80 年代末 90 年代初。1991 年，在国务院发布的《关于企业职工养老保险制度改革的决定》(国发〔1991〕33 号)中，第一次明确地提出了“国家提倡、鼓励企业实行补充养老保险”。在随后的理论探索和实践中，理论界对企业年金的性质、企业年金的管理方式、企业年金的意义等方面的研究取得了一定成果，企业年金的基金累积也有了一定规模，但是如何规范和促进企业年金制度的发展，一直是政府、企业、经办主体和专家学者共同面对、多方探讨的话题。相关政府部门陆续颁布了一系列相关法规：

2003 年 12 月，《企业年金试行办法》颁布。

2004 年 4 月，《企业年金基金管理试行办法》颁布。

经过数年的运行和探索……

2011 年 5 月，《企业年金基金管理办法》正式颁布并实施。

2018 年 2 月，《企业年金办法》正式颁布并实施。

在此期间，政府部门陆续发布了一系列相关的部门规章：

2013 年 3 月，《关于扩大企业年金基金投资范围的通知》颁布并实施，扩大了企业年金基金投资范围，并做了详细说明。

2016 年 9 月，《职业年金基金管理暂行办法》颁布并实施，意味着职业年金市场化运作的帷幕正式拉开。

中国企业年金具有如下主要特点：

（1）是国家基本养老保险的补充计划；

（2）企业自愿建立和员工自愿参加；

（3）符合法律规定条件的计划可以享有税收优惠待遇；

（4）以 DC 计划为主，实行个人账户管理模式；接近退休的制度“中人”可适当考虑 DB 计划；

（5）企业年金基金资产独立，通过信托合同委托受托人管理；

（6）企业年金基金实行市场化运营；

（7）计划成员可选择领取方式，包括一次性领取和年金支付。

根据《企业年金办法》，建立企业年金计划须满足：应当依法参加基本养老保险并履行缴费义务；具有相应的经济负担能力；应当与职工一方通过集体协商确定，制定企业年金方案；企业年金方案应当提交职工代表大会或者全体职工讨论通过。

二、中国企业年金方案

企业年金方案是执行企业年金计划的依据，合格计划的企业年金方案需要向主管部门备案，符合法律法规和政策的企业年金方案，对相关当事人均具有约束力。

（一）方案的主要内容

设计一个科学合理的企业年金方案是企业年金计划能否成功实施的关键环节。而一个好的企业年金方案至少要满足以下四个基本条件：一是要符合国家有关的法律规范；二是要满足企业的人力资源管理需要；三是要与企业的财务能力相匹配；四是方案本身要具备可持续发展性。

企业年金方案主要包括如下法定内容：

1. 参加人员范围

企业年金方案一般适用于企业试用期满的职工。已退休的职工不属于参加人员的范围。

2. 资金筹集方式

《企业年金办法》规定，企业年金所需费用由企业和职工个人共同缴纳，基金实行完全积累，为每个参加企业年金的职工建立个人账户。企业缴费每年不超过本企业职工工资总额的8%，企业和职工个人缴费合计不超过本企业职工工资总额的12%，具体所需费用由企业和职工一方协商确定。

3. 职工企业年金个人账户管理方式

企业年金基金采用个人账户方式进行管理，账户管理人为参加计划的职工开立个人账户，同时建立企业账户以归集企业缴费部分的未归属应计权益。

4. 基金管理方式

根据《企业年金办法》和《企业年金基金管理办法》(以下简称“两个办法”)的规定，企业年金基金采取信托管理的模式，按照受托人的法律性质的不同，可分为法人受托管理模式和理事会受托管理模式。

例如，某企业年金基金选定法人委托管理模式，其方案规定如下：“本企业年金基金采取法人受托管理模式，本计划所归集的企业年金基金将委托给符合国家规定的法人受托机构（以下简称受托人）进行管理和市场化运营。”

5. 计发办法和支付方式

职工退休并办理退休手续，可以一次性或分期领取企业年金个人账户余额；职工或退休人员身故，其年金个人账户余额由指定受益人或法定继承人一次性领取；出国（境）定居人员的年金个人账户资金，可根据本人要求一次性支付给本人。

6. 支付企业年金待遇的条件

根据《企业年金办法》规定，企业年金计划成员达到法定退休年龄或退休前死亡、出国（境）定居等条件发生时，才可以领取企业年金。

7. 组织管理和监督方式

企业可成立企业年金管理委员会，监督受托管理合同的履行情况以及和受托人与其他年金管理机构签订的委托管理合同的执行情况。

同时，企业年金基金在接受国家相关部门监督的基础上，由企业的纪检、工会和审计部门对本企业年金基金的运作管理进行内部监督，并接受职工涉及企业年金的相关投诉。

8. 中止缴费的条件

中止缴费指企业方或计划成员（职工）因法定或合同约定的事件发生时，暂停企业年金缴费，待特定事件消失后，恢复缴费的制度安排。例如，2008年一些公司在金融危机中遇到经营困难，触发合同约定的暂停缴费条款，可以暂时停止缴费。

9. 双方约定的其他事项

企业年金计划当事人之间，在上述事项以外约定的事项。例如，工会参与企业年金计划管理的规定。

（二）企业年金的方案设计

企业年金方案的设计有着较强的技术属性，方案设计主要涉及以下几方面的内容：

1. 收入测算—方案制作流程

员工养老金收入的测算可在分析企业基本情况的基础上，通过建立适宜的模型进行精确测算，根据测算结果制作可行的企业年金方案。一般来说，测算的主要假设因素有企业的年金缴费额度或比例、个人缴费额度或比例、未来的工资增长率、退休金的增长率、贴现率、投资收益率、管理费率、目标替代率等。

测算流程如图 2－3 所示。

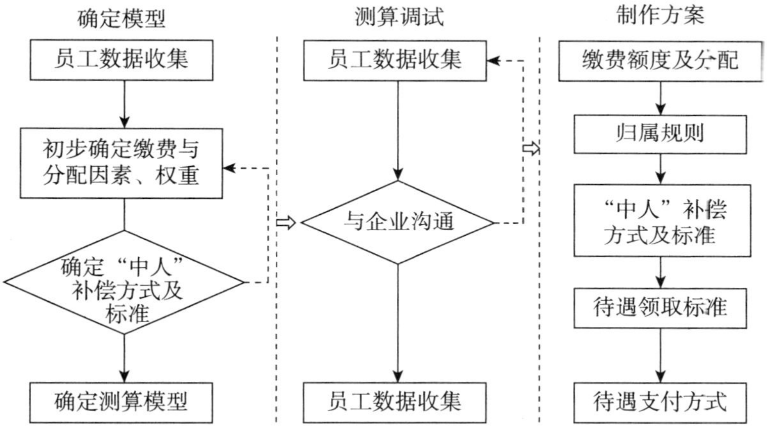

图 2－3　收入测算—方案制作流程图

2. 缴费原则与权益归属

（1）企业缴费原则及权益归属。

企业年金基金由企业缴费、职工个人缴费、企业年金基金投资运营收益组成。企业的缴费原则是公平与效率相结合。

企业缴费的权益归属方面，根据方案和协议规定确定权益归属方式，符合归属条件的情况下，企业缴费归员工个人所有；在不满足归属条件的情况下，根据企业年金计划资产独立原则，不能归属的企业缴费计入企业账户的部分，归计划成员共同所有。

企业缴费归属主要有三种方式：

一是阶段式（也称为悬崖式），即员工服务满一定期限后，将企业缴费全部归属给员工。该方式适合员工队伍比较稳定，老员工较多的企业。

二是阶梯式，即随着员工服务年限递增，逐步将企业缴费按比例归属给员工。该方式适合员工队伍流动性较大，年轻员工较多的企业。

三是混合式，即将阶段式和阶梯式结合使用，适用于员工结构较为复杂的企业，经常为大型企业所采用。

对于用于“中人”补偿等特殊情况的缴费，可采取退休时一次性归属的方式。

（2）员工缴费原则及权益归属。

员工向企业年金计划的缴费方法包括工资比例法和认可额。

权益归属方面，员工个人缴费全部进入个人账户，另外，公司缴费归属、投资收益以及离开公司的员工的弃权再分配金额，合计构成员工企业年金个人账户资产，属于个人所有，受法律保护，不可侵犯。员工的个人账户余额在其退休前离开公司时可以携带、保留；退休前去世的可以由指定受益人或法定继承人继承；或者在员工退休时一次结算或领取年金。

3. 员工分组

（1）考虑年龄因素。

一方面，从目前企业年金政策法规的适用性来看，在企业年金方案生效前已退休的人员不应该纳入企业年金计划。但是，可根据企业的具体实际情况，采取适宜的补偿措施。

另一方面，考虑到企业建立企业年金计划后，年龄较大的员工可以累积企业年金的时间较短，单凭未来企业年金缴费积累，其退休后可以从企业年金计划中领取的待遇水平将远低于年轻员工，可由企业予以适当补偿，补偿方式可以采取加速积累、特殊补偿等方式。

（2）考虑岗位因素。

岗位因行业、企业的个体差异而不同。一般来讲，岗位所衡量的是一个员工对企业的当期贡献程度，在设计企业年金方案时可根据企业的岗位系列确定其相对系数，由此划分确定其缴费及分配上的差异性。

（3）考虑司龄因素。

司龄是从时间上来考虑员工对企业的贡献程度。从长期来讲，司龄对企业年金缴费与分配的影响对每一个员工都是公平的。

4. 企业年金基金管理模式

企业年金基金，是指根据依法制定的企业年金计划筹集的资金及其投资运营收益形成的企业补充养老保险基金。

企业年金基金管理模式可以分为理事会受托模式（内部受托）和法人受托模式（外部受托）。

理事会受托模式是指举办企业年金计划的企业和参加该年金计划的职工将企业年金基金的管理权和相关事务委托给企业内部的年金理事会，由其行使处置和管理企业年金基金的相关职责。法人受托模式是指企业年金计划的委托人（企业和职工）将企业年金基金运作管理等相关事务委托给一个符合国家规定的法人受托机构，由其行使处置和管理企业年金基金的相关职责。

（三）年金方案对员工权益的影响

企业年金基于企业与员工的劳动关系产生。企业年金方案是维护员工年金收入的依据，即缴费依据、携带依据、支付依据、继承依据，也是年金争议处理的主要依据。

实例 2-2　年金方案及其员工权益

某公司于 2017 年 1 月建立了企业年金计划，年金方案规定如下：

（1）计划采取 DC 计划和 DB 计划相结合的模式，以解决“中人”的待遇衔接问题。

（2）在公司工作满 15 年，且距离退休不足 10 年的，界定为“中人”。

（3）“中人”的最低企业年金待遇的计算公式为：

$$12\ 000\times(1+\text{通货膨胀率})^{\text{缴费年限}}(\leqslant 10\text{ 年})$$

（4）DC 计划的缴费水平（用人单位缴费）为当前工资水平×4%，非“中人”或退休时待遇高于最低待遇水平的，只领取 DC 计划积累的部分。

（5）DB 计划的企业年金基金每年从企业的总缴费中提取一定的比率计入企业账户，并计算受益员工的个人权益，在员工离职或退休时，DB 计划权益归属员工。

各参数假设为：退休前的投资收益率为 5%，退休后的投资收益率为 3%，工资增长率为 5%，通货膨胀率为 3%。张先生 2017 年满 52 岁，在公司工作了 20 年，2017 年的年薪为 72 000 元，企业年金支付 15 年，暂不考虑企业及个人所得税问题，计算期末值。

问题 1：张先生工作至退休，其 DC 计划的养老金积累额是多少，是否享受“中人”补偿？如果其享有 DB 计划的“中人”补偿，届时每年公司需要为其缴纳多少金额？

问题 2：2022 年初张先生（5 年后）离开公司，退休时可以领取的企业年金待遇水平是多少？

（注：本案例所涉及的年金均为期末年金。）

解析

问题 1：张先生在本企业工作至 60 岁退休，每年领取的企业年金金额为：

60 岁时 DC 计划的积累额为（期末增长型年金求终值，且 $i=g$）：

$$7.2\times4\%\times1.05^{7}\times8=3.242\ 0(\text{万元})$$

企业对“中人”承诺的每年最低支付水平为：

$$1.2\times(1+3\%)^{8}=1.520\ 1(\text{万元})$$

承诺每年最低支付水平在 60 岁的现值：根据 $n=15$，$I=3\%$，$PMT=-1.520\ 1$，$FV=0$，可以计算得到 $PV=18.146\ 9$。

差额为：

$$18.146\ 9-3.242\ 0=14.094\ 9(\text{万元})$$

每年 DB 计划的缴费金额为：根据 $n=8$，$I=5\%$，$FV=14.094\ 9$，$PV=0$，可以计算得到 $PMT=-1.560\ 9$。

问题 2：2022 年张先生（5 年后）离开公司，60 岁时其 DC 计划的企业年金积累额为：

$$7.2\times4\%\times(1+5\%)^{4}\times5\times(1+5\%)^{3}=2.026\ 2(\text{万元})$$

2022 年其 DB 计划的企业年金积累额为：根据 $n=5$，$I=5\%$，$PV=0$，$PMT=-1.560\ 9$，可以计算得到 $FV=8.625\ 0$。

60 岁时其 DB 计划养老金权益总额的终值为：

$$8.6250\times(1+5\%)^3=9.9845\text{（万元）}$$

DB 计划＋DC 计划养老金的积累额为：

$$2.0262+9.9845=12.0107\text{（万元）}$$

张先生退休时每年领取的企业年金待遇水平为：根据 $n=15$，$I=3\%$，$FV=-12.0107$，$PV=0$，可以计算得到 $PMT=1.0061$ 万元。

提高企业年金受益水平一般有以下几个途径：

（1）增加缴费，提高基金供给水平。

（2）提高基金收益，增加存量规模。

（3）满足企业年金方案中权益归属期限制，减少基金损失。

（4）享受税收优惠政策，降低运行成本。

实例 2－3　不同基金收益水平下的账户积累

李先生参加单位企业年金计划，积累 30 年，企业和个人合计按 7%缴费，缴费基数平均每年 8 万元，在不同收益水平下的个人账户累积额如表 2－1 所示。

表 2－1　不同收益水平下的账户累积额

3%	4%	5%	6%	7%
266 422.3 元	314 075.7 元	372 057.5 元	442 725.8 元	528 980.4 元

三、企业年金的缴费方法

企业年金的缴费方式主要有配款法、效益工资法、综合系数法等。

（一）配款法

配款法是根据员工个人缴费额，企业缴款不超过职工工资总额的 8%，个人和企业缴款合计不超过 12%。例如，员工缴费为个人薪酬的 2%，当员工每月薪酬总额为 5 000 元时，其缴费额为 100 元，如果企业配款比例为 1∶1，则企业配款为 100 元。此种方法的优点是简单、便于操作。

实例 2－4　任女士企业年金缴费水平（配款法）

某公司企业年金计划规定，个人按上年度月均工资的 2%缴费，公司按个人缴费的 2.5 倍配款。任女士上年度月均工资为 5 000 元，请计算任女士本月企业年金供款水平。

解析

$$5000\times(2\%+2.5\times2\%)=350\text{（元）}$$

（二）效益工资法

效益工资法是依据企业效益基数和员工司龄确定企业缴费额度。此种方法的优点是公司效益越好，员工司龄越长，缴费数额越高。其公式为：

$$Y=A+B\times X$$

其中：Y 为企业供款额。

A 为根据企业效益确定基数。

B 为司龄系数（可浮动）。

X 为员工司龄。

（三）综合系数法

综合系数法是通过构建包含各相关因素在内的数量模型，合理确定企业缴费的额度分配。

缴费基数一般是单位或行业工资平均数，系数是综合考虑职级、年龄、服务年限、技术职称、荣誉奖励、性别等因素得到的。此种方法的优点是通过权重和系数调整可以体现出企业管理思想和战略，相对精确和科学；缺点是烦琐复杂，需要由专业人员操作，适合大中型国有企业。计算公式为：

企业缴费额=缴费基数×(职级系数+年龄系数+服务年限系数+职称系数+荣誉系数+性别系数)×承担比例系数

实例 2-5　企业年金缴费系数计算

某公司企业年金计划确定 2019 年缴费基数为公司月平均工资额 3 000 元，考虑职级、年龄、服务年限、技术职称、荣誉奖励、性别等指标权重（见表 2-2），公司与个人缴费比例分别为 80%和 20%，即 4∶1，部分人员个人账户年积累额见表 2-3。

表 2-2　　缴费系数表

职级	系数	年龄（岁）	系数	服务年限	系数	职称	系数	奖励级别	系数	性别	系数
普通职员	0.1	20～25	0	2 年以下	0.1	初级	0.1	企业	0.1	男	0.1
部门主管	0.2	26～30	0.1	2～5 年	0.3	中级	0.2	地市级	0.3	女	0.2
部门经理	0.5	31～35	0.2	6～15 年	0.5	高级	0.5	省级	0.5		
分公司经理	1.0	36～40	0.3	16～20 年	0.8	特级	1.0	国家级	1.5		
分公司副总	1.5	41～50	0.5	21～30 年	1.2			世界级	2.0		
总公司经理	2.5	51～60	1.0	31 年以上	2.0						

表 2-3　　部分人员账户积累额

姓名	职级	年龄（岁）	服务年限（年）	职称	奖励	性别	缴费系数	缴费金额（元）	企业缴费（80%）	个人缴费（20%）
	总公司经理	58	33	高级	国家级	男	7.6	22 800	18 240	4 560
	总公司副总	47	21	特级	世界级	女	6.4	19 200	15 360	3 840
	分公司经理	36	11	高级	省级	男	2.9	8 700	6 930	1 740
	部门经理	41	19	中级	省级	女	2.7	8 100	6 480	1 620
	⋮									
	部门主管	59	39	中级	国家级	男	5.0	15 000	12 000	3 000
	⋮									

实例 2－6　贺先生企业年金缴费（综合系数法）

贺先生今年 42 岁，在北京××管理咨询有限公司已工作 18 年，高级职称，任职分公司总经理，去年获得北京市劳动模范荣誉称号。请计算本人企业年金月缴费额度及个人缴费水平。

解析

缴费系数＝1.5＋0.5＋0.8＋0.5＋0.5＋0.1＝3.9

月缴费额度＝3.9×3 000＝11 700(元)

个人缴费水平＝11 700×20%＝2 340(元)

四、企业年金税收优惠政策

2013 年，财政部联合人力资源和社会保障部、国家税务总局出台了《关于企业年金、职业年金个人所得税有关问题的通知》（财税〔2013〕103 号），明确了企业年金和职业年金计划资金筹集、基金管理、待遇支付阶段的税务处理。

（一）年金缴费环节

（1）企业和事业单位（以下统称单位）根据国家有关政策规定的办法和标准（企业缴费每年不超过本企业职工工资总额的 8%，企业和职工个人缴费合计不超过本企业职工工资总额的 12%），企业缴费在员工工资总额的 5%以内可在企业税前列支；为在本单位任职或者受雇的全体职工缴付的企业年金或职业年金单位缴费部分，在计入个人账户时，个人暂不缴纳个人所得税。

（2）个人在不超过本人缴费工资计税基数的 4%标准内的部分，暂从个人当期的应纳税所得额中扣除。

（二）年金基金投资运营收益环节

年金基金投资运营收益分配计入个人账户时，个人暂不缴纳个人所得税。

（三）领取年金时的个人所得税税务处理

个人要达到国家规定的退休年龄，按月领取的年金，适用月度税率表计算纳税；按季度领取的年金，平均分摊计入各月，按每月领取的适用月度税率表计算纳税；按年度领取的，适用综合所得税税率表计算纳税。

实例 2－7　企业年金缴费环节的税务处理

某公司企业年金方案规定，员工缴费是个人薪酬总额的 4%（未超过规定标准），公司配款比例是 1∶1，该公司配款进入个人账户部分暂免征收个人所得税。员工 D 先生每月个人薪酬总额为 8 000 元，请计算公司为其配款额，每月计入其个人账户的资金总额（暂不考虑归属问题）。

解析

企业缴费进入个人账户的资金为：

8 000×4%＝320(元)

所以每月进入个人账户的资金总额为：

320＋320＝640(元)

个人因出境定居而一次性领取的年金个人账户资金，或个人死亡后，其指定的受益人或法定继承人一次性领取的年金个人账户余额，适用综合所得税税率表计算纳税。对个人除上述特殊原因外一次性领取年金个人账户资金或余额时，适用月度税率表计算纳税。

我国的企业年金计划取得了初步发展，根据人力资源和社会保障部数据，截至 2018 年第一季度末，全国有 8.19 万家企业建立了企业年金，参加职工达 2 336.18 万人，积累基金 13 260.15 亿元，实际运作资产 12 977.91 亿元。

五、企业年金的治理结构及运营机制

(一) 企业年金计划运营的内部性事务和外部性事务

企业年金计划运营的内部性事务包括：年金账户信息管理、年金财务信息管理、年金计划的修订和完善、会员交流和信息披露等。

企业年金计划运营的外部性事务包括：选择年金服务提供商、年金资产市场化管理、制定投资策略和实现稳健收益、支付年金等。

企业年金计划在企业内部建立，需要建立和健全内部管理机制；企业年金资金流和信息流向企业外部移动时，需要建立外部管理机制；企业年金市场化运营，需要建立安全运营机制，明确企业年金计划的委托人、受托人、功能代理人和受益人。

(二) 企业年金的合同管理

1. 企业年金计划管理的信托关系

信托即建立信任关系和实施权益委托。

对财产权益的信任托付有两个核心要件，即“信的准则”和“托的内容”。信任托付包括委托和信托。委托与信托的主要区别在于前者有两个主体，即委托人和代理人（见图 2－4）；后者有三个主体，即委托人、受托人和受益人（见图 2－5)。“信的准则”包括法律信任标准和法外信任标准，“托的内容”包括个人财产、国家财产和具有特定目的的财产的财产权或代管权。《中华人民共和国信托法》（以下简称《信托法》）界定了上述三个主体的法律地位并规范了三者的关系，特别是受托人权责的法律规范总称。很多国家的实践经验已经证明，信托法律关系中的受托人权责明确，因此信托是管理企业年金计划的工具。中国需要针对养老金市场完善《信托法》，以推动养老金市场的发展。

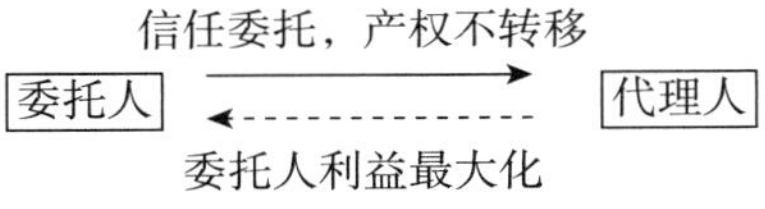

图 2－4　委托关系

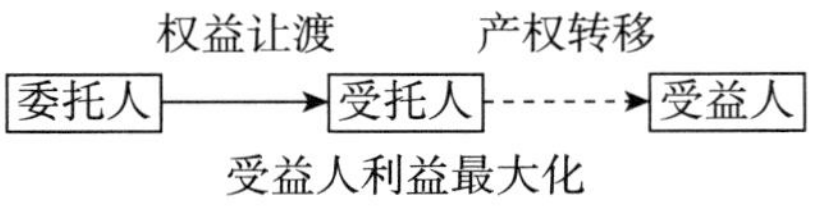

图 2-5 信托关系

根据现有法规，在我国企业年金计划的运营机制中存在两种法律关系：

第一种是信托关系——涉及委托人、受托人和受益人，分别为建立企业年金计划的企业及其职工、企业年金理事会或专业的法人受托机构、职工。

第二种是委托关系——涉及委托人和受托人，包括企业年金理事会或法人受托机构、账户管理人、托管人和投资管理人。

我国需要在《信托法》中针对企业年金计划的运营和管理做进一步补充和完善，以推动企业年金计划的发展。

2. 信托合同与委托合同

根据相关法律法规的规定，企业年金计划委托人和受托人之间建立信托合同关系；企业年金计划受托人和功能管理人之间建立委托合同关系。

信托合同即企业年金委托人和受托人之间签订的，为保护受益人利益的企业年金计划管理合同。该合同有三方主体，即委托人、受托人、受益人；合同宗旨即保护受益人利益最大化。

委托合同即受托人与功能管理人之间签订的企业年金计划管理的专项功能代理合同，有两方主体，即委托人和受托人。

（三）企业年金的责任主体

1. 委托人

发起企业年金计划的用人单位和履行缴费义务的员工是委托人，企业年金管理委员会（以下简称管委会）是内部代理人，即企业内部的年金治理机构。管委会是选择和监督受托人的委托人，拥有选择、更换和监督受托人的权力。

管委会在意志上是独立于企业和职工的第三方，即企业年金内部的受托人，也称第一受托人。

管委会的职责主要有两方面：一是基于集体协商原则制定年金方案和制定规则，二是选择委托和监督企业年金计划市场运营的受托人。管委会具有双重法律特征，对企业年金计划的内部运营来说是受托人，对企业年金计划的外部运营来说是委托人。

2. 受托人

（1）受托人的定义。

受托人指接受委托人的委托管理企业年金计划的责任主体，包括企业年金理事会和法人受托机构。受托人具有如下主要特征：管理行为细心、投资决策审慎、遵守投资规则、承担连带责任、组织结构钱权分离、信息披露充分、信托资产独立、基金风险分散、服务获取管理费等。

按照我国《信托法》和“两个办法”的规定，企业年金计划受托人具有企业年金计划管理与运作权，同时承担着完全的企业年金计划管理的信托责任，因此为保证企业年金计划的管理安全，保护受益人的合法权益，加强企业年金计划受托人的监督和管理尤为重要。制约受托人的主要措施如下：

- 受托人的准入与退出制度；
- 委托人监督与筛选；
- 受托人竞争市场；
- 专业机构评价；
- 参保人监督和政府监管。

（2）企业年金理事会。

企业年金理事会是在企业内部组建，接受管委会委托的，受托管理和监督企业年金外部运营的专门机构，不得收取管理费。理事会作为企业年金计划受托人，必须依法建立和开展工作，理事会成员应当具备一定的资质。

理事会自身的属性决定其具有反映企业和职工意志的职能，但是不具备受托人的全部功能，仅具有部分决策和监督功能。管委会一旦选择理事会作为管理企业年金计划的外部运营受托人，必须监督理事会做好项目外包的委托工作，选择好功能管理人。

专栏 2-4

相关法规——《企业年金办法》（节选 1）

第五条 企业和职工建立企业年金，应当确定企业年金受托人，由企业代表委托人与受托人签订受托管理合同。受托人可以是符合国家规定的法人受托机构，也可以是企业按照国家有关规定成立的企业年金理事会。

第二十六条 企业成立企业年金理事会作为受托人的，企业年金理事会应当由企业和职工代表组成，也可以聘请企业以外的专业人员参加，其中职工代表应不少于三分之一。

企业年金理事会除管理本企业的企业年金事务之外，不得从事其他任何形式的营业性活动。

（3）法人受托机构。

企业年金计划的法人受托机构是指依法建立的，经过监督机构准入的，并经过专家委员会资格再评审获得资格的，专门受托管理企业年金计划的法人机构。

法人受托机构的职责有：选择、监督、更换账户管理人、托管人、投资管理人；制定企业年金基金战略资产配置策略；根据合同对企业年金基金管理进行监督；根据合同收取企业和职工缴费，并向受益人支付企业年金待遇，在合同中约定具体的履行方式；接受委托人查询，定期向委托人提供企业年金基金管理和财务会计报告，发生重大事件时，及时向委托人和有关监管部门报告，定期向有关监管部门提交开展企业年金基金受托管理业务情况的报告；按国家规定保存与企业年金基金管理有关的记录至少 15 年；国家规定和合同约定的其他职责。

受托人的核心功能是依法选择养老金计划管理的服务商，依法制定投资策略和实施资产配置。

专栏 2-5

相关法规——《企业年金办法》(节选 2)

第二十七条 受托人应当委托具有企业年金管理资格的账户管理人、投资管理人和托管人，负责企业年金基金的账户管理、投资运营和托管。

第二十八条 企业年金基金应当与委托人、受托人、账户管理人、投资管理人、托管人和其他为企业年金基金管理提供服务的自然人、法人或者其他组织的自有资产或者其他资产分开管理，不得挪作其他用途。

企业年金基金管理应当执行国家有关规定。

专栏 2-6

美国安然养老金计划的受托人责任认定

2001 年年底，曾被《财富》杂志评为美国最有创新精神的公司——美国安然公司宣布破产，震惊了美国乃至全球。人们之所以惊异，不仅在于这是美国历史上最大的一宗破产案，更为重要的是安然破产所导致的上亿美元退休金待遇损失。安然公司曾名列美国 500 强企业第 7 位。2000 年股票价格最高达每股 90 美元，市值约 700 亿美元，而就在短短的一年之后，在人们还陶醉于这种经济神话之中时，2 万多名雇员不仅失去了工作，而且失去了他们所憧憬的幸福的晚年生活。

劳工部陈述说，毫无疑问，安然养老金计划的行政管理委员会，作为被控告对计划和资产的管理负有责任的人，成为计划的受托人。安然养老金计划的行政管理委员会却辩护说，行政管理委员会的成员是可以减轻受托责任的，因为他们是作为安然公司的管理者在行事。但是正如劳工部指出的，依据《雇员退休收入保障法》(ERISA) 第 3 节 21 款规定，如果在一些计划的行政管理方面有自由决定的权利或责任，那么他们就是计划的受托人，而不管他们还扮演其他什么角色，是否在为公司利益行事。劳工部进一步阐述说，安然的管理者和计划行政管理委员会的成员都是受托人，因为他们具有委任、保持和移交计划受托人的权利。劳工部引证了众多的法院判例，这些判例支持发起雇员退休金计划的雇主和团体理事是受托人的论断。

根据美国养老金计划受托人的“审慎人”原则，作为计划受托人应履行忠诚义务，并要具有足够的技能以及注意来勤奋工作、审慎行事。《雇员退休收入保障法》(ERISA) 第 404 节的 (a)(1)(A) 款是这样定义忠诚义务的：受托人必须基于参加者和受益人的利益来履行受托职责，全心全意地履行受托职责。受托人不能误导计划的参加者和受益人。不能通过行为、无为或沉默来违反他们的忠诚义务。

一些安然养老金计划管理委员会的成员正是被控诉违背了受托人的忠诚义务，他们通过误导计划的参加者，将足以让安然公司遭受灭顶之灾的财务事实掩饰起来，没有披露安然公司真实的财政状况及其将会导致的恶劣后果，而是继续鼓励雇员去投资安然的股票。劳工部的陪审团清晰地陈述道，当一个受托人知道关于养老金计划资产的稳定性信息被错误告知了参加者时，为保护参加者和受益人的利益，受托人必然会被起诉。作为企业年金计划的受托人，当计划资产处于危险中而参加者被蒙蔽的时候，沉默和无为都是不能被选择的。

ERISA 的第 404 节规定，受托人必须要带有注意、技能、审慎和勤奋来行事。401(k)计划和员工持股计划 (ESOP) 的计划参加者断言，所有的被告都违背了他们的注意和审慎义务，例如选择安然股票作为 401(k)计划的投资对象并允许 ESOP 计划继续投资安然的股票。而行政管理委员会的成员则为自己辩护说，401(k)计划设计的是一个财产的托管者职能而并不服从受托人的标准。选择向 ESOP 计划投资是参加者自愿的行为，是参加者对养老金计划的设计进行挑战，而不是他们受托人的行为。然而，劳工部判定，ERISA 的第 404 节要求受托人遵循计划书行事，只是在计划文件和手段与 ERISA 是一致的情况下，如果计划书与 ERISA 的要求不一致，按照计划书行事，将会被认定为违法。

受托人制定投资决策时不管计划的资产是否将被投资于雇主股票，都适用受托人的审慎人”原则。劳动部进一步陈述道，ERISA 审慎和忠诚的要求适用于所有雇员退休计划的投资决策，包括那些 100%的资产投资于雇主股票的计划。虽然安然养老金计划书允许其投资安然股票，但是受托人的投资行为偏离了“审慎人”原则，劳工部推断计划管理委员会漠视了审慎投资原则。即使安然的参加者可能自己决定了缴费的投资，但是计划的受托人仍旧有义务去保证所有的投资组合选择是审慎的。当然，如果一个计划的受托人提供了一个宽阔的投资组合可供选择，并且充分披露投资方面的相关内容，给予投资以充分的指导，那么将可以免除计划受托人的责任。

安然养老金事件清晰地展示了怎样评价计划受托人履行职责是认真的、完善的、合法的法律判断过程与结果。

3. 功能管理人（服务商）

企业年金计划运营中，涉及信息流管理、资金流管理、投资管理等内容，需要专业的功能管理人提供服务。受托人的职责在于选择和监督功能管理人，尽心尽意地为企业年金计划工作，在委托人的监督下形成“审慎人”工作机制。

（四）受托人治理结构

1. 受托人责任和治理结构

为了保障企业年金计划安全运营，中国现行法律吸收了国际养老金市场运营的经验，坚持资产独立和钱权分离原则，努力建设保障企业年金资产安全和隔离道德风险的信托模式下的企业年金受托人治理结构和运营机制（见图 2－6）。

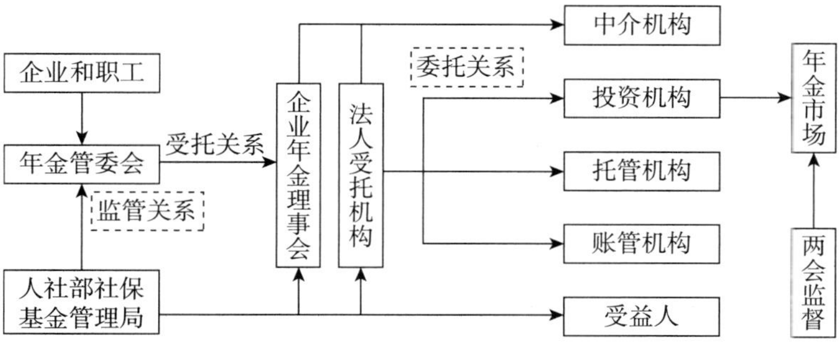

图 2－6　企业年金受托人治理结构和运营机制

从风险隔离的角度，现行的制度安排包括：

受托人委托具有资格的企业年金账户管理机构作为账户管理人，负责管理企业年金账户；委托具有资格的投资运营机构作为投资管理人，负责企业年金基金的投资运营。但是，受托机构不得同时兼任托管人角色，受托人应当选择具有资格的商业银行或专业托管机构作为托管人，负责托管企业年金基金。

2. 企业年金账户管理人

企业年金账户管理人指接受受托人委托，管理企业年金信息的专业机构。负责保管企业年金计划建立、缴费、归属、分配和支付等环节的权益和财务的全程记录。

专栏 2-7

相关法规——《企业年金基金管理办法》(节选 1)

第二十九条 账户管理人应当履行下列职责:

(一) 建立企业年金基金企业账户和个人账户;

(二) 记录企业、职工缴费以及企业年金基金投资收益;

(三) 定期与托管人核对缴费数据以及年金基金账户财产变化状况,及时将核对结果提交受托人;

(四) 计算企业年金待遇;

(五) 向企业和受益人提供企业年金基金企业账户和个人账户信息查询服务;向受益人提供年度权益报告;

(六) 定期向受托人提交账户管理数据等信息以及企业年金基金账户管理报告;定期向有关监管部门提交开展企业年金基金账户管理业务情况的报告;

(七) 按照国家规定保存企业年金基金账户管理档案自合同终止之日起至少 15 年;

(八) 国家规定和合同约定的其他职责。

3. 企业年金资产托管人

企业年金资产托管人指接受受托人委托,保管企业年金基金财产的商业银行或专业机构。单个企业年金计划托管人可由一家商业银行或专业机构担任。

专栏 2-8

相关法规——《企业年金基金管理办法》(节选 2)

第三十四条 托管人应当履行下列职责:

(一) 安全保管企业年金基金财产;

(二) 以企业年金基金名义开设基金财产的资金账户和证券账户等;

(三) 对所托管的不同企业年金基金财产分别设置账户,确保基金财产的完整和独立;

(四) 根据受托人指令,向投资管理人分配企业年金基金财产;

(五) 及时办理清算、交割事宜;

(六) 负责企业年金基金会计核算和估值,复核、审查和确认投资管理人计算的基金财产净值;

(七) 根据受托人指令,向受益人发放企业年金待遇;

(八) 定期与账户管理人、投资管理人核对有关数据;

(九) 按照规定监督投资管理人的投资运作,并定期向受托人报告投资监督情况;

(十) 定期向受托人提交企业年金基金托管和财务会计报告;定期向有关监管部门提交开展企业年金基金托管业务情况的报告;

(十一) 按照国家规定保存企业年金基金托管业务活动记录、账册、报表和其他相关资料自合同终止之日起至少 15 年;

(十二) 国家规定和合同约定的其他职责。

4. 企业年金基金投资管理人

企业年金基金投资管理人指接受受托人委托,对企业年金基金进行投资管理的专业机构。企业年金基金投资管理人必须建立风险准备金，对风险准备金实行专户管理，余额达基金资产净值10%时不再提取，由债权人申请和按照受托人指令执行，以弥补投资亏损，投资管理人必须在2日内弥补减少额。

专栏2-9

相关法规——《企业年金基金管理办法》（节选3）

第四十一条 投资管理人应当履行下列职责：

（一）对企业年金基金财产进行投资；

（二）及时与托管人核对企业年金基金会计核算和估值结果；

（三）建立企业年金基金投资管理风险准备金；

（四）定期向受托人提交企业年金基金投资管理报告；定期向有关监管部门提交开展企业年金基金投资管理业务情况的报告；

（五）根据国家规定保存企业年金基金财产会计凭证、会计账簿、年度财务会计报告和投资记录自合同终止之日起至少15年；

（六）国家规定和合同约定的其他职责。

第四十二条 有下列情形之一的，投资管理人应当及时向受托人报告：

（一）企业年金基金单位净值大幅度波动的；

（二）可能使企业年金基金财产受到重大影响的有关事项；

（三）国家规定和合同约定的其他情形。

专栏2-10

《企业会计准则第10号——企业年金基金》（节选）

第三条 企业年金基金应当作为独立的会计主体进行确认、计量和列报。

委托人、受托人、托管人、账户管理人、投资管理人和其他为企业年金基金管理提供服务的主体，应当将企业年金基金与其固有资产和其他资产严格区分，确保企业年金基金的安全。

第四条 企业年金基金应当分别资产、负债、收入、费用和净资产进行确认和计量。

第五条 企业年金基金缴费及其运营形成的各项资产包括：货币资金、应收证券清算款、应收利息、买入返售证券、其他应收款、债券投资、基金投资、股票投资、其他投资等。

第七条 企业年金基金运营形成的各项负债包括：应付证券清算款、应付受益人待遇、应付受托人管理费、应付托管人管理费、应付投资管理人管理费、应交税金、卖出回购证券款、应付利息、应付佣金和其他应付款等。

第八条 企业年金基金运营形成的各项收入包括：存款利息收入、买入返售证券收入、公允价值变动收益、投资处置收益和其他收入。

第十条 企业年金基金运营发生的各项费用包括：交易费用、受托人管理费、托管人管理费、投资管理人管理费、卖出回购证券支出和其他费用。

第十二条 企业年金基金的净资产，是指企业年金基金的资产减去负债后的余额。资产负债表日，应当将当期各项收入和费用结转至净资产。

净资产应当分别企业和职工个人设置账户，根据企业年金计划按期将运营收益分配计入各账户。

（五）企业年金信息披露

根据《企业年金基金管理办法》的规定，受托人、账户管理人、托管人和投资管理人应当按照规定向有关监管部门报告企业年金基金管理情况，并对所报告内容的真实性、完整性负责。

除此之外，受托人应当在每季度结束后 30 日内向委托人提交季度企业年金基金管理报告，并应当在年度结束后 60 日内向委托人提交年度企业年金基金管理报告，其中年度企业年金基金财务会计报告须经会计师事务所审计。

账户管理人应在每季度结束后 15 日内向受托人提交季度企业年金基金账户管理报告，并应当在年度结束后 45 日内向受托人提交年度企业年金基金账户管理报告。

托管人应当在每季度结束后 15 日内向受托人提交季度企业年金基金托管和财务会计报告，并应当在年度结束后 45 日内向受托人提交年度企业年金基金托管和财务会计报告，其中年度财务会计报告须经会计师事务所审计。

投资管理人应当在每季度结束后 15 日内向受托人提交经托管人确认的季度企业年金基金投资组合报告，并应当在年度结束后 45 日内向受托人提交经托管人确认的年度企业年金基金投资管理报告。

当出现减资、合并、分立、依法解散、被依法撤销、决定申请破产或者被申请破产的，涉及重大诉讼或者仲裁的，董事长、总经理、直接负责企业年金业务的高级管理人员发生变动的，国家规定的其他情形等事宜时，法人受托机构、账户管理人、托管人和投资管理人应当及时向人力资源和社会保障部及受托人报告。

专栏 2-11

美国向私有养老金计划成员进行信息披露的内容和要求

对于计划参加者，退休福利及权益披露的主要内容包括：既得受益权退休金表、减少应计退休金通知、年金通知和支付选择解释、雇员离职通知、转账通知、退休金申请拒绝通知、筹资不足情况通知、待遇确定模式的养老金计划终止通知。

其具体内容如下：

既得权益退休金表。计划管理人在收到计划参加者和受益人书面请求之后，必须向其提供已获得的既得受益权退休金表，该表内容要反映计划参加者和受益人的全部应计退休金，以及全部既得受益权的应计退休金，或是将获得全部既得受益权的日期。披露频率为每 12 个月计划管理人向计划参加者和受益人提供一次报表。

减少应计退休金通知。如果待遇确定或货币购买退休金计划经过修改后，对应计退休金产生大幅削减，那么计划管理人必须在修改生效之前 15 天，向计划参加者和受益人提供削减退休金应计率通知。如果通知没有及时提供给计划参加者和受益人，那么原定修改日期必须向后推迟，直到该通知按要求提供给计划参加者和受益人为止。

年金通知和支付选择解释。待遇确定或货币购买退休金计划的管理人，必须为计划参加者提供退休金支付方式，计划管理人还必须向申请领取年金的受益人提供领取通知书和解释。所有退休金计划都必须在计划参加者同意后，才能向其支付退休金，但是如果计划参加者的退休金不足 5 000 美元，那么可以在其同意的情况下，向其一次性支付全部退休金。计划管理人必须在向受益人支付退休金前的30天内向其提供年金价值和支付方式通知及解释，解释包括对不同支付方式和不同价值的说明。不履行本规定，按照违反受托人职责进行处罚。

雇员离职通知。对于获得既得受益权并决定延期提款的离职计划参加者，税收优惠退休金计划的管理人应就其应获得的退休金提供书面报表，包括计划名称、计划管理人姓名和地址、退休金金额、提款方式等。披露时间要求为必须在离职年度后的7个月内提供。

转账通知。美国《国内税收法规》第402(f)节规定，每一个税收优惠退休金计划的管理人，必须在向计划参加者支付退休金前的法定日期内，向其提供书面的与退休金有关的税收解释和通知。解释内容包括：直接进行延税转账的有关规定和要求；如不进行直接延税转账，退休金支付中有关扣税要求；有关支付退休金后的一些特别税收规定。对于具体的披露形式，美国税务局制定了固定模式，并要求内容通俗易懂。

退休金申请拒绝通知。如果雇员退休金计划的参加者领取退休金时遭到拒绝，那么计划管理人必须提供特别解释和通知，内容主要包括两个方面，一个是对拒绝申请的原因进行详细解释，另一个就是向计划参加者说明申请拒绝的复议程序和条件。

筹资不足情况通知。如果待遇确定计划因筹资不足而必须向退休津贴保证单位提交额外保险费，那么应将退休津贴保证单位的有关规定、筹资不足情况以及退休津贴保证单位只能提供有限退休金担保的实际情况通知计划参加者和受益人。

待遇确定模式的养老金计划终止通知。如果雇主决定或者必须停止待遇确定模式的养老金计划，那么计划管理人必须通知每一个计划参加者和受益人其在计划中获得退休金。

（六）企业年金基金投资管理

为实现养老基金投资目标，要对各资产类别进行资产配置。

我国企业年金基金投资管理采取数量限制原则及审慎性原则，即要求基金投资管理主体在进行投资操作时严格按照国家的相关规定执行。根据《企业年金基金管理办法》和2013年颁布的《关于扩大企业年金基金投资范围的通知》，投资产品的范围和比例调整为：

(1) 投资银行活期存款、中央银行票据、1年期以内（含1年）的银行定期存款、债券回购、货币市场基金、货币型养老金产品的比例，合计不得低于投资组合委托投资资产净值的5%；清算备付金、证券清算款以及一级市场证券申购资金视为流动性资产。

(2) 投资1年期以上的银行定期存款、协议存款、国债、金融债、企业（公司）债、可转换债（含分离交易可转换债）、短期融资券、中期票据、万能保险产品、商业银行理财产品、信托产品、基础设施债权投资计划、特定资产管理计划、债券基金、投资连结保险产品（股票投资比例不高于30%）、固定收益型养老金产品、混合型养老金产品的比例，合计不得高于投资组合委托投资资产净值的135%。债券正回购的资金余额在每个交易日均不得高于投资组合委托投资资产净值的40%。

(3) 投资股票、股票基金、混合基金、投资连结保险产品（股票投资比例高于30%）、股票型养老金产品的比例，合计不得高于投资组合委托投资资产净值的30%。

企业年金基金不得直接投资于权证，但因投资股票、分离交易可转换债等投资品种而衍生获得的权证，应当在权证上市交易之日起10个交易日内卖出。

单个投资组合委托投资资产，投资商业银行理财产品、信托产品、基础设施债权投资计划、特定资产管理计划的比例，合计不得高于投资组合委托投资资产净值的30%。其中，投资信托产品的比例，不得高于投资组合委托投资资产净值的10%。投资商业银行理财产品、信托产品、基础设施债权投资计划或者特定资产管理计划的专门投资组合，可以不受此30%和10%规定的限制。

专门投资组合，应当有80%以上的非现金资产投资于投资方向确定的内容。

单个投资组合委托投资资产，投资于单期商业银行理财产品、信托产品、基础设施债权投资计划或者特定资产管理计划，分别不得超过该期商业银行理财产品、信托产品、基础设施债权投资计划或者特定资产管理计划资产管理规模的20%。投资商业银行理财产品、信托产品、基础设施债权投资计划或者特定资产管理计划的专门投资组合，可以不受此规定的限制。

单个企业年金计划基金资产，投资商业银行理财产品、信托产品、基础设施债权投资计划、特定资产管理计划专门投资组合的比例，合计不得高于企业年金计划基金资产净值的30%。其中，投资信托产品专门投资组合的比例，不得高于企业年金计划基金资产净值的10%。

专栏 2-12

企业年金资产配置

B企业是一家生产新型电子设备的企业，其产品的市场前景广阔。企业2017年的利润为1亿元，每年以10%的速度递增。参加企业年金计划的员工近1 000人，员工的平均年龄为40岁，20%的计划参与人已经退休，员工收入属于中等水平。目前该企业年金基金希望每年收益率达到4%，并且收益的波动率小于3%。

（一）投资政策的确定

1. 风险目标

该企业年金基金的风险承受力应为平均水平或高于平均水平，如果用量化的指标来表示，其投资组合收益的年波动率应小于3%。B企业员工的平均年龄适中，投资期限较长，使得该企业年金基金能够承受平均水平的风险。需要注意的是，有20%的计划参与者已经退休，这要求年金基金有稳定的利息（红利）收入。

2. 收益目标

根据该企业年金基金的风险承受力以及目前的金融市场预期，该企业年金基金的期望收益定为4%是可以接受的。

3. 流动性要求

该企业年金基金需要提供中等程度的流动性。由于20%的计划参与人已经退休，计划需要足够的利息（红利）收入来满足对退休员工的支付需求。

4. 投资期限

计划的投资期限相对较长。

5. 法律法规限制

该企业年金基金的投资范围和比例限制应遵循《企业年金基金管理办法》及其他相关的法律法规。

6. 特殊要求（略）

（二）战略资产配置的确定

根据该企业年金计划委托人的年收益率期望值和收益波动率容忍度，对计划资产重新进行战略资产配置（见表 2-4）。

表 2-4　　B 企业原有和改进的资产配置

资产类别	预期收益率（%）	收益波动率（%）	原有战略资产配置（%）	改进的战略资产配置（%）
货币市场资产	2.50	1.00	60	40
中长期国债、金融债	3.50	1.00	20	30
银行理财产品	4.50	3.00	20	15
企业债	6.30	5.00	0	10
混合型基金	13.20	15.00	0	5
总比例			100	100
组合预期收益率			3.10	4.02
组合收益波动率			1.72	2.73

（1）从收益和风险对比来看，原有战略资产配置显然由于承担了过低的风险而无法满足 4%的收益目标。经调整的战略资产配置能够达到收益目标的要求，同时组合的收益波动率仍满足小于 3%的风险目标的要求。

（2）战略资产配置的调整主要体现在减少了货币类资产的投资比例，增加了企业债和混合型基金的投资比例，这一调整在保证风险可承受的前提下，提高了投资组合的预期收益率。

六、企业年金的领取

按照 2017 年颁布的《企业年金办法》，符合下列条件之一的，可以领取企业年金：

（1）职工在达到国家规定的退休年龄或者完全丧失劳动能力时，可以从本人企业年金个人账户中按月、分次或者一次性领取企业年金，也可以将本人企业年金个人账户资金全部或者部分购买商业养老保险产品，依据保险合同领取待遇并享受相应的继承权。

（2）出国（境）定居人员的企业年金个人账户资金，可以根据本人要求一次性支付给本人。

（3）职工或者退休人员死亡后，其企业年金个人账户余额可以继承。

职工变动工作单位时，新就业单位已经建立企业年金或者职业年金的，原企业年金个人账户权益应当随同转入新就业单位企业年金或者职业年金。

职工新就业单位没有建立企业年金或者职业年金的，或者职工升学、参军、失业期间，原企业年金个人账户可以暂时由原管理机构继续管理，也可以由法人受托机构发起的集合计划设置的保留账户暂时管理；原受托人是企业年金理事会的，由企业与职工协商选择法人受托机构管理。

实例 2－8　何先生的企业年金收入

何先生 2019 年 5 月退休，缴纳各项管理费后企业年金累积额为 15 万元。

根据《企业年金办法》：职工在达到国家规定的退休年龄或者完全丧失劳动能力时，可以从本人企业年金个人账户中按月、分次或者一次性领取企业年金，也可以将本人企业年金个人账户资金全部或者部分购买商业养老保险产品，依据保险合同领取待遇并享受相应的继承权。

请计算何先生在退休时点一次性领取和分 20 年按月领取的金额。

解析

一次性领取：

应缴纳个税＝150 000×45%－15 160＝52 340(元)

税后收益＝150 000－52 340＝97 660(元)

分 20 年按月领取：

每月应缴纳个税(不考虑货币时间价值)＝150 000÷(20×12)×3%＝18.75(元)

税后收益＝150 000－18.75×240＝145 500(元)

第三章

其他典型的单位福利计划

本章主要内容

- 第一节　健康保障计划
- 第二节　住房福利计划
- 第三节　教育福利计划
- 第四节　利润分享计划
- 第五节　股权激励计划
- 第六节　员工持股计划

第一节　健康保障计划

一、建立单位健康保障计划的必要性

健康保障计划是指企业在国家基本医疗保险的基础上，举办或参加的、以保障员工健康为目的的多项福利计划。主要包括团体医疗保险、医疗互助计划和单位保障计划。

1. 医疗费用支出快速增长

随着生活条件、医疗条件的改善，人们的期望寿命在不断提高。例如，我国人口的平均寿命 1981 年为 67.9 岁，1990 年为 68.6 岁，2000 年为 71.4 岁，2010 年为 74.8 岁。国家卫生和计划生育委员会在《“健康中国 2020”战略研究报告》中更是进一步提出了 2020 年人均预期寿命达到 77 岁的目标。与此相伴的是维护健康和治疗疾病的支出在扩大，医疗费用快速增长（具体见图 3－1）。

图 3－1　2007—2017 年我国人均卫生费用变化情况

资料来源：国家卫生健康委员会. 中国卫生健康统计年鉴（2018）. 北京：中国协和医科大学出版社，2018.

2. 社会保障的有限性

单位健康保障计划的必要性与社会医疗保险制度的发达程度息息相关。在实行全民医疗保障制度的福利国家，如英国、加拿大以及北欧国家，国家举办的社会医疗保障体系实行免费或基本免费的医疗服务，因此对用人单位医疗保障计划的需求并不迫切。

我国先后于 1998 年、2003 年和 2007 年建立城镇职工基本医疗保险、新型农村合作医疗、城镇居民基本医疗保险三大基本医疗保障制度，搭建起了我国医疗保障制度的基本架构。受我国基本国情限制，建立的基本医疗保障制度以“广覆盖、保基本”为主要特征，定位为解决我国居民最基本的医疗服务需求。基本医疗保险不承担全部医疗费用，只有在“两定点”和“三目录”规定的范围内发生的医疗费用才能进入社会统筹报销。“两定点”即定点医院和定点药店（处方外配药品购买）；“三目录”即药品、诊疗项目和医疗服务设施目录。除此之外，还规定了起付标准和最高支付限额，其中最高支付限额原则上控制在统筹地员工年平均工资的 4～6 倍。因此基本医疗保险的保障水平是有限的，员工的医疗保障水平有待进一步提高。

3. 增加企业竞争力的需要

企业的竞争归根到底是人力资源的竞争，只有留住人才，利用好人才，充分调动职工的生产积极性，才能增加企业的竞争力，保障企业的不断发展。所以企业在建立补充医疗保险制度的同时，不断为职工提供多样化的健康保健方案，如定期体检、健身活动等，增强职工的体质，提升对企业的归属感。

二、单位健康保障计划的典型形式

（一）美国健康保障计划的典型形式

与世界上多数发达国家相比，美国的补充医疗保险计划较为发达。

1. 商业健康保险

很多用人单位选择为员工向保险公司投保健康保险，即团体保险。美国健康保险的品种较为丰富，主要有：

(1) 基本医疗费用保险，主要承保住院费用、门诊费用和外科手术费用。

(2) 大额医疗费用保险，承保由于严重疾病或伤害事故引起的高额医疗费用支出，保额一般为 25 万～100 万美元。

(3) 特殊疾病保险，对保险单中特别指定的某种或某几种疾病的治疗给付保险金。特殊疾病保险所承保的疾病一般属于重大疾病，如心肌梗塞、恶性肿瘤、慢性肾衰竭、重要器官移植、四肢瘫痪、脑中风等，因此，特殊疾病保险也称重大疾病保险。

(4) 长期护理保险，对因疾病产生的长期护理费用支出进行保险。

(5) 收入保险，对由于疾病、伤害导致不能工作而产生的收入损失进行保险。

2. 互助式医疗保险

互助式医疗保险是由医疗服务提供商或医生发起设立的非营利性医保计划。

蓝十字蓝盾医保组织作为美国规模最大的专业医疗保险机构，为近 1 亿参保人（美国总人口的三分之一）提供医疗保障和健康保险产品，服务地域覆盖全美。

用人单位建立健康保障计划时，可以成为蓝十字蓝盾医保组织的会员，向其缴费。当员工生病时，由该组织向医院支付住院费和门诊费，员工基本上不承担医疗费用。该组织与众多医院和医生签订了会员单位协议，享有较大比例的医疗费用优惠。同时，蓝十字蓝盾医保组织是非营利性组织，与商业健康保险相比，会员单位缴费要便宜很多。

3. 管理式医疗保险

管理式医疗保险组织，是一个同时接受客户投保和提供医疗服务的团体或组织，即保险与医疗的混合体。

20 世纪 70 年代以来，美国出现了三种管理式医疗保险组织，即健康维护组织（HMO）、选择服务提供者组织（PPO）和指定服务计划（POS），共同特点是：(1) 与经过挑选的医院签订合同，向参保者提供一系列医疗保健服务；(2) 制定治疗疾病时选择医院的标准；(3) 采取措施，进行医疗服务质量的改善和药品使用的审核；(4) 在健康教育和强化预防等方面采取措施，如加强预防性出诊、加强健康检查、开办减肥和戒烟服务等，减少发病率，降低医疗成本。

三种计划的不同点是：(1) 参加 HMO 的患者只能在指定医院接受治疗，不能选择医生和医院（急诊除外）；(2) 参加 PPO 的患者可以选择医院，然后由 PPO 代表患者利益，就服务收费与医院、医生进行谈判，最终选择与同意降低收费价格并愿意接受 PPO 监督的医院、医生签订合同；(3) POS 有时也被认为是 HMO 和 PPO 的结合，它建立一个医院、医生网络，要求投保人在网络内选择医生提供保健服务，并管理其患病时的专科服务。获取网络内的医生提供的医疗服务基本上不付费，如果获取网络外医生提供的医疗服务，可以得到医疗费用补偿，但自付比例较高。

美国员工福利研究院数据显示，1988 年美国团体健康保险市场上传统按服务支付的保险产品占比高达 73%，但是 2015 年已经不足 1%，HMO、PPO、POS 等管理式医疗保险计划占比超过 75%。

管理式医疗保险反映了大多数用人单位和保险人的共识，即在投保人能够获得适当、充分的医疗服务的前提下，降低费用支出。当用人单位建立健康保障计划时，可以选择向管理式医疗保险组织缴纳会费，成为其会员。与商业健康保险相比，管理式医疗保险的保费（即会费）相对较低。

（二）我国健康保障计划的典型形式

在国家宏观政策的指导下，我国各地对补充医疗保险进行了积极的探索。

各地区的补充保险种类多样，分类方法也不统一。如果按照经办模式划分，可以划分为社会保险机构经办的职工补充医疗保险模式、工会经办的职工医疗互助计划模式、用人单位直接向保险公司投保团体医疗险模式、用人单位自办医疗保障基金四种模式。

1. 社会保险机构经办的职工补充医疗保险模式

这种模式以社会保险机构作为职工补充医疗保险的经办机构，借鉴国家基本医疗保险的管理经验进行运营，其资金筹集与基本医疗保险进行绑定，具有一定的强制性，此外，地方财政通常给予资金支持。

在操作环节，这种模式又分为两种做法：

第一种做法是由社会保险机构直接运营，负责资金的征集、管理和医疗费用的报销，比较典型的是北京市大额医疗费用互助制度和上海市地方医疗保险附加基金。

第二种做法是社会保险机构与保险公司合作，以社会保险机构作为主办者，负责资金的筹集，然后由社会保险机构作为投保人，向保险公司投保，比较典型的是厦门市职工补充医疗保险计划。厦门市于 1997 年在全国首创了城镇职工补充医疗保险制度，采取“政府主导、市场化运作”的模式，补充医疗保险费用无须由用人单位和个人另外缴纳，由市社保经办机构作为投保人为全市城镇职工基本医疗保险参保人员向承保的商业保险公司投保。

专栏 3-1

北京市大额医疗费用互助制度

2001 年，北京市政府颁布《北京市基本医疗保险规定》（北京市人民政府第 68 号令）（该法令在 2003 年、2005 年进行过修订），提出“本市在实行基本医疗保险的基础上，建立大额医疗费用互助制度，实行国家公务员医疗补助办法，企业和事业单位可以建立补充医疗保险，鼓励用人单位和个人参加商业医疗保险”。同年，市政府颁布《北京市大额医疗费用互助暂行办法》，正式建立北京市大额医疗费用互助制度。

(1) 经办机构。

北京市大额医疗费用互助制度的经办机构为市、区、县社会保险机构。

(2) 参加范围。

参加基本医疗保险的用人单位及其职工和退休人员应当参加大额医疗费用互助，但实行国家公务员医疗补助办法的用人单位及其职工和退休人员除外。

(3) 资金筹集。

大额医疗费用互助资金由用人单位和个人共同缴纳。用人单位按全部职工缴费工资基数之和的1%缴纳，职工和退休人员个人按每月 3 元缴纳。大额医疗费用互助资金在每月缴纳基本医疗保险费时一并缴纳。大额医疗费用互助资金不足支付时，财政给予适当补贴。

(4) 资金管理。

大额医疗费用互助资金实行全市统筹，单独列账，纳入社会保障基金财政专户，按照基本医疗保险基金计息办法计息。

大额医疗费用互助资金由社会保险经办机构负责统一筹集、管理和使用。

(5) 待遇支付。

对符合基本医疗保险规定的大额医疗费用，大额医疗费用互助资金按照下列办法支付：

①职工在一个年度内门诊、急诊医疗费用累计超过 2 000 元的部分，大额医疗费用互助资金支付 50%，个人负担 50%。

②退休人员在一个年度内门诊、急诊医疗费用累计超过 1 500 元的部分，不满 70 周岁的退休人员，大额医疗费用互助资金支付 60%，个人负担 40%；70 周岁以上的退休人员，大额医疗费用互助资金支付 70%，个人负担 30%。

③大额医疗费用互助资金在一个年度内累计支付职工和退休人员门诊、急诊大额医疗费用的最高数额为 2 万元。

④职工和退休人员在一个年度内累计超过基本医疗保险统筹基金最高支付限额（不含起付标准以下及个人负担的部分）的住院医疗费用以及恶性肿瘤放射治疗和化学治疗、肾透析、肾移植后服抗排异药的门诊医疗费用，大额医疗费用互助资金支付 70%，个人负担 30%。大额医疗费用互助资金在一个年度内累计支付上述医疗费用的最高数额为 10 万元。

专栏 3-2

上海市地方医疗保险附加基金

2013 年上海市政府颁布《上海市职工基本医疗保险办法》(上海市人民政府令第 8 号)，规定在基本医疗保险之外，建立上海市地方医疗保险附加基金。

(1) 经办机构。

上海市地方医疗保险附加基金的经办机构为上海市医疗保险事务管理中心。

(2) 参加范围。

上海市行政区域内的企业、事业单位、国家机关、社会团体、民办非企业单位和有雇工的个体工商户（以下统称“用人单位”）的在职职工、退休职工和其他参保人员。

(3) 资金筹集。

用人单位按全部职工缴费工资基数之和的 2%缴纳。

(4) 待遇支付。

①门诊急诊医疗费用：超出起付线（或称自负段）部分，分不同年龄和诊治医院，按不同比例报销。具体报销比例及范围见表 3-1。

表 3-1　上海市地方医疗保险附加基金报销范围和标准

职工类别	起付线	年龄	一级医院	二级医院	三级医院
在职职工	1 500	44 岁以下	65%	60%	50%
		45 岁以上	75%	70%	60%
退休人员	700 元	69 岁以下	80%	75%	70%
		70 岁以上	85%	80%	75%

②门诊大病、家庭病床、住院、急诊观察室医疗费用：国家基本医疗保险统筹基金最高支付限额（或称封顶线）以上部分（上海市 2013 年基本医疗保险统筹基金的最高支付限额为 34 万元），由附加基金支付 80%。

专栏 3-3

厦门市职工补充医疗保险计划

厦门市自 1997 年开始医疗保险改革，同年开始补充医疗保险的试点，此后，福建省内外许多统筹地区也借鉴采纳了这种办法，该模式又被称为“厦门模式”。

厦门市职工补充医疗保险计划于 2001 年、2003 年和 2007 年进行过修订和完善，当前的基本制度如下：

（1）经办机构。

厦门市职工补充医疗保险计划的经办机构为厦门市职工医疗保险管理中心。

（2）参加范围。

与基本医疗保险参加范围一致。

（3）资金筹集。

职工补充医疗保险缴费标准：每年 7 月 1 日由厦门市职工医疗保险管理中心从每人个人医疗账户提取 36 元，按参保职工人数从社会统筹医疗基金提取每人 16.80 元。

（4）运行模式。

厦门市职工医疗保险管理中心作为投保人，为参加厦门市职工医疗保险的职工集体向商业保险公司投保，参保职工作为被保险人，其发生的超社会统筹医疗基金支付最高限额以上的医疗费用由商业保险公司负责赔付。

（5）待遇支付。

参保职工发生超出社会统筹医疗基金支付最高限额（2007 年最高限额为 5.3 万元）以上的费用，由商业保险赔付 90%，个人自付 10%。每人每年由商业保险公司赔付的补充医疗费用设有最高限额。

2. 工会经办的职工医疗互助计划模式

这种模式是由工会组织主办，职工自愿参加，资金以职工个人缴费为主、单位资助为辅，职工内部互助互济性质的一种职工保险，比较典型的有成都市职工医疗互助保险计划和上海市职工补充医疗互助保障计划。

专栏 3-4

上海职工补充医疗互助保障计划

“为配合市政府《上海市城镇职工基本医疗保险办法》的实施，有效地帮助患病住院的在职职工减轻个人自负部分医疗费的经济负担”，上海市总工会下属社团法人组织上海市职工保障互助会推出“上海市职工保障互助会互助保障计划”。原则上，已参加上海市城镇职工基本医疗保险的本市城镇企业、机关、事业单位、社会团体、民办非企业单位（包括中央及外省市在沪单位）均可参加。

目前，上海市职工保障互助会互助保障计划有若干类型，比较有代表性的类型包括在职职工住院补充医疗互助保障计划，退休职工住院补充医疗互助保障计划，在职职工住院补助金保障计划（A 型和 B 型），特种重病团体互助医疗保障计划，女职工团体互助医疗特种保障计划等。以在职职工住院补充医疗互助保障计划和退休职工住院补充医疗互助保障计划为例，具体内容见表 3-2。

表 3-2　　上海市职工住院补充医疗互助保障计划一览表

保障计划	在职职工住院补充医疗互助保障计划	退休职工住院补充医疗互助保障计划
功能	医疗补充保障	医疗补充保障
缴费方式	1 年 1 次	1 年 1 次
缴费金额	每份 50 元，每人 1 份	每份 170 元，每人 1 份（不参加“在职职工住院保障计划”或“综合补充医疗、意外互助保障计划”的单位，按每人 185 元收取）
保障期限	办妥参保手续次日零时起至一年保障期满日的 24 时止（首次参保执行 30 天免责期）	
参保要求	参保人数不少于单位职工总数的 75%，职工总数小于、等于 10 人的，必须 100%参加	每个单位必须有占退休职工总数 75%的退休人员参加，退休职工小于、等于 10 人的，必须 100%参加
	起保日 10 天后不能再为未参保职工办理参保手续。新进单位（新退休）的职工在 2 个月内参保	
保障责任	（1）住院治疗 （2）按住院标准结算医疗费的急诊观察室留院观察治疗 （3）门诊大病（具体定义见“计划”附则） （4）家庭病床治疗	
保障利益	住院、急诊观察室留院观察、家庭病床治疗补充医疗保障金的给付标准（累计最高 4 万元）： （1）统筹基金支付范围内（起付标准以上至最高支付限额以内）属于个人自负部分的医疗费用，按该费用的 60%给付补充医疗保障金 （2）统筹基金最高支付限额以上由附加基金支付范围之内属于个人自负部分的医疗费用，按该费用的 70%给付补充医疗保障金 （3）门诊大病治疗补充医疗保障金的给付标准：统筹基金和附加基金支付范围内属于个人自负部分的门诊大病医疗费用，按该费用的 50%给付补充医疗保障金	

3. 用人单位直接向保险公司投保团体医疗险模式

除参加地方社保机构或工会举办的补充医疗保障计划外，一些大型用人单位还采用直接向保险公司投保团体医疗险的模式提高员工的医疗保障水平。

目前，国内各保险公司承保的团体医疗保险险种大致可以归类为以下六种：

（1）住院医疗保险：因疾病或意外伤害事故住院，由保险公司负责住院医疗费用。

（2）住院补贴保险：因疾病或意外伤害事故住院，由保险公司负责按住院天数给付补贴金和按手术等级支付手术津贴。

（3）重大疾病保险：因患保险合同规定的重大疾病，由保险公司负责给付保险金。

（4）团体防癌保险：员工因癌症住院，保险公司按日支付住院保险金，按治疗次数给付手术保险金和放疗保险金。

（5）补充医疗保险：员工住院医治期间，在社保有关规定范围内发生费用，需要企业和员工个人承担的部分，由保险公司按规定给予赔偿。

（6）意外伤害附加医疗保险：因意外伤害事故而就医治疗（含门诊和住院）时，由保险公司支付医疗费用。

用人单位可以根据自身的经济效益情况、员工的需求程度等因素，适当选择团体医疗保险险种及投保金额。

专栏 3－5

某房地产公司团体综合医疗险

在参加国家基本医疗保险、地方补充医疗保险的基础上，某房地产公司为其员工提供团体意外伤害险和团体综合医疗险。该公司团体综合医疗险的基本情况为：

（1）参保范围：总部及房地产系统职员，自愿参保。

（2）投保期限：1 年，若职员离职，次日自动终止。

（3）承保机构：中国平安人寿保险股份有限公司。

（4）保费分担：每人每年 606 元，职员与公司各自承担 50％。

（5）利益保障：

①门诊急诊医疗费用。由个人自负、符合当地社会基本医疗保险管理部门规定的合理门急诊医疗费用，金额 400 元以上部分可赔付 90％。

②住院医疗费。符合当地社会医疗保险管理规定的各项合理且必要的住院医疗费用中，个人比例自负部分 100％赔付，自费部分按 60％进行赔付。

注：门诊急诊、住院医疗费合计封顶线为 5 万元。

③安心住院补贴：200 元/天。

④大病（21 种）医疗费用：10 万元。

⑤疾病身故保险：10 万元。

4. 用人单位自办医疗保障基金模式

除参加地方社保机构或工会举办的补充医疗保障计划外，一些大型用人单位自办医疗保障基金，而不是向保险公司投保。

专栏 3-6

某集团公司补充医疗福利计划

为提高公司职工医疗保障水平，解决患重病、大病人员医疗费负担过重等问题，某集团公司建立了补充医疗福利计划，主要内容包括：

（1）参加范围。

集团及集团下属单位中签订劳动合同的在职职工和退休人员。

（2）资金筹集。

企业补充医疗保险基金主要由参保单位缴纳，参保人员个人不缴费。参保单位从参加企业补充医疗保险之日起，按企业上年度工资总额的5%提取企业补充医疗保险费，并在成本中列支。

（3）运行管理。

公司人力资源部负责企业补充医疗保险制度建设和业务经办工作；企业补充医疗保险基金由公司统一管理，实行收支两条线、专户存储、专款专用，公司财务部门负责基金管理工作。

（4）待遇支付。

企业补充医疗保险基金支出分为基本医疗补助、住院医疗补助、门诊特病补助、定向体检补助和一次性医疗补助。

需要指出的是，单位健康保障计划的内容非常复杂。首先，各地区的补充医疗保险政策不尽相同，由各地区社保机构或工会组织经办的补充医疗保障计划存在较大差异；其次，在同一地区内，存在多种补充医疗保险形式，企业可以采取多种选择，比如，北京市除社保经办的大额医疗费用互助制度之外，还有社保机构与保险公司合作的商业性补充医疗保险计划，用人单位还可以直接向保险公司投保或自办补充医疗保险基金。因此，理财师需要充分了解客户所在用人单位的补充医疗保险计划的种类，才能帮助客户掌握其缴费责任和利益保障。

实例 3-1 某保险公司与某市社会保险经办机构联合经营职工补充医疗保险计划，其主要内容包括：每人每月缴费 28.8 元参加单位补充医疗保险，其中 22.8 元来自个人医疗保险账户，6 元由社会统筹基金代缴。

经办机构：政府的职工医疗保险管理中心。

补充医保报销规则：

（1）社保医疗目录以内、个人分摊费用可报销 70%。

（2）社保医疗目录以内、社会统筹基金封顶线以上部分可报销 90%。

（3）补充医保的支付封顶线为 15 万元。

2017 年张先生因糖尿病住院，并且进行新药物门诊治疗，共发生医疗保险目录内费用 15 万元，目录外费用 3.5 万元，总费用 18.5 万元；目录内费用 80%可由社会统筹报销（不考虑起付线）。假设：社会平均工资为 2 000 元/月，当地社会统筹支付限额为 2 000×12×4=96 000(元)。

解析

（1）社会统筹分担医疗费用限额为 96 000 元，由于：

$$150\ 000\times 80\%=120\ 000(\text{元})$$

高于封顶线 96 000 元，因此，实际支付额为 96 000 元。

即，对于 120 000 元部分，社会统筹分担 96 000 元，张先生承担 24 000 元；对于 120 000 元以上的费用，社会统筹不分担。

（2）①社保医疗目录内个人分摊费用可报 70%：

(150 000－120 000)×70%＝21 000(元)

②社会统筹基金封顶线以上部分可报 90%：

(12 000－96 000)×90%＝21 600(元)

所以，补充医疗保险分担医疗费用 42 600 元。

（3）张先生自付医疗费用占总费用的比例为：

185 000－(96 000＋42 600)＝46 400(元)

自付比例＝46 400/185 000＝25.08%

第二节　住房福利计划

一、住房福利计划的定义及其主要形式

（一）住房福利计划的定义

住房福利计划也称补充住房计划，是指企业在国家法定的住房公积金制度之外，根据自身的经营发展情况自愿建立的、旨在改善和提高员工住房条件的福利安排。

在我国，住房福利一直是员工所关注的一项重要福利。在“高福利、低工资”的计划经济时代，住房曾经是国有企业一项最为重要的员工福利项目。国有企业的福利分房是国企优越于集体、民营等其他企业的优势之一，企业分房也是大多数员工获得住房的主要来源。虽然经过了福利分房到住房商品化的住房保障制度改革，但长期历史传统的沉积、中国房地产市场的不成熟以及住房保障体系的不完善等种种因素，使得住房福利计划目前仍是各企业吸引和留住员工的重要福利项目之一。

（二）住房福利计划的主要形式

常见的住房福利计划主要可以分为三种类型：现金补助类、实物资助类、购房贷款类。

1. 现金补助类住房福利计划

现金补助类住房福利计划包括：补充住房公积金和现金住房补贴。

（1）补充住房公积金。

住房公积金计划是依据国家的政策法令建立起来的一项由国家承办的，单位

和个人共同承担缴费责任的强制性住房储蓄计划。对于员工，住房公积金计划则是一种具有“特殊性”的长期储蓄存款计划，在其存储、支取以及使用等方面都要受到国家政策法规的强制和约束，但同时员工可以通过这一计划获得来自企业的资金资助。和一般性存款不同，住房公积金在缴存时具有较大的税收优惠，贷款时可以提供较低的利率。

补充住房公积金是指企业向员工住房公积金账户所缴存的，超过员工个人公积金缴存额的部分。这种形式的住房福利计划于 1997 年首先在上海出现。其基本特征与住房公积金相同，同样是由地方政府的住房公积金管理机构进行管理。虽然补充性住房公积金的缴存额由企业根据自身的效益状况决定，但其缴存幅度、支取及资金的使用都要受到政府政策上的约束。目前各地政策差异较大，例如，2018 年上海市规定补充住房公积金基数为职工上年度月平均工资，企业、职工的缴存比例分别在 1%～5%的范围内，而天津市规定企业、职工的缴存比例合计不超过 30%。

（2）现金住房补贴。

现金住房补贴是指企业直接以现金形式发放给员工的用于住房消费的福利。对于这一类住房计划的形成，国家政策在一定程度上起到了规范和引导的作用。1998 年，在国务院发布的《关于进一步深化城镇住房制度改革加快住房建设的通知》以及 2000 年 5 月 8 日建设部、财政部、国家经济贸易委员会、全国总工会发布的《关于进一步深化国有企业住房制度改革加快解决职工住房问题的通知》中，均提到了要求有关国家机关、行政事业单位、国有企业，对无房、住房标准未达到规定的职工发放住房补贴的问题。一般来说，补贴水平通常是按照员工的不同职务级别、在本单位服务年限来确定的，同时对于无房和已有住房员工进行了区分。

2. 实物资助类住房福利计划

实物资助类住房福利计划是指企业以直接或间接提供居住场所的手段来帮助员工解决住房问题的计划方式。这类计划包括两种，一种是直接为无房员工提供宿舍或公寓；另一种是帮助员工低价购房。

这类住房福利计划与计划经济体制下国有企业所提供的实物性住房福利有相似之处，都是由企业以实物方式帮助员工解决住房问题，但同时又存在着本质上的区别。计划经济体制下的实物性住房福利是与低工资相联系的，并由国家出资通过企业来为所有员工解决住房问题的一种福利，员工基本上不支付或仅仅是象征性地支付极少的费用；而目前所实施的这类计划则属于企业出资自主举办的，通常有特定的受益群体。

一般来讲，宿舍或公寓是为初次参加工作的单身员工或被外派到非家庭所在地的员工提供的，常带有一定的过渡性质。例如，某公司的住房福利有一项“住宿安排”就是针对新员工的，在上岗培训结束之后，该公司会为新员工安排暂时住所，限期为 3～6 个月，员工可选择入住并且不需要支付房租。低价购房主要有三种途径，一是组织职工团购，通过批量购房并与开发商谈判享受较大折扣；二是与房地产商联合开发，提供给员工；三是提供自身开发的住房。

3. 购房贷款类住房福利计划

购房贷款类住房福利计划指企业通过其所建立的员工福利基金或专门的住房基金，为购房员工提供低息或无息借款，或帮助员工偿还住房贷款等计划方式。这类计划主要有低息或无息购房贷款计划以及利息补助计划等。

在常见的三种住房福利计划中，购房贷款类计划是在设计上投入精力最多、企业管理责任最大以及实施方式最为多样化的一类计划。这类计划在某种程度上也反映出住房福利计划本身所具有的复杂性特点。

对于企业而言，这类计划通常是针对贷款购房的员工提供的，而且在实施过程中，通常将这类计划与企业的奖励制度结合起来应用。例如，折扣购房计划一般是作为对既有员工的一种奖励来实施的，业绩表现越好的员工所获得的折扣通常越多。另外，相对于另外两类计划而言，这类计划对于留住企业的核心员工能够发挥更大的作用。例如，低息或无息购房贷款计划在实施过程中一般会做出这样的规定，即要求员工将其所购住房作为贷款抵押，规定明确的贷款抵押，贷款期限通常是3～5年，在这一年限当中，如果员工离职，则需将剩余款项一次性还清，并按照商业贷款的利率支付剩余年份的利息。

专栏3-7

某互联网公司推出“安居计划”福利项目

从2012年起，某互联网公司就推出了“安居计划”福利项目，设立专项基金4.5亿元，向符合条件的员工提供最高100万元的无抵押、无担保、无利息的购房借款，用于支付可支持地区范围内的员工家庭首套房首付款，帮助员工安居乐业。

举例来说，如果你在该公司总部附近置房，总价在300万元以内，按照首套房首付30%的比例计算，该公司最高100万元的无息无抵押借款基本就可以支付你的首付了。

经计算，5年贷款期限的商业贷款利率是4.75%，5年的累计利息超过11万元。2017年，该公司宣布“安居计划”再次升级，工作城市为北京的员工可购房地区扩展为：北京市、天津市、河北省三河市、河北省廊坊市、河北省高碑店市和河北省涿州市。

实例3-2　员工购房贷款资助计划

某中国公司制订了员工购房贷款资助计划，将为职工提供额度为17万元的无息贷款，期限为10年，到期一次还清。员工龚先生2017年1月申请了该计划，目前他月实发工资额为6 000元，年均增长率为4%，贴现率为3%，市场上5年以上一次性还本付息的贷款利率为7.8%，请计算如果考虑将其参加本计划所节省的利息分摊在每年工资中，那么他的第一年实发工资增加的比例是多少？（请按年、按期末计算。）

解析

（1）贷款利息计算：

$$[170\ 000\times(1+7.8\%)^{10}-170\ 000]=190\ 276.99(\text{元})$$

（2）增加工资数额计算：

根据 $n=10$，$I=3\%$，$PV=0$，$FV=190\ 276.99$，$g=4\%$，可以计算得到 $PMT=-13\ 957.3$(元)。

龚先生第一年实发工资实际增加的比例为：

$$\frac{13\ 957.3}{6\ 000\times12}\times100\%=19.39\%$$

二、住房福利计划比较

具体的住房福利计划有多种不同形式，每种住房福利计划各有优点和不足，用人单位需要结合自身员工住房需求的特殊性，做出合理选择。下面我们举例对几种常见的住房福利计划做出比较。

（一）补充住房公积金计划的优缺点

1. 补充住房公积金计划的优点

补充住房公积金是较为通行的住房福利计划，其优点在于：

（1）有利于缴存与收入挂钩。

补充住房公积金以员工工资为基数，按工资的一定比例缴纳。员工在公司的职位级别越高，工龄越长，其工资水平就越高，补充住房公积金的缴纳金额越多。

（2）有利于提高公积金贷款额度。

缴纳补充住房公积金能增加住房公积金账户余额，当员工购房时，可以获得更高的公积金贷款额度，而公积金贷款的利率优惠于商业按揭贷款。

（3）有利于享受税收优惠政策。

根据相关规定，在不超过规定比例和标准的条件下，单位和个人共同缴付的补充住房公积金，不计入个人当期税前工资、薪金收入。

2. 补充住房公积金计划的缺点

补充住房公积金由住房公积金管理中心管理，目前只有两个投资渠道：存入银行、购买国债，投资收益率较低。如果员工无购房需求或不满足公积金使用的其他规定，那么不能提取住房公积金和补充住房公积金，这笔资金相当于低利息的长期储蓄。

（二）低价购房计划的优缺点

低价购房计划的优点是可以给员工带来直接的购房优惠，降低购房的总成本。但是大多数单位自身资源有限，市场议价能力有限，不具备相应的条件，导致低价购房计划难以实施。

（三）无息或低息住房贷款计划的优缺点

1. 无息或低息住房贷款计划的优点

（1）对于已有购房计划，同时有贷款需求的员工，企业提供无息或低息住房贷款计划，能够极大程度地降低他们的利息负担，减轻现金流的压力，提高他们的满意度，具有一定的激励作用。

(2) 可以灵活地设计贷款额度和偿还期限，对于骨干员工可适当提高贷款额度，延长偿还期限，有助于保持核心岗位的稳定性。

2. 无息或低息住房贷款计划的缺点

(1) 一次性给员工提供较大数额借款，可能对公司造成一定的现金压力和财务违约风险。

(2) 大多数公司发放的借款一般不超过房屋总款的 20%或员工年度薪酬总和，难以从根本上解决员工购房难的问题。

第三节 教育福利计划

一、教育福利计划的定义

教育福利计划指为提高工作效率及改善职工知识结构、综合素质和提高能力的福利制度安排。以在职培训为例，包括的种类主要有：学历学位教育、专业资质认证培训、短期业务培训、关键岗位培训和对职工子女教育资助等。例如，金融机构有计划地为员工提供 CFP、CPB 认证私人银行家培训的机会。

二、员工教育培训的意义

在知识更新和技术进步飞快的时代，教育和再教育是所有企业保持持久竞争力的源泉。为员工提供持续的教育机会，既是提高员工素质的途径，也是企业持续保持行业领先水平的重要条件。因此，员工的教育培训具有以下几方面的积极意义：

(一) 有效的员工培训，是提升用人单位综合竞争力的保证

对于用人单位而言，员工的素质和能力在很大程度上决定了用人单位的命运，保持员工整体素质与时俱进以满足发展需要的必经之路就是培训。

有效的员工培训，能增强员工对企业的归属感和主人翁责任感；促进企业与员工之间的双向沟通，增强企业向心力和凝聚力；能提高员工的综合素质，提高深层效率和服务水平，树立企业的良好形象，增强企业的核心竞争力。

(二) 有效的员工培训，会使员工获得多方面的收益

有效的员工培训，能帮助员工增长知识提高技能，加深对自己工作的认识和理解。培训不仅可以提高员工适应变化的能力，明确未来的职业发展方向，有利

于增强职业稳定性，还可以培养员工的管理能力，使其综合素质得到提升。

对于员工而言，培训、学习和深造是企业对自己的认可和奖励。在未来的工作中更为努力，以期获得更大的发展空间。

三、员工教育培训决策

对企业来说，员工教育培训决策是一个投资决策，主要是将付出的成本与未来一定时期获得的收益进行比较，如后者较大，则为员工提供教育培训是有利的。

对员工来说，员工教育培训决策是一个融资决策，主要是将教育投入资金（相当于机构提供的教育融资）的现值与锁定服务期内的机会成本现值进行比较，如后者较小，则接受用人单位提供的教育培训是有利的。本书主要从员工的角度进行相关决策。

衡量员工教育福利的有效方法主要有两个：净现值法和内部回报率法。

（一）净现值法

所谓净现值法，就是把未来一定时期的现金流入与现金流出按预定的贴现率进行贴现，比较二者的差值。

$$\text{现金流入现值 } PV(B)=\frac{B_1}{1+r}+\frac{B_2}{(1+r)^2}+\cdots+\frac{B_T}{(1+r)^T}=\sum_{i=1}^{T}\frac{B_i}{(1+r)^i}$$

$$\text{现金流出现值 } PV(C)=\frac{C_1}{1+r}+\frac{C_2}{(1+r)^2}+\cdots+\frac{C_T}{(1+r)^T}=\sum_{i=1}^{T}\frac{C_i}{(1+r)^i}$$

则：

$$NPV=\sum_{i=1}^{T}\frac{B_i}{(1+r)^i}-\sum_{i=1}^{T}\frac{C_i}{(1+r)^i}$$

其中，PV 为现值。

B_1，B_2，…，B_T 为 T 年内的现金流入。

C_1，C_2，…，C_T 为 T 年内的现金流出。

r 为贴现率。

（二）内部回报率法

对于员工而言，内部回报率体现了员工教育培训计划的平均融资利率。

首先使教育投入资金（相当于机构提供的教育融资）的现值等于锁定服务期内的机会成本现值，求出内部回报率 IRR，然后和替代融资利率 r 比较，当 $IRR<r$ 时，可参加该计划。

即根据 $\sum_{i=1}^{T}\frac{B_i}{(1+IRR)^i}=\sum_{i=1}^{T}\frac{C_i}{(1+IRR)^i}$ 求出内部回报率 IRR，再将 IRR

和 r 进行比较。

实例 3－3　教育福利的成本收益测算

某公司给全体员工设计了一个员工教育培训计划。如果员工成功申请到中国知名大学的学位，公司可为员工提供资金，但员工取得学位后需在公司继续工作一定年限。

假设孙先生成功申请到中国某知名大学攻读 MBA，为期 2 年，每年学费和住宿费共 18.5 万元，年初缴纳。公司愿意为孙先生支付每年的学费和住宿费，但要求其获得学位后在公司继续工作 8 年，8 年内每年的基本工资为 15 万元（年底支付）。同时期公司同等资历的员工平均年基本工资为 20.9 万元，8 年后的工资薪酬可由双方共同商定。

如果不参加该计划，孙先生将考虑用银行助学贷款，年利率为 5.4%，孙先生是否应参加该计划？

解析

如果孙先生参加了该计划，则孙先生攻读 MBA 的 2 年间，每年年初可以从公司领取 18.5 万元。孙先生取得学位后，每年年末可领取的基本工资为 15 万元，而同时期公司同等资历的员工的年平均工资为 20.9 万元，相当于孙先生每年还给公司 5.9 万元（=15 万元−20.9 万元），一直持续 8 年，这 10 年间的现金流如图 3－2 所示。

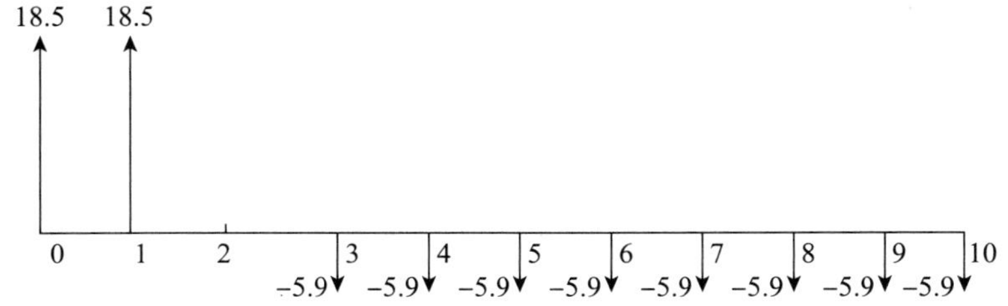

图 3－2　现金流示意图

可采用两种方法判断孙先生是否应参加该计划。

方法一：净现值法。

在测算该项目的净现值前，需要设定一个贴现率。贴现率可根据个人的融资成本和投资收益率目标来设定。从福利角度来看，不需要考虑投资收益率目标，仅需考虑融资成本。因此，在测算该项目的净现值时，以银行助学贷款利率 5.4%作为贴现率。

该项目的净现值为：

$CF_0=18.5$，$CF_1=18.5$，$CF_2=0$，$CF_3=-5.9$，$N_3=8$，$I=5.4\%$，计算得到 $NPV=2.274\,8>0$。

方法二：内部回报率法。

$CF_0=18.5$，$CF_1=18.5$，$CF_2=0$，$CF_3=-5.9$，$N_3=8$，$I=5.4\%$，计算得到 $IRR=4.22\%<5.4\%$。

单从计算结果来看，孙先生应该参加单位的教育福利计划。但实际上在考虑是否享有教育福利计划时，计算结果仅是决策过程中需考虑的指标之一，还需综合考虑其他因素，如收入增长率、跳槽后工资的涨幅、职业规划、家庭影响等。

第四节 利润分享计划

一、利润分享计划概述

利润分享计划（profit sharing plan）是由用人单位建立并提供资金支持，让其员工或受益者参与企业利润分配的福利制度安排。

广义利润分享计划包括当期现金分配（如奖金等）和延期积累或者二者的混合，狭义利润分享计划仅指延期积累，本书主要介绍狭义概念。

在利润分享计划中，方案规定企业供款从企业利润中提取，如果某年企业没有任何利润，用人单位就可以不供款。在具体分配时，可以事先规定供款额或事先确定供款公式。合格的利润分享计划只要供款额不超过每年所规定的减税限制，该供款都可以从企业当期应税收入中扣减。员工因退休、死亡或其他原因被获准提款时，提款数额为供款积累额、罚没账户再分配额及投资收益的总和。

对企业和受益者来说，利润分享计划的主要功能如下：

1. 利润提升功能

通过利润分享将员工福利和企业利润联系起来，从而鼓励员工提高效率，增加产能，创造更多的利润。

2. 退休收入保障功能

延期收入的利润分享计划可以为员工退休生活支出提前做好安排。

3. 税务优化功能

合格利润分享计划缴款可以在企业所得税前列支，享受税前成本扣除的优惠。

二、利润分享计划供款

企业建立利润分享计划的目的主要是鼓舞员工士气，提高企业生产效率。该计划为员工退休建立一个收入来源渠道，企业每年的供款可根据利润情况具有一定弹性，这给决策者提供了一个经营缓冲的良机，同时可以给员工分配更多的延期收入。

利润分享计划的供款步骤一般有三步：

第一步，企业向暂存账户的供款，资金来源于可供分配的利润额（包括当年和以前年度利润结余），供款方法主要有两种：

（1）固定公式法：企业事先确定一个供款公式，按照公式计算向利润分享计划暂存账户划入的资金数，例如，（利润－股东回报＋预留资本储备）×20%。其优点在于可使员工有很好的预期，鼓励员工忠诚，为企业经营做出贡献。缺点是在企业利润不稳定的年份，由于公式的固定，一旦可分配的利润比较少，企业会处于比较被动的境地。

（2）董事会“相机决策法”：董事会根据企业当年的市场环境和经营情况，因势利导，确定一个适合的利润分配方案，每年可能都不一样。其优点在于每年供款可根据企业的利润重新审定，具有弹性。

第二步，暂存账户向目标员工的分配，企业供款后按照每个员工的具体情况再分别划入员工个人账户，但必须有事先确定的计算公式。主要的分配方法有以下几种：

（1）工资比例法：按照员工个人工资在企业工资总额的占比进行分配。

$$个人账户应得额=企业供款额\times(个人工资/工资总额)$$

（2）点数法：将员工工资和服务年限折为点数。

$$个人账户应得额=企业供款额\times(个人点数/总点数)$$

（3）平均分配：在计划成员间平均分配。

第三步，其他资金向成员的分配，主要包括两项：

（1）投资收益分配：一般以个人账户余额大小为基础分配。

$$\begin{matrix}个人账户应得\\投资收益\end{matrix}=\begin{matrix}本期可供\\分配收益额\end{matrix}\times(个人账户余额/所有成员账户余额)$$

（2）罚没账户再分配：一般以个人工资大小为基础，类似工资比例法。

$$\begin{matrix}分配个人\\账户应得额\end{matrix}=\begin{matrix}本期可供分配的\\罚没账户余额\end{matrix}\times(个人工资/工资总额)$$

专栏 3-8

某汽车集团激励基金计划

1. 激励对象

董事（独立董事、外部董事部除外）、高级管理人员及党群主要负责人；

公司中层管理人员、下属公司中由公司提名聘任的高级管理人员及党群主要负责人；

董事会认定的对公司发展有重大贡献的其他员工。

2. 利润基数

公司 2009—2011 年 3 个年度净利润的算术平均值。

3. 超额利润

年度净利润超过利润基数的部分。

4. 年度激励基金可提取数

$$年度激励基金可提取数=超额净利润\times 10\%\times 综合系数$$

$$综合系数=40\%\times\alpha+40\%\times\beta+20\%\times\gamma$$

综合系数小于等于 1，其中：

α：净资产收益率完成系数。

β：国内市场占有率完成系数。

γ：营业收入增长率完成系数。

根据年度激励对象的绩效评价结果分配年度激励基金。

5. 实现形式

激励基金采用延期支付的方式，分3年发放，具体如表3-3所示。

表3-3　激励基金发放方式

激励基金发放期间	激励基金发放比例
T日+12个月内	70%
T日+12个月—T日+24个月内	15%
T日+24个月—T日+36个月内	15%

注：T日指激励基金年度实施方案获得董事会批准之日。

专栏3-9

某制药股份有限公司中长期激励基金计划

某制药股份有限公司2009年推出中长期激励基金计划，核心内容为：

1. 激励对象

中高级管理层、专业技术人员、核心骨干员工以及其他有必要激励的人员。

2. 中长期激励基金的提取

每年提取激励基金1 000万元；如果净利润增长率超过13%，则以增长13%以上的净利润为基数，在1 000万元的基础上额外提取部分激励基金，提取比例和该公司股价进行联动，具体参见表3-4。

表3-4　激励基金提取比例

股份与大盘比较	净利润增长超过13%部分的提取比例
股价增长率－大盘指数增长≥40%	30%
10%≤股份增长率－大盘指数增长数<40%	15%
－10%<股份增长率－大盘指数增长率<10%	10%
－40%<股份增长率－大盘指数增长率≤－10%	8%
股份增长率－大盘指数增长率≤－40%	5%

3. 激励基金的分配条件

激励基金的实际分配需同时满足以下两个条件：年度扣除非经常性损益后的加权平均净资产收益率不低于10%；年度净利润较上一年度净利润增长率不低于10%。

4. 激励基金的分配

分配依据为激励对象的岗位重要性及其上一年度个人绩效考核成绩，并根据激励对象的个人绩效（失职失责情况）对其分配的基金进行调节。

5. 实现形式

本方案的业绩周期为5年；年末可现金兑现当年其个人激励基金账户余额的20%，业绩周期末兑现其全部激励基金余额。

实例 3-4　利润分享计划分配

（1）某企业利润分享计划规定：当年的税前利润扣除预留外，150 万元以内按照 5%向计划供款，150 万～300 万元的部分以 10%向计划供款，300 万～500 万元部分以 15%供款，对超过 500 万元的部分以 16%供款。公司供款按照点数法向个人账户分配。

（2）小彭在公司工作了 10 年，是该公司技术骨干，月薪 8 000 元，公司规定每 100 元薪酬、1 年司龄代表 1 个点，二者累计计算。

（3）据统计，今年公司税前利润为 2 100 万元，给股东分红最低不少于 700 万元，公司所有人员总点数为 6 600 点，请问小彭今年利润分享个人账户能分配到多少公司供款？

解析

企业利润向计划供款如表 3-5 所示。

表 3-5　企业利润向计划供款　　单位：万元

利润余额	扣减项	供款额
2 100	700	
1 400		150×5%=7.5 （300－150）×10%=15 （500－300）×15%=30 （1 400－500）×16%=144

按照小彭的薪酬和工龄点数计算如下：

$$(7.5+15+30+144)\times\frac{\frac{8\ 000}{100}+10}{6\ 600}=2.679\ 5(\text{万元})$$

小彭今年利润分享金额为 2.679 5 万元。

第五节　股权激励计划

一、股权激励计划概述

（一）股权激励计划及其类型

股权激励计划是指为吸引、保留和激励员工，通过员工持有股份、股票（或与股票相关的收益权）方式实现的利益分享、部分参与决策的长期激励性制度。它使经营者及员工能够在一定条件下以股东的身份参与企业决策，分享利润，承担风险，从而勤勉尽责地为公司的长期发展服务。

从会计核算的角度，股权激励计划可以分为以权益结算的模式和以现金结算的模式。其中，以权益结算的股份支付又分为股票期权激励计划和限制性股票激励计划；以现金结算的股份支付分为股票增值权激励计划和虚拟股票激励计划。

1. 股票期权激励计划

股票期权激励计划是指企业授予被激励对象在未来一定期限内以预先确定的价格和条件购买本企业一定数量股票的权利。股票期权尤其适合需要高度依赖管理层和核心员工发挥主观努力的企业，对于一般处于成长初期或者扩张期的企业也具有重要意义。比如网络、高科技等风险较高的企业。由于企业处于成长初期，高度依赖专业人员的努力，对资金的需求非常紧张，无法拿出大量的现金实现股权激励，但这些企业的未来潜力巨大，实施股票期权既能降低激励的成本，又能将员工的工作业绩与企业的经营业绩联系起来，从而达到激励与约束并存的效果。这种激励方式在国际上被大部分国家所采用，它不会导致现金流出企业，从而使企业承担较小的资金压力。一般来说，员工获得的股票期权可以直接转让获取收益，也可以行权以后获取股票持有或者择机转让。

2. 限制性股票激励计划

限制性股票激励计划是指被激励对象按照股份支付协议规定的条款和条件，从企业无偿或以较低的价格获得一定数量的本企业股票。一般来说，被激励对象获得授予的股票以后不能立即出售，而是必须在达到一定的限制性条件以后才可以分批出售而获益。

3. 股票增值权激励计划

股票增值权也称模拟期权，是用现金支付模拟的股权激励机制，与已上市公司的股票标的价格挂钩，但用现金支付。被激励对象可以在规定的时间内获得规定数量的股票价格上升所带来的收益，但不拥有股票的所有权，也没有参与股东大会和参与决策的权利。这种模式适合资金比较宽裕的企业。

4. 虚拟股票激励计划

虚拟股票也称模拟股票，是指公司授予被激励对象一定数量的“虚拟股票”，被激励对象参与公司的分红和股价上升带来的收益，但是没有所有权和表决权，也不能转让和出售，并在离开公司的时候自动消失。这种形式的股权激励在中国实践中并不多见。

（二）股权激励计划在我国的发展

早在清道光三年（1823 年），中国山西日昇昌票号就使用了员工持股计划作为激励员工的方式。票号规定掌柜在职不得享有股权，在告老还乡后享有股权，每 4 年分红一次，从而促进了日昇昌票号的繁荣发展，详见专栏 3－10。

专栏 3－10

一个古老的中国实证——日昇昌

日昇昌的实践说明股权的概念早在 100 多年前就已经出现在中国。中国山西日昇昌票号生意繁荣，票据发送远至新疆和日本，从未出差错，可见当时的掌柜（总经理）是位超级经营人才。稍加研究日昇昌的经营发展就会发现，其用人之道令人叫绝。

（1）掌柜在职不得享有股权，告老还乡后享有股权，每 4 年分红一次；前提条件是日昇昌的生意继续繁荣。

（2）掌柜负责推举和培养接班人，为了自己和家人还乡后的生计，掌柜一定会全心全意地寻找和培养一个称职的新掌柜。

这是一个很典型的员工持股计划。正是这个明智的分配方案使日昇昌聚集了很多管理人才，从而造就了日昇昌的辉煌。

现代意义上的股权激励计划于 20 世纪 50 年代产生于美国。在现代公司制企业中，由于所有权与经营权的分离，带来了所有权与管理权的分离，产生了“委托—代理”矛盾以及相应的代理成本。股权激励让经营者持有一定的企业股份，使其和股东一起分享企业剩余利润，并承担相应的风险，这就使得经营者的利益与所有者的利益趋于一致，体现了和谐的“共同治理”原则，从而促使经营者为公司利润最大化服务。由于股权激励具有显著的成效，很多国家都在广泛采用这种激励制度，并取得了良好的效果。

在我国，现代意义上的股权激励起源于 20 世纪 90 年代。从 1993 年万科实施股权激励开始，股权激励已经成为中国企业用于优化公司治理、防范管理层道德风险、激励员工的有效工具。

2005 年以来，我国几次修订《中华人民共和国公司法》《中华人民共和国证券法》，允许股份回购用于职工激励、放宽高管股份出售限制；2006 年，证监会颁布《上市公司股权激励管理办法》，国资委颁布《国有控股上市公司（境内）实施股权激励试行办法》，为实施股权激励计划提供了操作细则。在这种背景下，股权激励进入实质性发展阶段。

2006 年被人们看作股权激励发展的元年。2005 年沪深股票市场上只有 1 家上市公司实行了股权激励计划，而 2006 年有 43 家上市公司推出了股权激励方案，其中有 13 家在当年得以实施。

目前，股权激励计划已被广泛使用，据不完全统计，2017 年共有 367 家上市公司宣布实施股权激励计划，股权激励计划极大地促进了股东和管理层利益的一致。

二、典型的股权激励计划

股权激励计划种类较多，常见的有股票期权计划、限制性股票计划和股票增值权计划三种，下面分别为大家介绍：

（一）股票期权计划

股票期权计划指上市公司授予被激励对象在未来一定期限内以预先确定的价格和条件购买本公司一定数量股份的权利。被激励对象可以在规定的期间内以预先确定的价格和条件购买上市公司一定数量的股份，也可以放弃该种权利。

股票期权计划的主要内容及相关政策规定包括：

1. 被激励对象

被激励对象可以包括上市公司的董事、监事、高级管理人员、核心技术（业务）人员以及公司认为应当激励的其他员工，一般不包括独立董事。

2. 标的资产数量及其来源

一般来说，股票期权的标的资产是本公司股票。全部有效的股权激励计划所涉及的标的股票总数累计不得超过公司股本总额的 10%。非经股东大会特别决议批准，任何一名被激励对象通过全部有效的股权激励计划获授的本公司股票累计不得超过公司股本总额的 1%。

股票来源有：

（1）向被激励对象增发股份。

（2）回购本公司股份。

3. 行权价格及其调整方式

一般来说，上市公司在授予被激励对象股票期权时，应当确定行权价格或行权价格的确定方法。行权价格不应低于下列价格较高者：

（1）股权激励计划草案摘要公布前一个交易日的公司标的股票收盘价。

（2）股权激励计划草案摘要公布前 30 个交易日内的公司标的股票平均收盘价。

4. 有效期和行权期

一般来说，股票期权的有效期从授权日计算不得超过 10 年。股票期权有效期过后，已授出但尚未行权的股票期权不得行权。

股票期权授权日与获授股票期权首次可以行权日之间的间隔不得少于 1 年。

在股票期权有效期内，上市公司应当规定被激励对象分期行权。

5. 授予条件和行权条件

一般来说，被激励对象为董事、监事、高级管理人员的，上市公司应当建立绩效考核体系和考核办法，以绩效考核指标为授予期权的条件和行权的条件。

6. 税收政策

个人因任职、受雇从上市公司取得的限制性股票所得，由上市公司按照“工资、薪金所得”项目个人所得税计税方法，依法扣缴其个人所得税。

（1）纳税义务发生时间。被激励对象股票期权所得的纳税义务发生时间应为股票期权的行权日。也就是说，股票期权在授予日不征税，只有在实际的行权日才纳税。

（2）应缴所得税额的计算。员工行权时，其从企业取得股票的实际购买价（施权价）低于购买日公平市场价（指该股票当日的收盘价）的差额，是因员工在企业的表现和业绩情况而取得的与任职、受雇有关的所得，在 2021 年 12 月 31 日前，不并入当年综合所得，全额单独适用综合所得税率表年表，计算公式为：

应纳税额＝股权激励收入×适用税率－速算扣除数

居民个人在一个纳税年度内取得两次及以上股权激励的，应按上述公式合并计税。

7. 其他规定

（1）一般来说，上市公司不得为被激励对象行权提供贷款以及其他任何形式的财务资助，包括为其贷款提供担保。

（2）一般来说，被激励对象获授的股票期权不得转让、用于担保或偿还债务。

专栏 3-11

某电器上市企业第三期股票期权激励计划

某电器上市企业推出第三期股票期权激励计划，具体方案如下：

1. 被激励对象

公司及子公司核心技术（业务）人员共 222 人。

2. 标的股票的数量及来源

本计划拟向被激励对象授予 2 600 万份股票期权，以向被激励对象定向发行股票作为股票来源。

3. 授权日

股东大会批准后，授权董事会确定。

4. 获授条件

公司无重大违法违规行为，财务状况良好；被激励对象无重大违法违规行为。

5. 有效期

自股票期权授权日起 3 年。

6. 行权期及分期行权比例

该计划对于行权期及行权比例的规定如表 3-6 所示。

表 3-6　　行权规则

行权期	行权有效期	可行权数量占获授期权数量比例
第一个行权期	自授权日起 12 个月后的首个交易日起至授权日起 24 个月内的最后一个交易日当日止	50%
第二个行权期	自授权日起 24 个月后的首个交易日起至授权日起 36 个月内的最后一个交易日当日止	50%

7. 行权条件

（1）被激励对象行权的前一年度绩效考核合格。

（2）不同行权期对于公司业绩的要求不同，具体见表 3-7。

表 3-7　　公司业绩要求

行权期	业绩条件
第一个行权期	前一年度加权平均净资产收益率不低于 10%。 以前一年度经审计的净利润为固定基数，公司本年度经审计净利润较前一年度增长率达到或超过 12%。
第二个行权期	前一年度加权平均净资产收益率不低于 10%。 以前一年度经审计的净利润为固定基数，公司下年度经审计净利润较前一年度增长率达到或超过 28.80%。

8. 行权价格

本次授予的股票期权的行权价格为每股 36 元，即满足行权条件后，被激励对象获授的每份股票期权可以以 11.36 元的价格购买 1 股公司股票。

实例 3－5　股票期权计划

国内某上市公司自 2016 年实施公司高管股票期权计划，授予被激励对象 180 万份股票期权，被激励对象拥有在授权日起 6 年内的可行权日以每股 9.83 元的价格购买本公司股份的权利。被激励对象对已获授的股票期权行权时必须同时满足以下条件：公司未来 3 个会计年度净利润之和为今年年度净利润的 4.765 6 倍，即 3 个会计年度净利润年复合增长率达到 25%；被激励对象行权的前一年度，公司扣除非经常性损益后的加权平均净资产收益率不低于 10%。

张先生是公司高管，2016 年 1 月 1 日被授予 5 万份股票期权，他于 2019 年 9 月 1 日该公司股票市价为每股 15 元时行权，以每股 9.83 元的价格购买了 5 万份股票，其获得企业股票的实际购买价低于购买日公平市场价的差额按"工资、薪金所得"计算缴纳个人所得税。在未来 3 年内，假设张先生没有因拥有股份而取得企业税后利润分配。假设 2022 年 9 月 1 日公司股票市价上涨为每股 30 元，张先生将股票全部卖出，请计算张先生行权和售出股票合计获得收益多少元？

解析

$$\text{股票期权收入}=\text{转让价与授予价差额}-\text{税费}=\text{股数}\times\left(\text{转让时市价}-\text{行权价}\right)-\text{个人所得税}-\text{印花税}-\text{交易佣金}$$

个人所得税＝50 000×(15－9.83)×20%－16 920＝34 780(元)

印花税＝50 000×30×0.001＝1 500(元)

交易佣金＝50 000×30×0.002＝3 000(元)

股票期权收入＝50 000×(30－9.83)－34 780－1 500－3 000＝969 220(元)

张先生行权和售出股票合计获益 969 220 元人民币。

（二）限制性股票计划

限制性股票是指被激励对象按照股份支付协议规定的条款和条件，从企业无偿或以较低的价格获得一定数量的本企业股票。

限制性股票的授予价格低于市场价格，甚至是用人单位对管理人员的一种无偿赠与（在无偿赠与的情况下，通常被称为"业绩股"），然而，得到这种股票是有条件的，如特定时期持续地雇用某人，或管理人员实现了特定的某项绩效目标时才能被授予。此外，公司会对这些股票的出售条件做出限制。

限制性股票计划的主要内容及相关政策规定包括：

1. 被激励对象

被激励对象可以包括上市公司的董事、监事、高级管理人员、核心技术（业务）人员以及公司认为应当激励的其他员工。

2. 基本操作流程

（1）确定股票的数量及其来源。

全部有效的限制性股票激励计划所涉及的标的股票总数累计不得超过公司股本总额的 10%。非经股东大会特别决议批准，任何一名被激励对象通过全部有效的限制性股票激励计划获授的本公司股票累计不得超过公司股本总额的 1%。

股票来源：①向被激励对象发行股份；②回购本公司股份。

（2）聘请信托机构作为股票托管机构。

（3）确定授予日。

限制性股票的授予日是指公司根据其经过股东大会通过的《限制性股票激励计划》，在达到计划要求的授予条件时，授予公司员工限制性股票的日期。更明确一点讲，这个授予日期就是证券登记结算公司根据上市公司要求将限制性股票实际登记在被激励对象股票账户上的日期。

（4）确定授予价格。

（5）确定禁售期（或称锁定期）和解锁期。

3. 激励基金的提取与提取条件

如果限制性股票计划采取将股票无偿赠与被激励对象的方式，公司需要筹集资金，预先购入相应的股票，筹集资金的方式通常是预提激励基金。

4. 限制性股票归属的方式及条件

公司授予被激励对象限制性股票，应当在限制性股票激励计划中规定被激励对象被授予股票的业绩要求。

5. 限制性股票的分配与过户

分配方案通常基于责任、权利和义务相结合的原则，结合被激励对象所承担的岗位职责以及绩效表现确定。在满足归属条件后，公司将进行非交易过户。

6. 税收政策

个人因任职、受雇从上市公司取得的限制性股票所得，由上市公司按照“工资、薪金所得”项目和股票期权所得个人所得税计税方法，依法扣缴其个人所得税。

（1）纳税义务发生时间。

被激励对象取得限制性股票的纳税义务发生时间应为每一批次限制性股票解禁的日期。也就是说，限制性股票在授予日不纳税，只有在实际的解禁日才纳税。

（2）应纳税所得额的计算。

按照个人所得税法及其实施条例等有关规定，原则上应在限制性股票所有权归属于被激励对象时确认其限制性股票所得的应纳税所得额。即上市公司实施限制性股票计划时，应以被激励对象限制性股票在证券登记结算公司进行股票登记日期的股票市价（指当日收盘价）和本批次解禁股票当日市价（指当日收盘价）的平均价格乘以本批次解禁股票份数，减去被激励对象本批次解禁股份数所对应的为获取限制性股票实际支付的资金数额，其差额为应纳税所得额。被激励对象限制性股票应纳税所得额计算公式为：

$$\begin{aligned}\text{应纳税所得额} = {} & \left(\text{股票登记日股票市价} + \text{本批次解禁股票当日市价}\right) \div 2 \times \text{本批次解禁股票份数} \\ & - \text{被激励对象实际支付的资金总额} \times \left(\text{本批次解禁股票份数} \div \text{被激励对象获取的限制性股票总份数}\right)\end{aligned}$$

专栏 3-12

某速递企业第一期限制性股票激励计划

2017 年 8 月某速递企业公布了第一期限制性股票激励计划，具体方案为：

1. 被激励对象

公司核心业务人员、技术人员及骨干员工，共计 177 人。

2. 股票数量和来源

拟向被激励对象授予 424.796 6 万股公司限制性股票，股票来源为公司向被激励对象定向发行公司 A 股普通股。

3. 授予价格

授予价格为每股 9.45 元，即满足授予条件后，被激励对象可以每股 9.45 元的价格购买公司股票。

4. 有效期

本计划的有效期为自限制性股票授予之日起至被激励对象获授的限制性股票全部解除限售或回购注销之日止，最长不超过 36 个月。

5. 授予日和授予条件

授予日为 2017 年 11 月 2 日。授予条件：

(1) 公司无重大违法违规行为，财务状况良好。

(2) 被激励对象无重大违法违规行为。

6. 限售期和解除限售安排

限售期为自授予日起 1 年。

限售期满次日后的 2 年为解锁期，解锁日分别为自授予日起计算满 1 年、2 年后的首个交易日，解锁比例各为 50%。

解除限售条件：

(1) 公司层面考核内容。

解锁阶段绩效考核目标：

2018 年度解锁 50%。2017 年度经审计的扣除非经常性损益后的归属于母公司所有者的净利润（合并报表口径）不低于 150 000 万元。

2019 年度解锁 50%。2018 年度经审计的扣除非经常性损益后的归属于母公司所有者的净利润（合并报表口径）不低于 170 000 万元。

公司未满足上述业绩考核目标的，所有被激励对象考核当期可解锁的限制性股票不得解锁，由公司回购注销。

(2) 被激励对象个人层面的考核。

根据公司的考核管理办法，被激励对象前一年个人年度绩效考核结果为 A、B1、B2、C1 级别，解锁比例为当期应解锁股票的 100%；被激励对象前一年个人年度绩效考核结果为 C2 级别，解锁比例为当期应解锁股票的 50%，被激励对象当期不可解锁的 50%部分由公司回购注销；被激励对象前一年个人年度绩效考核结果为 D 的，被激励对象当期不得解锁限制性股票，并由公司回购注销。

7. 禁售期

公司董事、高管持股的禁售期按《中华人民共和国公司法》《中华人民共和国证券法》《深圳证券交易所股票上市规则》执行，即：被激励对象为公司董事和高级管理人员的，其在任职期间每年转让的股份不得超过其所持有本公司股份总数的 25%；在离职后半年内，不得转让其所持有的本公司股份。

（三）股票增值权计划

股票增值权计划指上市公司授予公司员工在未来一定时期和约定条件下，获得规定数量的股票价格上升所带来收益的权利。被授权人在约定条件下行权，上市公司按照行权日与授权日二级市场股票差价乘以授权股票数量，发放给被授权人现金。股票增值权允许员工实现一定数量的普通股价值的增值，而不用将现金投资于股票或导致上市公司的股份稀释。

股票增值权，是用现金支付的模拟股票期权，除无须实际行权和持有股票之外，股票增值权的运作原理与股票期权是一样的。换言之，股票增值权计划按照股票期权计划的原理进行设计，不同之处仅在于：股票增值权不需要确定行权部分的股票来源，而是需要预提激励基金。

此外，根据财政部和国家税务总局发布的《关于股票增值权所得和限制性股票所得征收个人所得税有关问题的通知》（财税〔2009〕5 号），员工取得公司股票增值权所得时，按股票期权所得缴纳个人所得税。

股票增值权被授权人获取的收益，是由上市公司根据授权日与行权日股票差价乘以被授权股数，按照兑现规则向被授权人支付的现金。上市公司应于向股票增值权被授权人兑现时依法扣缴其个人所得税。被授权人股票增值权应纳税所得额计算公式为：

$$\text{股票增值权某次行权应纳税所得额}=\left(\text{行权日股票价格}-\text{授权日股票价格}\right)\times\text{兑现比例}\times\text{行权股票份数}$$

专栏 3-13

某快递公司股票增值权激励计划

2017 年 10 月某快递公司实施股票增值权计划，具体内容如下：

1. 被激励对象

公司外籍核心人才，共计 20 人。

2. 标的股票数量及来源

本计划拟向被激励对象授予 5.94 万份股票增值权，不涉及实际股票，以该公司控股股票作为虚拟股票标的。

3. 授权日

2017 年 12 月 27 日。

4. 获授条件

（1）公司无重大违法违规行为，财务状况良好。

（2）被激励对象无重大违法违规行为。

5. 有效期

自股票期权授权日起 48 个月。

6. 等待期

等待期为 1 年。

7. 可行权日及行权安排

自本期激励计划授予完成登记之日起满 12 个月后，被激励对象应在未来 24 个月内分两期行权。本次授予增值权行权期及各期行权时间安排如表 3-8 所示。

表 3-8

行权期	行权时间	行权比例
第一个行权期	自授予完成登记之日起 12 个月后的首个交易日起至授予完成登记之日起 24 个月内的最后一个交易日当日止	50%
第二个行权期	自授予完成登记之日起 24 个月后的首个交易日起至授予完成登记之日起 36 个月内的最后一个交易日当日止	50%

8. 行权价格

行权价格为 29.32 元/股。

9. 行权条件

(1) 个人业绩条件：上一年度绩效考核合格。

(2) 公司业绩条件：各年度业绩考核目标如表 3-9 所示。

表 3-9

第一个行权期	以 2016 年公司归属于上市公司股东的扣除非经常性损益的净利润为基数，2017 年公司归属于上市公司股东的扣除非经常性损益的净利润增长率不低于 15%
第二个行权期	以 2016 年公司归属于上市公司股东的扣除非经常性损益的净利润为基数，2018 年公司归属于上市公司股东的扣除非经常性损益的净利润增长率不低于 40%

实例 3-6　股票增值权计划

境内某上市公司于 2015 年 9 月 1 日开始施行股票增值权计划。按计划，符合资格的高管人员实际得到的股票增值权数目与绩效指标挂钩，于计划生效日起后的两年考核并确认当期实际授予数目。行使限制期为 2 年。

股票增值权收益在执行价格高于授予价格时，按照表 3-10 所示规则兑现。

表 3-10　增值权兑换规则

级数	增值额	兑现比例
1	不超过 1 元（含）	100%
2	超过 1 元至 1.5 元（含）的部分	50%
3	超过 1.5 元至 2 元（含）的部分	30%
4	超过 2 元至 3 元（含）的部分	20%
5	超过 3 元	15%

公司董事会于 2017 年 8 月与所有符合资格高管人员签署了绩效指标合同，完成了所有必要的授予股票增值权相关的法律程序，并以每股 5 元为授权价格。

唐先生为公司监事，于 2017 年 9 月 30 日被授予股票增值权 30 万股。唐先生于 2019 年 11 月 1 日行权，行权日股票市价为每股 8 元。请计算唐先生本次股票增值权行权获利是多少？

解析

股票增值权收入＝股票增值权税前收入－个人所得税

股票增值权税前收入＝300 000 股(1 元×100%＋0.50 元×50%＋0.50 元×30%＋1.00 元×20%)
＝480 000(元)

个人所得税＝480 000×30%－52 920＝91 080(元)

股票增值权税后收入＝480 000－91 080＝388 920(元)

唐先生本次股票增值权行权获利 388 920 元。

(四) 虚拟股票计划

虚拟股票的运作原理与限制性股票相同，区别在于：虚拟股票只有参与分红权，无参加股东大会的表决权，无转让权。国内上市公司很少采用该种计划，因此本书不做详细介绍。

第六节　员工持股计划

一、员工持股计划的特点

员工持股计划（employee stock ownership plan，简称 ESOP）是指公司为了吸引、保留和激励员工的一种特殊报酬计划。员工通过持有股权，并委托员工持股计划信托基金或其他组织托管运作，集中管理；持股计划信托基金或其他组织进入董事会参与表决和分红。

员工持股计划信托基金是指合格的外部资产管理机构受公司全体员工委托，代为行使股东权利而设立的基金。

其他组织是指受全体员工委托、代为行使股东权利而成立的持股委员会或有限合伙企业等持股平台。“持股计划信托基金或其他组织”以下简称“A 机构”。

员工持股计划并不等同于股权激励计划。与股权激励计划相比，员工持股计划具有不同的特点：

第一，股权激励计划通常是对特殊人员的奖励性质的福利计划，主要以公司高管人员、中层经理、技术骨干或关键岗位员工作为激励对象；而员工持股计划的覆盖范围更为广泛，通常是普惠性质的福利计划，即适用于公司所有员工（当然，实践中可能会有“在本公司工作满一年”或类似的资格限制），由公司根据职务级别或工作年限等因素分配本公司股权。

第二，股权激励计划侧重于物质激励性作用，因此，股权激励计划的实施通常以公司绩效为导向，例如股票期权的授予和行权都设置较高的公司绩效条件；而员工持股计划更侧重于收入保障性作用，通常对股权的获取不做类似的规定。

第三，股权激励计划通常有禁售期的规定，但一般不会要求锁定至退休，通常不与企业年金计划相联系；员工持股计划可以与企业年金计划联系在一起，形成员工持股退休计划，由 A 机构代表员工持有该股权，待员工退休或离职时方可出售。

二、员工持股计划的操作

员工持股计划的操作一般可分为非杠杆型的员工持股计划与杠杆型的员工持股计划。

（一）非杠杆型的员工持股计划

非杠杆型的员工持股计划是指由公司每年向该计划提供一定数额的公司股份或用于购买股份的现金。这个数额一般为参与者工资总额的一定比例；当这种类型的计划与现金购买退休金计划相结合时，提供的数额比例则更高。这种类型计划的要点是：

（1）由公司每年向该计划提供股份或用于购买股份的现金，员工不需要做任何支出。

（2）由 A 机构持有员工的股份，并定期向员工通报股份数额及其价值。

（3）当员工退休或因故离开公司时，将根据职务级别、工龄等条件相应取得股份或现金。

（二）杠杆型的员工持股计划

杠杆型的员工持股计划主要是利用信贷杠杆来实现的。这种做法涉及 A 机构、公司、公司股东和贷款银行四个方面，操作程序如下：

（1）成立 A 机构。

（2）由公司担保，A 机构出面，以实行员工持股计划为名向银行贷款，分两种形式买入公司股份：一种为在二级市场或公司股东手中购买现有股份；另一种为购买新增发的股份。购入的股份由 A 机构掌控，并利用因此分得的公司利润及由其他福利计划（如利润分享计划、企业年金计划等）转入的资金归还银行贷款。

（3）随着贷款的归还进度，按事先确定的比例将股份逐步转入员工账户；贷款全部还清后，股份即全部转入员工账户。如果是员工持股退休计划，则要求将股份交由 A 机构代为持有和管理，当员工退休或离开公司时，出售股份，取得现金。

三、员工持股计划的税收政策

目前，美国、英国、法国、日本等国均有很多公司推行员工持股计划，尤以美国最为流行，这与美国政府给予了优惠的税收政策有关。

（一）给予员工的税收优惠政策

美国对参加员工持股计划的员工获得的股本和红利在提取使用前免缴个人收入所得税；出售股份收入转入退休基金免缴个人收入所得税。

（二）给予公司的税收优惠政策

对售股给员工的公司，如果员工持股比例超过公司股本总额30%以上，则股东出售股份的收入增值部分免缴所得税；对实施杠杆型员工持股计划的公司，用以归还员工持股贷款本息的资金免缴公司所得税。

（三）给予贷款银行的税收优惠政策

对贷款给员工持股的金融机构，其利息收入减半征收所得税。

政府这些鼓励政策的出台，极大地调动了公司、员工和金融机构的积极性，由此促进了员工持股计划的蓬勃开展。

第四章

单位福利的筹划与选择

本章主要内容

第一节　单位对福利计划的筹划

一、单位福利筹划的意义

单位福利筹划是用人单位结合自己的发展目标以及对未来各影响因素的预测和分析，基于特定的阶段对未来一定时间内单位福利的发展走向和具体路径所做的全面、规范、系统的设计。筹划的内容包括所提供福利的种类、实施方案、人财物资源的配备、相关制度的建设等。

在人才竞争日益激烈，竞争手段日益人性化、知识化的今天，任何可能影响引才、用才、留才的因素都应该得到用人单位的足够重视。单位福利计划作为现代全面薪酬体系的一个重要组成部分，是用人单位引才、用才、留才战略中不可忽视的因素，其重要性已经得到大多数用人单位的认可，许多单位不惜花费大量资金建立单位福利计划。但是，单位福利计划的建设是一项复杂的工程，出于福利项目的多样性、员工需求的个性差异等原因，如果缺乏认真筹划，即使投入大量人力、物力，单位福利计划也有可能缺乏实效，甚至与设立的初衷相背离。

二、单位福利筹划的原则

（一）统筹性原则

统筹性原则是指单位福利的筹划应该从多角度考虑，深入分析影响单位福利建设的各种因素，例如用人单位自身的发展战略、自身的福利现状、竞争对手的福利状况、国家政策法规、员工个性化需求、用人单位的经济实力、成本投入与预期效益的关系等，对福利的种类、实施方案、人财物资源的配备、相关制度的建设等进行整体设计和全盘筹划。

（二）目标性原则

筹划单位福利的内容应该具有明确的目标导向，那就是服从于用人单位发展战略的需要，服从于人力资源管理的需要，通过对单位福利的筹划，有助于实现用人单位的人才开发战略。

（三）适度性原则

福利计划的设计要考虑用人单位对福利项目的承受力，脱离支付能力的福利计划没有可持续性，甚至会对用人单位和员工产生巨大的负效应。因此，福利筹划不是任意的“福利膨胀”，而应该接受成本控制，要在成本许可范围内制定。

（四）激励性原则

单位福利计划必须对员工产生激励作用，这是单位福利计划的最根本目标。单位福利的筹划就是要合理设置员工需要的福利项目，改进单位福利提供的方式，改善单位福利的效果，增加员工对福利项目的满意度，从而达到激励员工努力工作的目的。

（五）协调性原则

单位福利的筹划讲究各个方面的协调性，包括与法定福利项目的协调，与员工工资的协调、单位福利中现金等物质薪酬与非物质福利的协调、补偿与激励的协调、用人单位价值取向与员工需求的协调等。

（六）动态性原则

不论什么时候，用人单位所处的内外部环境都不可能一成不变，相反，伴随着激烈的市场竞争，变化与改良始终是单位运行的常态。那么，单位福利的筹划者要设计出一套良好的、能更大限度地帮助用人单位实现福利目标的员工福利计划，就必须在规划之初赋予其适应内外部经济、社会和人员环境变化的能力，也就是说单位福利计划要体现动态性，尤其是需要适应劳动力结构和员工生活方式的变化。反过来，福利项目及其组合也会对员工队伍的构成产生重要影响。

三、单位福利筹划要点

（一）设计科学，与单位的成长规律相适应

用人单位有自己的成长规律，企业经营也有生命周期。单位福利应与企业所处的不同发展阶段相适应，单位福利的规模、层次、品种应该随着企业经济实力的变化而进行调整。例如，当企业处于初创期或成长期时，其资金实力有限，现金流紧张，但预期利润增长率较高，股权预期增值性较强，这一阶段的福利筹划通常以利润分享计划、股权激励计划为宜，福利项目品种可能并不丰富，现金性福利水平可能不高；当企业进入成熟期时，其资金实力较强，现金流充裕，但预期利润增长率降低，股权预期增值性较弱，这一阶段的福利筹划通常以现金性福利为主，福利项目品种不断丰富，现金性福利水平可能有较大提高。

专栏 4-1

初创期的沃尔玛利润分享计划

1971 年，沃尔玛开始在全公司内推行利润分享计划，具体规定为：

- 凡加入公司一年以上，每年工作时数不低于 1 000 小时的员工都有权分享公司的一部分利润；公司根据利润情况和员工工资数额的一定百分比（大约是工薪总额的 6%）提留。
- 当员工离开公司或退休时，可以提取这些提留，提取方式可选择现金，也可选择公司股票。

2010 年沃尔玛关闭了实施 39 年之久的利润分享计划。是何原因最终导致这样的结果？

从公司的角度考虑，一方面，该计划给公司带来太大的现金流压力，影响利润增长；另一方面，对于成熟期的公司而言，公司价值的上升更多地取决于经济状况和竞争环境，员工激励对企业利润增长的作用有限；从员工的角度考虑，成熟期的公司利润增长并不迅猛，员工可能更关心眼前的利益。

（二）费用适宜，适应单位的经济实力

福利水平要与企业的经济负担能力相适应。企业的福利与经济效益挂钩，不能强求与其他企业是同一水平，无须相互攀比。在市场竞争日益激烈的今天，企业生产成本的高低直接影响着自身竞争力的强弱，单位福利作为企业雇佣成本的一部分，福利的高低对企业的生产成本具有直接的影响。在当今形势下，企业在市场竞争中具有很大的不确定性，经济效益也随之呈现波动的趋势，然而，员工的福利却是具有刚性的，在这种情况下，当企业的经济效益降低时，员工的福利却并未随之下滑，从而使企业陷入两难的境地。企业是独立的经济实体，因此要根据自己的经济状况来确定福利的规模、项目和标准。

需要指出的是，讲求成本控制的实质是要注重投入—产出分析，西方流行观点认为，1 元的福利投入应该产生 6 元的经济效益。用人单位不可能无限地提高福利，事实上，根据赫兹伯格的双因素理论，不是所有的福利项目都必然产生激励的效果，如何设计和完善单位福利计划十分重要。

（三）差别待遇，形成有效激励机制

单位福利既有补偿作用，又有激励作用，就用人单位而言，激励作用是其核心的价值取向。要想发挥激励作用，单位福利就要设置一些与员工绩效相关联的福利项目，或在福利待遇水平上设置一些与员工绩效相关联的条件，在不同员工身上体现出明显的差别待遇。如果员工得到的福利基本相同，或者福利待遇与员工绩效关联性不高，福利的激励作用就难以发挥。因此，在现代经济中，用人单位越来越倾向于放弃“普惠制”，而实施“差别对待”，将福利作为对核心人才和优秀员工的一种奖励来发放，要求员工通过努力工作来赚取更多福利，以充分发挥福利的激励效率。

专栏 4-2

某汽车集团激励基金计划和某制药股份有限公司中长期激励基金计划的比较

在前文中我们介绍过某汽车集团激励基金计划（参见第三章专栏 3-8）和某制药股份有限公司中长期激励基金计划（参加第三章专栏 3-9）。请比较一下：

1. 两者的激励对象有何不同？
2. 两者的激励基金提取方式有何不同？
3. 两者的激励条件有何不同？
4. 两者的实现方式有何不同？

如果你是一家公司的控股股东，公司拟筹划利润分享福利计划，你希望效仿哪种模式？

（四）弹性福利，满足员工的个性化需求

根据马斯洛需求层次理论，从生理需求到自我实现需求，人的需求分为五个不同的层次。每个员工的经济状况、社会地位不同，其需求层次也有较大差异。理论上，为了实现单位福利的效用最大化，应该针对不同职工的不同需要来设计福利项目（见表 4-1）。

表 4-1　员工需求与福利项目的结合

需要层次	需要内容	福利类型	福利项目举例
生理需要	衣、食、住、行、休息	生活福利	物价补贴、工作餐、通勤班车、交通补贴、工作服、浴室、美发厅
		住房福利	住房公积金、住房补贴、提供职工住房、住房贷款利息给付计划
		法定假期	探亲假、婚丧假、病假、事假、公休、节日假
安全需要	人身安全 职业安全 收入安全 健康保健	社会保险	养老保险、医疗保险、工伤保险、生育保险、失业保险
		补充保险	补充养老保险、补充医疗保险
		收入计划	退休金、企业产品购买折扣、团体采购
		安全与健康计划	劳动保护、辞退金、就业辅导、开放内部劳动力市场、人寿保险、视力保险、牙科保险、健康体检、心理咨询、健身计划

续前表

需要层次	需要内容	福利类型	福利项目举例
爱的需要	交往需要 关爱需要 归属需要	活动场所	员工俱乐部、茶艺室、娱乐室、卡拉 OK 厅、体育运动设施
		家庭援助	儿童看护、老人照顾、举办托儿所、节日礼物、困难家庭补助
		咨询服务	免费提供购房、购车、保险、个人诉讼、纳税、劳动合同咨询等
		津贴补贴	海外津贴、搬迁津贴、子女教育补贴、工龄补贴、通讯补贴
尊重需要	内部尊重 外部尊重	自主工作	弹性时间制、家庭办公等
		有偿假期	法定假期之外的带薪休假、有薪旅游休假或提供疗养机会
		专门福利	贷款担保，享受轿车、飞机头等舱、星级宾馆待遇等
自我实现需要	求知需要	教育援助	报销书费和资料费、全部或部分学费报销计划、学位申请资助
	发展需要	培训计划	设置培训基金、岗位培训、经常性技能培训、出国研修

然而，单位福利筹划过程中面对的最重要的任务就是如何了解并界定各个员工的不同需要。理论上可以通过调查来完成。通过调查，单位福利的筹划者了解员工究竟需要什么，评估企业所确立的福利项目的重要性，掌握员工的满意程度。随着社会的发展，员工的自主性越来越强，员工的需求趋于多样化，不同的员工有不同的需求，同一员工在不同时期有不同需求。员工需求的复杂性恰恰可能导致针对员工需求所进行的调查和评估难以掌握。因此，越来越多的用人单位开始青睐弹性福利模式。

（五）成本节约，充分利用税收政策

政府鼓励用人单位建立福利计划，对合格计划给予税收优惠政策，包括免税、减税或延期纳税。例如，在员工工资额 5%的幅度内，政府对用人单位的补充养老保险、医疗保险缴费允许税前列支。用人单位在筹划福利计划时，应该将享受税收优惠的项目，如补充养老保险、医疗保险纳入考虑范围，这样不但可以节约成本，而且能够提升福利水平，进而增强员工的工作积极性。因此，单位福利计划要与政府的税收优惠政策相适应。

第二节　员工对福利计划的选择

除了政府规定的法定福利项目之外，越来越多的用人单位开始放弃传统的“大一统”式的福利计划，开始构建弹性福利模式的福利制度。一般来说，单位根据员工的职务级别等因素来确定每人福利费用的预算额度，职务级别越高，福利额度越高。员工可以根据自己的福利额度，在享受法定福利和单位固定福利计划的同时，还可以针对单位安排的可选福利项目进行自由组合，选择自己所需要的福利项目。在选择时，应该理性分析自身的福利需求，重点关注福利计划运行风险，有效利用税收优惠政策，在综合考虑相关影响因素的前提下选择最优受益方式。

一、理性分析自身的福利需求

对员工而言，福利的价值在于满足自身的需求，只有适合自身需求的福利计划才是最好的福利计划。因此，面对不同的福利计划品种，员工首先要理性分析自身的需求。

专栏 4-3

最受员工欢迎的福利调查

北京外企人力资源服务有限公司（FESCO）曾经开展过一项“最受员工欢迎的福利调查”，根据调查结果，最受员工欢迎的十大福利如下：

（1）住房补贴	76.3%
（2）派驻国外工作机会	74.5%
（3）晋升机会	73.1%
（4）休假及旅游补贴	71.5%
（5）学历教育	70.2%
（6）企业年金	68.0%
（7）节假日、生日等重大事件庆祝类补贴	68.0%
（8）商业性补充养老保险	67.7%
（9）各类培训	67.7%
（10）子女教育储蓄型保险	66.9%

这个调查结果和你的选择是否一致？如果用人单位实行弹性福利制度，每个月给你提供一定金额的福利费，你是否会按这种次序购买福利项目？这种选择是否理性？

二、关注福利计划运行风险

福利计划的资金管理涉及投资风险，在缴费确定模式的福利计划中，投资风险由个人承担。因此，员工在选择福利计划时应该关注福利计划的投资方向、投资风格及其运行风险。

专栏 4-4

安然事件与养老金安全

2001 年 12 月，位居世界 500 强第 7 位的美国能源巨头安然公司因经营亏损严重和财务丑闻败露而宣布破产，其股票价格由一年前的每股 85 美元跌至破产时的每股 26 美分，使该公司的股票持有者损失惨重，但最大的受害者还是安然公司遍布全球的 21 000 名员工，这是因为，安然公司为其员工购买了退休储蓄计划，名为 401(k)养老金计划。按照公司的建议，员工将他们的 401(k)账户中个人存的钱款大部分投资了安然公司的股票，而安然公司为员工提供的 401(k)计划配套资金也全部以本公司股票的形式支付。

安然事件带给我们什么启示？那就是，养老金计划中过度集中的股票投资风格蕴藏着极大的投资风险，安然公司的破产致使这种风险暴露，员工的养老金荡然无存。

三、有效利用税收优惠政策

政府对合格计划给予税收优惠政策，在缴费、投资、领取待遇等环节可以分别安排免税、减税或延期纳税，从而形成不同的政策模式。事实上，不同的税收优惠政策模式会对福利计划的资金积累产生不同的效果，也影响着福利待遇的最终结果。通过有效利用税收优惠政策，员工可以提高其福利待遇的领取额，实现福利待遇的最大化。

四、选择最优受益方式

受益方式的选择也会影响福利待遇的水平。员工应综合考虑预期余寿、支出需求、风险偏好、税收政策、利率等因素，选择最优受益方式。

实例 4-1　领取养老金的选择

某国际组织的《员工养老金计划》规定，雇主和雇员月供款计入个人账户，利率为5%。员工司龄与年龄相加达到70点即可退休。

支付方式有三个选择：

(1) 一次性领取全部积累额（国籍未定，暂不考虑税收）。

(2) 支付生存年金 2 000 美元/月，最少 10 年；如果本人在 10 年内去世，向其配偶支付 10 年期内剩余额；退休后利率也为 5%。

(3) 一次性领取全部积累额的 50%，余额支付半额生存年金 1 000 美元/月，其余条件同上。

B 先生月供款 500 美元，用人单位 1∶1 配款，年投资收益率为 5%，供款至第 16 年年底时符合条件办理退休。

请计算其个人养老金总额（期末值 FV/月息），并就其领取养老金的最佳选择（设定条件进行讨论）提供咨询意见。

解析

(1) 个人账户累积养老金为：

根据 $n=192$，$I=5\%\div12=0.416\ 7\%$，$PV=0$，$PMT=-1\ 000$，按照期末年金的模式，可以计算得到 $FV=293\ 242.81$ 美元，即个人账户累积养老金为 293 242.81 美元。

(2) 对客户的咨询建议：

方案一：若选择一次性提取，则提取的现值为 293 242.81 美元，如果有现金需要和投资偏好可以选该方案。

方案二：若选择按生存年金方式每月领取 2 000 美元，则以养老金账户的累积额为基础，根据 $I=5\%\div12=0.416\ 7\%$，$PV=293\ 242.81$，$PMT=-2\ 000$，$FV=0$，可计算

得到 n＝226 月，226/12＝18.8 年，即领取满 18.8 年的生存年金所享用的价值与一次性提取养老金累积额所享用的价值是相同的。因此，若预期余寿超过 18.8 年，则选择方案二更为划算。

方案三：适度满足上述两个需求，综合方案一和方案二，既在一定程度上取得一次性收入，同时也满足了每月有固定的收入。

第五章

退休规划

本章主要内容

第一节　退休规划概述

一、如何理解退休规划？

（一）退休规划的定义和特点

1. 退休规划的定义

退休，指员工根据所在国家和地区有关法律规定的法定时点，可以停止工作和领取全额养老金。不同国家对退休年龄的规定稍有不同（见表 5－1）。在我国，根据劳动者的职业不同退休年龄也不尽相同，如公务员为 55～65 岁、事业单位员工为 55～65 岁、企业员工为 50～60 岁，特殊艰苦岗位为 45 岁。

退休规划有狭义和广义之分。狭义的退休规划是指保障老年退休后日常生活所需养老金的规划，等同于个人的养老生活费用收入来源和支出方案的现金规划。养老金的来源包括国家基本养老保险、补充养老保险和个人储蓄等。广义的退休规划是指根据客户及家庭的实际情况和多项退休目标，为实现退休后养老生活丰富多彩同时又能够财务独立而展开的一系列理财计划和行为，包括养老现金、医疗和住房养老服务、旅游、教育规划等。可见，广义的退休规划在内容上不仅覆盖了狭义的退休规划，还包括了老年生活各方面的理财问题。

表 5-1　　部分国家法定退休年龄

国家	法定退休年龄		国家	法定退休年龄	
	男	女		男	女
美国	65～67	65～67	马来西亚	55	55
日本	65	65	印度	60	60
俄罗斯	60	55	挪威	67	65
澳大利亚	65	63.5	英国	65	65

资料来源：新华网.

个人退休规划理财跨度时间长，经历多轮经济周期的变换，因此需要更专业的、综合的、全面的个性化服务，对理财师的知识结构和执行能力提出更高的要求。

理财师通过为客户进行退休规划，可以实现以下几个目标：

（1）实现客户的养老目标。

缺乏养老风险管理有可能导致养老危机，影响老年生活。由于能力、时间及其他因素的约束，一般人无法对生命周期中发生的各种风险进行有效管理和控制，无法对自己的财务生命周期做出系统、完整、科学的规划，需要专业人士提供帮助。理财师可以利用他们的专业能力、岗位优势、工作经验，帮助客户做出高质量的退休规划并协助其操作执行，满足客户的养老需求。

（2）改变金融机构现有的营销模式。

理财师根据理财客户的基础信息、财务信息等，结合对宏观经济信息的把握，做出有针对性的养老规划设计，在解决问题和执行规划的过程中，配置适用的理财产品和其他金融产品，帮助客户实现长期收支平衡。这种以退休规划为基础、以满足客户养老需求为导向的理财方式和服务方式，相比现有以产品营销为导向的理财方式，更容易取得客户的信任和认可。

（3）体现理财师的价值。

理财师只有在为客户的服务过程中，才能将学习到的理论知识付诸实践，其专业技能、职业道德水准和综合素质也可以得到淋漓尽致的发挥。

2. 退休规划的特点

退休规划具有以下五个特点：

（1）退休规划涉及多项养老目标规划。

以养老金规划、老年医疗保健规划、老年居住规划、养老服务规划为核心内容实现老年人退休生活的财务独立。维持退休生活的基本条件包括稳定的现金收入、有保障的医疗费用的来源、适合居住的住房以及可以享有的养老服务。针对养老金、医疗、住房及养老服务这四大问题，理财师需要通过退休规划帮助客户提前合理安排，使未来的退休生活无忧。

（2）退休规划涉及现有资产管理和既得权益管理。

为了达成老年财务独立的目标，在工作期间积累养老资产十分必要。养老资产是用于老年生活的专项资产和相关权益的总和。养老资产可以包括金融资产、实物资产以及权益资产，例如职业生涯期间基于用人单位和个人缴费形成的养老金、医疗保险、护理保险以及其他权益性投资资产等。养老资产的形成和管理周期较长，例如养老金部分的资产，从职业生涯期起步阶段就开始缴费，直至职业生涯结束才停止缴费，这种跨越整个人生的资产储备和资产管理将不可避免地接受期间的政策风险、市场风险、道德风险和社会风险的考验，因此必须由专业人员，如理财师进行养老资产规划以应对风险。

（3）退休规划追求长期收支平衡。

退休规划具有长期性的特点。随着科技、医疗水平的进步和社会发展，全世界范围内的人的预期余寿不断增加，中国也有同样的趋势。预期余寿的增加表明退休规划所经历的时间跨度大大增加。根据生命周期理论，即使从 35 岁开始进行个人的退休规划，由于退休规划要实现老年退休生活目标，退休前的准备和调整时期将近 30 年，而预期余寿增加后，可能退休规划的执行时间要更加增长，覆盖退休后的生活也有可能达到 30～50 年。对此，退休规划的理财过程是追求长期的收支平衡。

（4）退休规划需要锁定养老金账户，关注费率、税率和贴现率。

要实现覆盖终生的、长期的退休规划，必须要求客户有锁定至退休时点才能使用的养老金账户。这个账户需要一定的法律、财务、金融市场规则等约束，长期运作，专业管理，锁定至退休时点。长期锁定的养老金账户，最终的收益要受到很多因素的影响，例如费率、税率和贴现率，尤其需要考虑货币的时间价值。

（5）合规的养老计划享受税收优惠待遇。

法定福利下的养老储蓄，可以享受免缴或者延期缴纳个人所得税的待遇。例如，国家基本养老保险计划下的个人和单位缴费均可以在缴纳个人所得税和企业所得税之前扣除。

除法定福利外，符合规定的雇主补充养老金和个人储蓄养老金计划也可以享受国家税收的优惠，考虑到养老规划的长期性和挑战性，合理利用国家税收优惠政策，对于客户资产的增值具有重要意义。

（二）退休规划的财务分析方法

博迪在《金融学》一书中最早使用了终生财务的计算，分析了收入、消费在整个职业生涯和退休后生活中进行跨时期规划的理念，他使用“现在”时点作为计算时点，计算公式如下所示①：

$$\sum_{t=1}^{T}\frac{C_t}{(1+r)^t}+\frac{B}{(1+r)^t}=W_0+\sum_{t=1}^{R}\frac{Y_t}{(1+r)^t}$$

其中，C_t 是第 t 年的消费水平，Y_t 是第 t 年的劳动收入，r 为利息率，R 为距离

① 博迪，默顿. 金融学［M］. 伊志宏，等译. 北京：中国人民大学出版社，2000：143.

退休的年数，T 为生存年龄，W_0 为初始财产价值，B 为遗产。

博迪使用这个模型说明了一生的消费开支和遗产的现值，等于包括遗产和未来劳动收入在内的一生资源的现值，博迪称之为消费的“预算约束”。

退休规划正是在博迪这种终生财务计算的理念基础之上进行的，在退休规划实务中，除了消费和劳动收入外，还要考虑很多延期收益项目，发生在老年退休之后的收入也要进入实际的计算中来，在现金流的规划上需要比博迪考虑得更多、更全面。

我们知道退休规划设计范围广、时间长，按照个人的生命周期看，包含了中年和老年阶段。人们在青年时期一方面收入较低，另一方面有大量的支出需要，无法进行养老储蓄；进入中年时期后，收入水平较高，去除当期消费后还能够有余额进行养老储蓄，因此急需开展规划，为退休生活做准备，这也是财务生命周期的主要思想；到了老年后，出于习惯的原因，生活支出无法巨幅下降，而收入必然显著下降，由于人们退休后在旅游、学习、换房、换车、资助子女等方面还有特殊的支出，所以收支在退休后必然出现赤字，这时候由于有退休前规划的准备，即使面临赤字也能有充足的准备和应对方案，这就是终生的财务模型。

综上所述，在退休规划计算中，以退休时点为计算时点的终生财务模型如以下公式所示：

$$W_x(1+k)^{n-x}+\sum_{t=x}^{n}(E_t-C_t)(1+k)^{n-t}=\sum_{t=n}^{D-1}\frac{C_t^*}{(1+k)^{t-n}}$$

其中，符号说明如下：

时间符号	计算符号
t：未来某年	W_x：目前拥有的资产
x：当前时点	k：贴现率
n：退休时点	E_t：第 t 年当期收入；薪酬为主，还包括其他收入
D：死亡时点	C_t：第 t 年当期支出；日常开支为主，还包括其他支出
	C_t^*：第 t 年净支出（第 t 年消费需求－第 t 年养老金供给）

这个模型中包含了两个生命阶段的计算：$W_x(1+k)^{n-x}+\sum_{t=x}^{n}(E_t-C_t)(1+k)^{n-t}$ 反映人的职业生涯，即中年时期的养老储蓄与准备；$\sum_{t=n}^{D-1}\frac{C_t^*}{(1+k)^{t-n}}$ 反映退休后在老年阶段保持一定水平的生活支出所需要的养老需求。二者接近平衡是比较好的状态，但现实中二者往往不相等，这也是产生退休规划需求的原因。

基于上述模型，我们可以发现，退休规划有三个重要时点，即规划起点、退休时点和规划终点。

（1）规划起点：这是开始规划的起点，也是个人进入财务周期中收入较高、支出由较高进入稳定的阶段，可以作为开始退休规划的起点。

在这一时点的主要任务是进行人力资本测算和财务状况评估，需要考虑三方面因素：一是家庭的收入能力与支出状况，以评估个人的养老储蓄能力和向退休规划供款的能力；二是家庭的资产与负债状况，既可以考虑未来进行退休规划供款调整时有哪些资产可以进入考虑范围，也可以通过判断负债估计家庭的储蓄潜力；三是了解家庭的养老需求和退休规划目标，在规划的起点时就要和客户确定客户家庭的退休规划目标，这有助于了解除了日常支出外，还有哪些特殊的养老需求，进而计算这个家庭的养老需求。

在这个时点，理财师需要预计和测算未来整个中年和老年时期的收入、支出、储蓄等情况。这对理财师的测算能力有很高的要求，需要理财师有立足当前看未来的测算能力，做到准确预期养老需求和退休规划目标。

(2) 退休时点。这是计算养老需求、供给和赤字的时点，也是财务周期中进入收入巨幅下降、支出稍有下降的时点。

这一时点的主要任务是进行养老资产预测，因为养老需求和供给的平衡计算结果往往是不平衡的，还需要在退休规划中进行调整，因此有哪些资产可以用来调整以弥补赤字，是退休规划重点考虑的地方。

在这一时点，还需要考虑老年医疗保健规划、住房规划和养老服务规划。一方面，广义的退休规划要求考虑老年人的医疗养老服务规划和住房；另一方面，在综合的退休规划中，医疗规划中的医疗费用分担规划的调整、住房规划中的残值计算、以房养老以及养老服务规划的调整，都可以弥补养老赤字。

从规划起点到退休时点，属于退休规划的制作阶段，因此需要理财师具有较高的从未来回到当前的规划能力，做到养老储蓄能力和养老支出目标匹配。

(3) 规划终点：核算这一时点的任务是动态修正预期余寿，测算养老支出，进行敏感性分析和调整规划策略。

退休规划的终点，也就是客户最大预期余寿时点，是针对一个客户的退休规划终结点。退休规划应具有可执行性，因此需要根据实际情况动态修正预期余寿，而预期余寿的改变会影响养老需求，进而影响养老赤字。

理财师在规划过程中运用了大量的假设与估计进行计算，每一个假设的因素都需要在实际中经受检验，因此敏感性分析有助于发现最重要的影响赤字的因素，包括客户职业生涯、家庭情况、生活状况、收支情况，以及宏观经济环境、市场情况的变化等，根据这些因素的变化进行调整，直至规划的终点。

这一阶段，需要理财师从当前走向未来，实现规划目标，做到养老资产与养老需求的平衡，保证制定的规划具有可执行性。

二、退休规划的目的

(一) 识别养老风险

退休规划贯穿生命中多个阶段，持续时间长，理财师需要考虑客户进行退休规划时的各种风险。这里介绍一下各种风险对退休规划的影响以及理财师需要考虑的应对措施。

1. 个人风险

长寿导致养老供给不足。由于预期余寿高于客户的预期，可能导致养老需求计算不足以弥补实际发生的养老支出成本。理财师需要定期修改和合理进行客户的预期余寿的估计。

疾病导致的健康损失和医疗费用。如果客户家庭成员发生疾病导致健康损失，医疗费用就会上升，医疗费用上升会导致养老金需求上升，由于疾病给工作带来的影响会减少养老供给，两方面因素都会导致养老供给的减少，综合作用就是养老赤字的增加。理财师需要考虑各种健康保险的规划，应对可能产生的健康风险。

职业生涯的不确定性。养老供给和家庭资产配置等退休规划分析都需要考虑职业生涯带来的当期收入和延期收益变化。如果职业生涯发生变化，则收入、家庭储蓄、支出都会受到影响，很多延期收益和保障项目也会受到影响。因此，理财师需要综合考虑，帮助客户做好职业生涯规划，同时还需要定期评估调整退休规划，应对职业生涯的不确定性。

家庭养老方式的转变。家庭生活方式和家庭成员的变化也有可能影响到退休规划，理财师在进行规划和规划调整时要考虑到这一点。

消费升级。老年阶段在满足物质需求的基础上，更多地向精神需求和服务需求转变，因此需要在制作退休规划时满足购买能力。

2. 社会风险

转轨时期的政策风险。国家的税务、社会保障、金融监管等方面的政策如果改变，都有可能影响到退休规划，理财师需要利用自身对国家政策法规的了解，帮助客户分析和化解可能的不利影响，充分利用政策变化带来的有益影响。

社会保障不足的风险。退休规划中已经分析了很多从政府获得的延期收益，以国内为例，政府提供的延期收益项目包括基本养老保险、医疗保险、住房公积金等，但是理财师在进行退休规划过程中需要充分考虑政府社会保障不足的问题，理财师需要帮助客户最大限度地从政府那里拿到社会保障的延期收益，但是也要充分认识到退休规划不可能全部依靠社会保障。

经济衰退的可能性。理财师需要考虑经济衰退的可能性，以及经济衰退给退休规划带来的影响，包括对客户收入、储蓄、收益率等的影响。

通货膨胀的风险。通货膨胀的影响会极大地反映到客户的养老需求中，包括对家庭的当期和未来支出的变动以及退休后支出的估计，进而影响养老需求的评估和计算。理财师对通货膨胀的考虑也反映了理财师预期未来的水平与风格。

利率、税率和汇率风险。理财师需要就利率、税率和汇率的变动影响进行各种敏感性分析，针对不同客户考虑各种因素中对退休规划影响最大的因素。

投资风险。理财师针对退休规划的养老储蓄和其他资产进行投资运作，以弥补养老赤字，因此需要充分考虑投资风险，投资规划中的相关专业知识是进行退休规划中投资运作的重要参考。

（二）管理养老风险

积累并管理养老资产可以有效应对养老风险。通常，养老资产管理可以实现以下四个方面的目标：

（1）维护既得养老金的法定权益；保护权益人不可剥夺的既定的个人养老财产；通过投资管理实现保值增值，抑制投资风险、通货膨胀风险、管理成本，获得实际养老资产。

（2）实现可及、有效、安全和低成本的老年医疗及保健服务管理。

（3）控制老年住房的购买风险或租金风险，并做好房屋残值管理，例如住房反向抵押。

（4）培养老年服务购买力，满足居家养老、社区养老或机构养老的需求。

三、退休规划流程

退休规划的实施主要涉及以下工作：建立和界定客户关系、估算养老需求、确定退休规划理财目标、测算养老资产供给和赤字、制定理财策略等。具体工作流程见图 5－1。

- 建立和界定与客户的关系
- 收集退休规划信息，了解养老生活目标
- 分析和评估养老供给和需求，测算赤字（前期准备）
- 制定退休规划方案
- 执行退休规划方案
- 退休规划方案的评估与调整

图 5－1　退休规划的流程

第二节　养老需求分析及测算

一、养老需求分析

养老需求是老年生活全部财务需求在当前或退休时点的现值。各类需求会发生在退休生活的不同阶段，而且随着时间的变化，不同的需求会有不同的发展趋势，比如衣着的需求会降低，医疗的需求会逐渐提高。理财师应深入了解并掌握每种需求的特点及如何满足需求，在此基础上为客户提供咨询服务，帮助客户进行合理的养老规划。

退休规划首先要满足四项基本需求，又称为养老保障四要素，具体见表 5－2，包括满足日常生活支出的养老现金、医疗保健、老年住房、养老服务购买，至于旅游、教育等其他内容都属于特殊需求。由于只有在同一个时点需求和供给水平才可以相比较，因此在进行需求测算时，一般以退休时点为基准计算期初值，以便与养老供给测算时点相统一，直接进行比较。

表 5-2 养老保障四项基本要求

要素序列	要素名称	要素主要功能	评价指标
第一要素	养老现金	保障老年人日常开支	替代率为 60%～80%
第二要素	医疗保健	分担老年人医疗费用	分担率为 90%以上
第三要素	老年住房	保障老年人住有所居且适应	人均 30 平方米，具备老年生活设施
第四要素	养老服务	保障老年人购买服务的能力	形成基本老年服务需求购买力（家政及护理等）

（一）日常生活支出需求

我们经常说“衣食无忧”，这也是老年日常生活最基本的需求，但这需要有稳定的现金支出来满足。按照国家统计局的定义，家庭现金消费支出是指家庭用于日常生活的全部现金支出，包括食品烟酒、衣着、居住、生活用品及服务、交通通信、文教娱乐、医疗保健、其他等八大类支出。居住和医疗保健可作为单独的基本养老保障要素来考虑，其他的都应该算作日常生活项目。满足这些消费需求的资金就称为养老现金。养老现金应该达到社会平均工资 60%～80%的替代率水平。具体到个人或家庭，可以直接向客户了解，这样相对来说更加准确，也可以间接利用地方政府或权威部门公布的数据，利用社会平均数据指标进行估算。

根据《国家统计年鉴（2018）》的相关资料，2017 年我国城镇人均消费支出水平及构成比例如图 5-2 及表 5-3 所示。

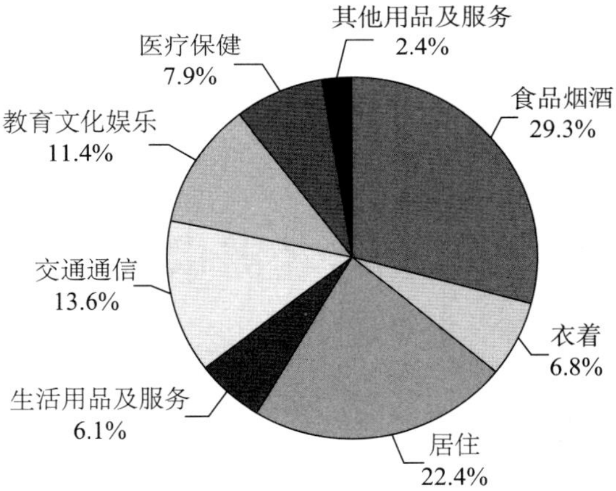

图 5-2　2017 年城镇居民人均消费支出构成

表 5-3 2017 年人均消费支出额

项目	金额（元）
食品烟酒	5 373.6
衣着	1 237.6
居住	4 106.9
生活用品及服务	1 120.7
交通通信	2 498.9

续前表

项目	金额（元）
教育文化娱乐	2 086.2
医疗保健	1 451.2
其他用品及服务	447.0
合计	18 322.1

表 5-2 中标注的项目为养老日常支出包含的内容，为全国平均数据，理财师要结合所在地物价水平进行测算，以符合客户自身的实际情况。从表 5-3 和图 5-2 中可以看到，前五项基本支出约占 78%，这是全国各类人群的平均数。而老年人消费支出有特殊性，上述比例应调整，医疗费用的支出比例可能会增加。另外，使用官方数据时要考虑适用性，最好能有针对老年群体的数据。一般养老理财会基于历史的数据测算未来，这时候一定要考虑通货膨胀、税收政策等影响因素并做出相应调整。

（二）医疗和保健需求

老年人的生理特征决定了老年人群面临更大的健康风险，患慢性病的概率更高，更注重医疗和服务方面的消费，且医疗费用与年龄增长水平正相关，这与其他年龄段的消费群体差别较大。老年人的医疗保健费用主要包括疾病诊治、病发期的保健护理以及心理健康疾病疏导和人文关怀。

老年群体患哮喘、高血压、糖尿病等慢性病的概率较高，表 5-4 是我国卫生行政主管部门每 5 年一次针对全国开展的卫生服务调查结果，最新数据到 2013 年。数据显示，55 岁及以上人群的慢性病患病概率远远高于其他年龄段，并且呈递增趋势，城市的患病概率又高于农村。

医疗风险的出现很难有规律可把握，具有很强的不确定性。在养老理财中关于医疗成本的测算要包含诊疗医治的直接成本，还要包括交通、护理费用等间接成本，以及子女因护理老人而放弃获得收入的机会成本。

表 5-4　　居民不同年龄慢性病患病率（‰）

年龄	城乡合计			城市合计			农村合计		
	2003 年	2008 年	2013 年	2003 年	2008 年	2013 年	2003 年	2008 年	2013 年
0～4 岁	6.3	6.4	—	5.3	7.9	—	6.5	6.1	—
5～14 岁	9.6	8.7	—	8.7	7.0	—	9.7	9.0	—
15～24 岁	18.0	20.2	14.4	14.5	15.1	17.0	18.9	21.7	12.2
25～34 岁	58.3	51.3	38.3	48.9	35.6	38.4	61.6	57.5	38.2
35～44 岁	117.1	121.7	115.0	118.6	105.0	111.6	116.5	127.3	118.4
45～54 岁	219.6	259.5	235.4	261.7	272.7	241.6	203.1	254.0	230.0
55～64 岁	362.1	419.9	389.0	497.1	522.5	410.5	302.6	379.7	367.8
65 岁以上	538.8	645.4	539.9	777.1	851.8	589.8	391.7	523.9	481.7

资料来源：中国卫生健康统计年鉴（2018）.

（三）养老住房需求

为实现老年住房无忧，要尽早建立住房保障计划，分担购房成本，满足养老住房需求。在积极住房保障战略下，住房计划的主要内容如下：

（1）住房公积金计划，通常为职工建立个人公积金账户，用人单位和个人按照个人工资总额的一定比例缴费，在企业和个人所得税之前列支，专门用于购买和建造首住房。

（2）购房计划，通常依法确定人均居住面积（如 30 平方米），根据社会平均工资的一定比例、供款年限，确定房产价格，政府和购房者共同拥有产权，在封闭和相对封闭的市场里运行，这类房屋只能出售给没有自住房的人群。

对于老年无房群体，政府应该发挥扶助或救助作用，提供廉租房或敬老院等设施，特别是要为鳏寡孤独者提供住房保障措施。

随着代际间异地或异域生活的可能性逐年增加，未来会有更多的老人选择机构养老，政府可以养老公寓等基础设施建设为重点实现其基本养老服务功能，此种养老方式适用于自理、半自理及失能老人等，可提供专门服务。

（四）养老服务需求

养老服务即指根据老年人需求提供的服务，包括残障老人需要的日常护理和康复服务、疾病老人需要的医疗护理服务、孤独老人需要的精神慰藉服务等。人们所称的“未备先老”问题，主要指由养老服务供给和购买能力不足所产生的问题。养老服务需求上涨，养老服务供给不足，老龄人口购买能力不足，正在构成中国社会的养老服务风险，降低了中国养老保障程度且危及社会安全性。在我国，90％的老年人偏好居家养老，为此“十二五”规划期间将按照“居家养老为主、社区服务为辅、机构养老为依托”的模式构建养老服务体系，伴随孤老家庭、老年空巢家庭和养老服务价格上升等趋势，传统居家养老方式逐渐淡出，社区养老服务和机构养老服务的需求逐渐加大。

养老服务具有如下特征：

（1）扶助性。养老服务针对人群为 60～65 岁及以上人群，也包括 60 岁以下接近老年的残疾人群在身体、心理、信息等方面的开发性、辅助性、帮助性和护理性需要。养老服务需要区分上述类型，分别设计和提供。根据老年人群的需求制定服务等级，包括轻度需求项目服务、中度需求的小时服务、重度需求的全日护理等。例如，英国地方临床执业联盟（CCG）发现老龄人口住院时间长、成本高，便以综合性预测模式审视老龄人口的慢性病史、用药、年龄和病史，列出高风险患者名单，有针对性地提供预防性服务。

（2）社会性。养老服务涉及家庭关系、社会关系、国民关系和国际关系，需要国际公约、国家规划、社会服务、市场服务、家庭照顾的支持。伴随着社会生产力的提高、人口老龄化的纵深发展，以及一个 80 岁老祖、两对 60 岁老人、一对 30 岁夫妻和一个幼儿的家庭结构（即 1：4：2：1 家庭）的出现，养老服务逐渐从家庭化走向社会化，即家庭服务、社区服务和国家服务的集合。家庭服务主要体现为个性化的赡养、扶助和慰藉；社区服务主要体现为共性的扶助和慰藉；

国家服务主要体现为发展养老服务事业和养老服务产业的法律、政策、文化的服务；国际服务主要体现为制定养老服务产品的国际标准和老年移民服务政策。

（3）综合性。养老服务生产和提供均需要具有综合性。一方面，服务产品、精神产品和支持二者的物质产品的设计、生产和提供，具有跨专业、跨行业和跨产业的综合性特征，涉及农业、工业和服务业，以及政治学、法学、各类经济学、社会学、管理学、金融学、心理学等多学科。另一方面，构建养老服务体系。以英国为例，将医疗服务与社会福利机构整合进入一个委员会（CCG），家庭护理、全科医生、社区医疗服务和医疗机构联合行动，因人而异，既考虑节约成本，也考虑医疗服务质量。

（4）公益性。就整体而言，老年人口属于弱势群体，在经济、体力、智力和心理方面需要得到帮助，发展养老服务事业和养老服务产业，不仅需要专业性，更需要道德规范和爱心。为此，国家应当对养老服务业制定社会责任标准、公益性和准公益性原则，鼓励无利经营，规范微利经营，禁止暴利经营。

（5）持久性。养老是未雨绸缪的事情，涉及两代甚至三代人的关系，需要早做准备和制定中长期规划，处理好近期和远期的关系，不能一蹴而就。

按老年经济学原理，管理养老风险的目标是实现个人收入在职业生涯和养老阶段的平滑消费，在职业生涯期积累养老资产满足退休后的养老需求，由此形成养老保障体系（见图 5－3），走出未富先老和未备先老的困境。

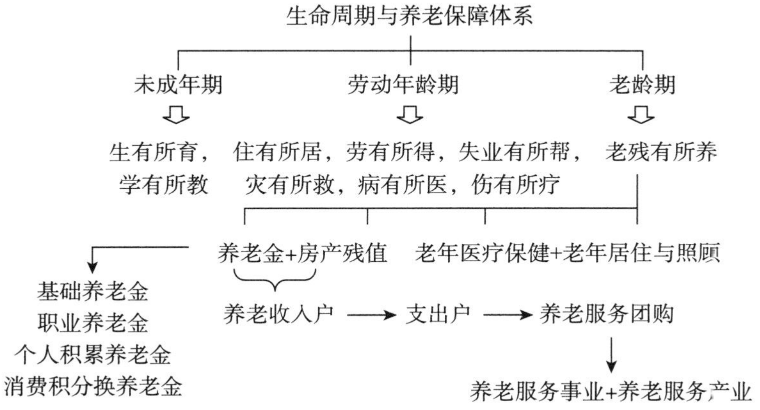

图 5－3　老龄社会的养老保障体系结构

总体上看，养老服务需求包括表 5－5 所示的内容。

表 5－5　　养老需求的基本类型和内容

种类	项目	内容
精神产品	权益保护	法律、法规、制度
	家庭关爱	孝道
	社会共识	尊老重老
	文化艺术产品	影视、图书、媒体

续前表

种类	项目	内容
服务产品	家政服务	洗漱、做饭、清扫、购物
	保健护理	诊疗治疗、临终关怀
	咨询服务	心理保健、婚姻介绍所、就业咨询
	旅游和娱乐	旅行、舞厅、农家乐、种植
	教育服务与社交	老年大学、职业兴趣培训
	金融服务与权益管理	理财、保险、遗产处理
	法律援助与救助	赡养费追索、财产保护、遗嘱公证
物质产品	日用产品	饮食、用具、服装
	家居用品	床、手杖、便桶、行动器
	信息产品	传感器、呼叫器、警报器
	医疗保健	保健品、药品、器械设备
	房地产	规划设计、地产建筑、公寓

第一类是精神产品，指基于文化教育、意识形态等人类文明产物，对老年人的尊重和精神慰藉，是养老服务的思想基础，主要包括法律、政策和社会共识。例如，国家保护老年人权益的法律和政策，如《中华人民共和国老年人权益保障法》和《中华人民共和国社会保险法》，以及各地区养老服务机构管理办法等；还有服务于老年人群的文化艺术产品，如影视产品、图书、教材等；更重要的是子女孝敬老人、青年人尊重和照顾老人的社会共识，如心理咨询和精神慰藉。在瑞典，很多中学生开始做义工（进入公民的公共服务记录），放学后到社区通过网络的可视设施与指定的独居老人对话聊天。

第二类是服务产品，指满足老年人的生活行为和日常活动的一般需求，是养老服务的核心内容。养老服务产品包括：一是家政服务，以护理、日常家庭照顾、家庭修缮以及各种用品修理等为主。全国老龄办发布的《中国城市居家养老服务研究报告》数据显示，需要家政服务的受访对象为25.22%，需要护理的为18.4%，需要托老所日间看护的为18.9%。二是保健护理服务，指为老年人提供的日常保健教育、咨询、疾病诊疗和治疗，乃至康复服务和临终慰藉等，需要者为36.8%；北京市的一项调研结果显示为62%。三是金融服务，为老年人提供人身保险、健康保险、养老保险等。老年理财服务主要为老年人管理养老资产、购买金融产品提供帮助。四是教育服务与社交，为实现“老有所学”，发展老年大学、老年职业培训、兴趣教育等，以及鼓励老年人参与社会公益服务。北京市一项调研结果显示，有此意愿的受访者占71%。五是旅游和娱乐服务，如发展老年旅行社，老年农家乐，老年歌吧、舞吧、休闲吧等。北京市一项调研结果显示，有此项需求的老年人占受访人的38.75%。六是咨询服务，如心理咨询、婚姻介绍所、职业咨询中介等。其他特殊服务还包括古玩鉴赏、老年就业、老年义工、老年专家等。七是法律援助与救助，如倡导律师事务所、公证处、基层法律服务所对经济困难但不符合法律援助条件的老年人减免法律服务收费；对无固定生活来源的老年人追索赡养费案件予以费用减免；对80岁以上的老年人办理遗嘱公证免费等。

第三类是物质产品，指物资形态的实用产品，是前两类养老服务的物质基础。一是服装、饮食、餐具、行动器具以及其他方便老人的专用品，如手杖、座椅式便桶，升降式轮椅或床、洗浴器、呼叫器或警报器等。老年人的日常生活用品需要在需求调研的基础上进行专门的设计与开发。二是适合老年人生活的建筑和设施，如老年公寓、托老所、老年俱乐部、老年学校、老年护理医院、老年专用交通通道、老年专用座位等。三是老年人的保健品、药品、医疗器械和丧葬用品等。

中国亟待建立以福利房置换进行养老的政策和制度，来解决 60～90 岁一代老龄人口的困境和需求；建立社会护理保险和商业护理保险，解决 40～60 岁一代及此后的老龄人口购买养老服务的需求。对于中国的老年人而言，最为需要的养老服务主要有两个方面：

（1）家政服务，一般由中介公司或社区服务中心提供。主要家政服务项目有家务保洁、家务料理、家电修理、照顾老人、看护病人、家庭修缮以及各种用品修理等。家政服务的用工形式主要为住家保姆、全日制保姆和钟点工等。

（2）老年医疗保健及护理服务。这是为高龄或失能老年人提供的日常保健教育、咨询、疾病诊治，乃至康复服务和临终慰藉等。

我国老年医疗和健康服务需求不断增长，预计到 2020 年，我国 60 岁以上老人将达到 2.48 亿人，占总人口的比例为 17.5%，养老床位需求将超过 729 万张，养老服务机构需求 4.8 万个。[①] 目前，我国老年医疗和健康服务的发展还处于初级阶段，在理论研究、服务体系建设、人才培养、经济政策等方面还需探索，特别是医疗服务体系和医疗保障体系还不够完善。城市医疗服务体系大部分服务初诊病人，对恢复期、康复期和临终期病人的医疗照顾还比较薄弱。目前，我国护理人员集中在公立医院和少部分私立医院，主要解决疾病治疗问题，对于预防和康复方面很少顾及，因此要在老年护理的社区建设、人才培养、用工制度、经费保障等各个方面统筹考虑，整体提高。为全面促进老年医疗服务业发展，应当完善相关行业管理政策，在区域卫生规划中加入护理病床内容。2017 年社区卫生服务情况见表 5－6。

表 5－6　　全国社区卫生服务情况

项目	2017 年	2016 年
社区卫生服务中心数（个）	34 652	34 327
床位数（张）	218 358	202 689
卫生人员（万人）	1 174.9	1 117.3

资料来源：2017 年我国卫生健康事业发展统计公报.

根据老年人身体状况，短期护理可由家庭成员或社区服务完成。而更多的老年人需要长期护理，长期护理的目的不是简单地让被护理的老年人吃饱、穿暖、住好，而是为老年人提供诊断、治疗、康复、保健护理、预防、精神慰藉、日常生活协助等一系列服务的总和，以促使老年人达到最佳的身体、心理、社会功能状态，是一种对需要护理人员进行的自立性援助体系。长期护理

① 2016 年中国失能老人护理市场投资机会分析［J］. 中国产业信息，2016－11－06.

服务体系如图 5－4 所示。

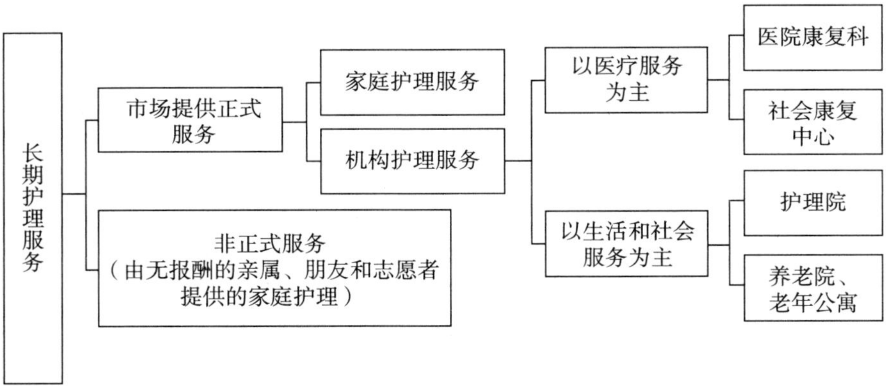

图 5－4　长期护理服务体系

2016 年中国人民大学公布了《中国老年社会追踪调查》，该研究报告显示我国 87.46％的老人生活能够完全自理，10.54％的老人为轻度失能和中度失能，2％的老人为重度失能。这表明我国约九成以上的老年人生活自理能力良好，日常生活不需要照料；到 2017 年失能失智老人约为 4 500 万人，预计到 2050 年失能失智老人将达到上亿人，这些老人需要家庭和社会提供长期照护服务。

我国日常生活养老服务的提供平台主要是社区服务中心，截至 2017 年年底，全国共有各类基层医疗卫生机构 93.3 万个。其中有各类养老服务机构和设施 15.5 万个，比 2016 年增长 10.6％，各类养老床位合计 744.8 万张，比上年增长 2％（每千名老年人拥有养老床位 30.9 张），其中社区留宿和日间照料床位 338.5 万张。①

专栏 5－1

日本的老年护理制度

日本老年人的养老费用主要依靠养老保险，其中的老年护理险是 2000 年 4 月开始实行的一种社会保险制度，旨在运用社会保险的机制，对失去生活自理能力的老年人实施社会化的护理服务。参保人依年龄分成两类：第一类被保险者是指 65 岁及以上的老年人，保费从养老金中扣除；第二类被保险者是指 40～64 岁的人，保险费与医疗保险费一起缴纳。

老人在享受护理服务时，原则上必须缴纳护理费用的 10％，在余下 90％的费用中，由中央财政和地方财政共同承担一半，护理保险费用承担一半。

日本《护理保险法》规定年满 40 岁的公民必须加入并缴纳护理保险费，享受护理保险服务须等到 65 岁以后。《护理保险法》指定的养老护理机构向护理保险对象提供服务，护理保险的给付服务包括两大类，一类是居家护理服务，另一类是设施护理服务。

主要服务方式包括：访问护理、日间照护服务、社区的小规模多功能养老护理等。

① 2017 年民政部社会服务发展统计公报.

1. 访问护理

访问护理服务是由家庭访问护理员到服务对象家中，提供身体和生活上的护理及康复指导，如为老年人提供洗浴、如厕、进食等日常生活方面的基本护理服务，以及咨询、看护、康复训练等服务，对延缓老年人衰老进程、减轻家庭成员护理负担有很大帮助。

2. 日间照护服务

托老所是从事日间照护服务的机构，服务对象主要是 65 岁以上行动不便、具有某种身体或精神障碍、难以进行日常生活的老年人。例如需要护士重度照护者和观察的疑难病症、认知症老人、脑血管病后遗症、癌症晚期患者等。托老所负责白天将其接入社区养老机构，提供日常生活、护理及护理预防服务以及专业人员帮助下的康复训练，晚上再送其回家。

3. 社区的小规模多功能养老护理

嵌入社区的小规模多功能的综合性养老护理服务很受欢迎，是将上门护理、日间照护中心与短期入住的短托组合在一起。这些机构大多建在老年人日常的生活圈内，规模不大，一般为 150～300 平方米，多为普通民宅改建而成，有客厅、厨房、餐厅、浴室，也有短期可入住的单人间，能较好地满足老年人居家养老的需求。

一般规定每天的利用者人数不超过 25 人，日间照料的老人不超过 15 人，夜间住宿的老人不超过 9 人，为社区老年人提供 24 小时服务。老年利用者通常可以根据自己的身体状况，以一项服务为中心（多数情况下是以日间照护为中心）配合短期入住、上门护理等，进行自由组合，也被称为复合型养老护理服务。

4. 以福冈的小规模多功能养老机构为例

在日本福冈九州岛一个大社区里面开设了一个小规模养老机构。只有三层楼，20 个房间，每个房间住一位老人，停车位不到十个，总面积不到一千平方米。场地是租来的，里面设施配备齐全。这家机构也是连锁的，在整个福冈九州地区有四家养老连锁机构。

每一个小规模多功能养老机构主要服务周边的社区。一楼主要做日间照料，上午由家人将老人送过来或者工作人员用专车接来。上午的活动安排一般是吃饭、休闲娱乐、做身体和心理康复、语言康复等。因日本人的生活习惯为每天洗澡，下午一般安排老人洗澡，晚饭后再将老人送回家中休息。

机构还提供上门的家政服务、洗浴服务，也接受老人短期入住。很多老人在家里一直需要家人看护、护理，当家人需要出差或者度假无法照顾老人时可以把老人送到社区比较熟悉的养老机构去，一般有 7 天、15 天、一个月的期限，短暂地住一段时间。

像这样的小规模多功能社区养老机构，活动和管理做得非常细。每周的餐饮都是提前安排并告知的；洗澡的顺序和时间是提前安排的；值班人员的轮换班次和时间也是提前安排的。老人的看护活动要做详细的记录，例如老人做了什么动作，进行了哪方面护理。有不少年轻人从事养老服务工作，员工有 20 多岁的年轻人，也有三四十岁的人。员工一般都很有爱心，有介护的知识和理念。

资料来源：日本内阁府. 平成 30 年（2018 年）高龄社会白皮书；胡澎. 日本人怎样为老年人营造温馨的社区 [J]. 群言，2017 (12).

预计到 2020 年，我国 60 岁以上老人将达到 2.48 亿人，占比例为 17.5%，距离超级老龄社会（2035—2040 年）还有 15～25 年，可以说建立老年护理保险制度恰逢其时。但是，如果忽略劳动人口中在校学习、缴纳税费、就业和收入、提前退休的情况，目前我国老年有效赡养比即扣除升学、失业、低收入群体人数，已经达到 1∶5，这表明实际上从人口结构上看我国已经进入深度老龄社会，距离超级老龄社会只有不到 10 年时间。目前，我国尚无全面实施老年护理社会保险计划和养老商业保险产品，应当立即行动起来填补空白。

根据上海卫生部门之前对上海两社区居家护理服务需求进行的调查，每个街道采取分层随机抽样，共选取了 5 000 名老人作为调查对象。在有效的 3 226 份问卷中，居家护理服务需求率为63.5%，其中60～70岁老人占45.9%，71～79岁老人占34.27%，80岁以上老人占19.76%。在需求人群疾病构成中，排在前三位的分别是心脑血管疾病（约80.63%）、糖尿病（21.01%）和脑卒中后遗症（11.75%），而同时患有两种及以上慢性病的老人占总需求人群的3/4。

（五）其他需求

如果财务准备充分，除满足以上四项基本养老需求外，还可以实现旅游度假、老年教育、兴趣投资等目标。

专栏5－2

老年旅游需求市场将持续增长

相关数据显示：到2025年，我国60岁以上老人将达到3亿人，占总人口的比例为21%，65岁以上老年人比例也将达到13.7%，接近深度老龄化社会；2040年，我国60岁以上老人比例将达到30%，65岁以上老人比例将达到22%，进入超级老龄化社会。

专家预言在未来30年间，每年的老年旅游者将保持7.3%的持续增长。伴随着我国进入老龄化社会，老年人外出旅游所占的比例会越来越大，根据以往经验，其发展趋势是以各种主题开展的老年休闲游、疗养游、纪念游、健身游、养生游等，其旅游需求具有以下特点：

1. 养生疗养产品将成为主流

根据老年市场所体现出来的“慢旅游”的特征，度假属性的休闲产品是老年市场的主导产品，在老年市场对养生、保健、养老等旅游需求的刺激下，度假住宅、康体疗养两大产品有望成为未来老年旅游的主流。例如温泉度假游，夏季避暑休闲游等。

2. 分层需求产品越来越多

一个成熟的旅游市场必须有高、中、低等不同层次的产品，来满足不同消费者的需求。为特定的旅游人群设计个性化的产品是未来旅游发展的趋势；旅游产品的品种多样化、主导产品明确、价格定位准确是市场竞争成败的关键因素。国内老年旅游消费差异很大，经济发达地区，价格定位可以豪华游结合传统游和观光游，设计保健、康复、疗养性的旅游产品，满足游客关注身体健康、追求生命质量的旅游需求；经济欠发达地区的老年游客支付能力相对较弱，旅游产品价格定位要“实惠、价廉”，可以开展故地游、怀旧游、金婚银婚游等活动，旅游产品定位在中、低档次。

3. 产品内容安排是重点

进军老年旅游市场必须从老年人特点出发，提供特色服务。应发挥老年游客的时间优势，选择淡季出游，从航空、地接、宾馆饭店等相关行业取得最低折扣，降低成本，增加竞争力，获取最大利益，从而形成良性发展。老年人生活阅历丰富，对出游活动的安排比较慎重，旅游行程中猎奇的心理成分较少，偏重于内容丰富、体力消耗少的短途旅游，在旅游线路设计上要短而精，长短线结合，以短为主。游览节拍要“少走多看”“缓行安全”。产品内容设计要符合老年旅游者的喜好。老年人在情感上渴望交流和安慰，重感情和亲情，在旅游服务中应该注入浓厚的情感因素，营造一种亲情融融的气氛。

总之，“银发浪潮”将对旅游业的发展产生影响，并为其带来巨大的发展机会。作为一个特殊的市场群体，老年市场有着其自身的发展特点和发展轨迹，其背后蕴藏着巨大的旅游消费需求和潜力。

资料来源：浅析老年人旅游市场现状及发展趋势［EB/OL］. 行知部落. https://www.xzbu.com/8/view-3353478.htm.

二、养老需求测算

（一）基本数据要求

测算客户退休后的养老需求，首先要了解其当期基本生活成本支出水平，如衣、食、住、行、医、护等，然后考虑通货膨胀、意外事件等指标可能对支出产生的影响，从而计算出到退休前一年客户的基本生活支出水平。在此基础上，根据退休后支出项目变化，如医疗费上升、交通费和衣着费用下降等来测算出退休第一年支出费用水平。养老需求准备时间要依据生命表、性别、家族和个人既往病史等进行预期余寿的估算。

除了基本生活支出外，还要根据客户的退休生活目标，对其个性化需求进行财务准备，如给子女购房购车的费用、遗产需求，以及旅游计划、护理计划等。

实例 5－1　A 先生养老基本数据要求

为帮助学员更好地理解退休规划的制作方法和工作流程，我们以 A 先生为客户设计教学案例。按照退休规划制作步骤，首先要对 A 先生的相关信息进行收集整理，包括基础信息、财务信息、宏观信息和目标信息。

1. 基础信息

反映 A 先生的基本家庭情况，包括家庭成员、年龄、职业、收支基本情况、保障情况等，如表 5－7 所示。

表 5－7　A 先生家庭基础信息 1

姓名	A	年龄	35	健康状况	高血压、血糖高
学历	大学本科，注册会计师				
职业	白领，规范用工，收入稳定				
专长	财务管理				
家庭	夫妻 2 人，妻子灵活就业				
薪酬	年薪 9.6 万元，无其他收入				
资产	初始积累 15 万元，主要用于子女教育 父母赠房 60 平方米自住，价值 96 万元，无负债				
保障情况	社会保险：养老保险、医疗保险、失业保险、住房公积金 企业年金 补充医疗保险				
支出	日常生活支出每年 6 万元 其他支出每年 1.2 万元				

经过对 A 先生的进一步家计调查，结合对法定福利和单位福利相关政策和部分数据假设，形成用于测算既得养老资产状况的基础信息，如表 5－8 所示。

表 5－8　　　　A 先生家庭基础信息 2

项目		项目	
年薪增长率	4%	社保缴费基数（月）	8 000 元
养老保险已缴费年限	10 年	养老保险账户累积额	36 000 元
医疗保险已缴费年限	10 年	医疗保险账户累积额	9 000 元
公积金已缴费年限	10 年	公积金账户累积额	108 000 元
企业年金已缴费年限	0	退休年龄	60 岁
退休前投资收益率	3%	预期余寿	20 年
退休后投资收益率	3%		

2. 财务信息

根据 A 先生家庭资产负债和收支储蓄状况，分析有关养老需求和养老供给方面的信息，理财师可以利用资产负债表和收支储蓄表等财务工具以及理财资讯平台的财务分析功能进行实际操作。为了制定家庭投资理财策略，还要进行风险偏好测试，包括风险承受能力和风险态度测试。

利用理财资讯平台的综合规划功能，可以得到 A 先生家庭财务状况和风险属性，如图 5－5 至图 5－8 所示。

资产负债表

统计时间： 2017.12.15

资产	本人	合计	比重
总资产	¥1,263,000.00	¥1,263,000.00	100.00%
投资性资产	¥303,000.00	¥303,000.00	23.99%
自用性资产	¥960,000.00	¥960,000.00	76.01%
负债	**本人**	**合计**	**比重**
总负债	¥0.00	¥0.00	0.00%
净值	**本人**	**合计**	**比重**
总净值	¥1,263,000.00	¥1,263,000.00	100.00%
投资性净值	¥303,000.00	¥303,000.00	23.99%
自用性净值	¥960,000.00	¥960,000.00	76.01%

图 5－5　资产负债表

收支储蓄表

收入	本人	合计	比重
收入合计	¥128,640.00	¥128,640.00	100.00%
工作收入	¥128,640.00	¥128,640.00	100.00%
支出	**本人**	**合计**	**比重**
支出合计	¥72,000.00	¥72,000.00	55.97%
生活支出	¥60,000.00	¥60,000.00	46.64%
其他支出	¥12,000.00	¥12,000.00	9.33%
总储蓄	**本人**	**合计**	**比重**
总储蓄	¥56,640.00	¥56,640.00	44.03%
工作储蓄	¥68,640.00	¥68,640.00	53.36%
其他储蓄	¥-12,000.00	¥-12,000.00	-9.33%

图 5－6　收支储蓄表

储蓄运用表

储蓄	本人	合计	比重
▲ 总储蓄	¥56,640.00	¥56,640.00	100.00%
▲ 固定用途储蓄	¥36,480.00	¥36,480.00	64.41%
住房公积金个人账户年缴存额	¥23,040.00	¥23,040.00	40.68%
社会养老保险个人账户年缴存额	¥7,680.00	¥7,680.00	13.56%
社会医疗保险个人账户年缴存额	¥1,920.00	¥1,920.00	3.39%
商业保险储蓄性保费	¥3,840.00	¥3,840.00	6.78%
自由储蓄	¥20,160.00	¥20,160.00	35.59%

图 5－7　储蓄运用表

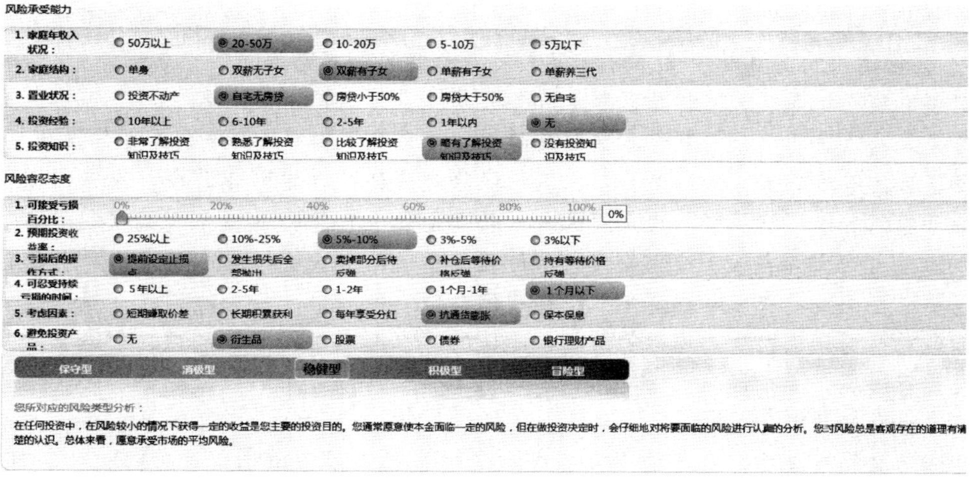

图 5－8　客户风险属性

3．宏观信息

宏观信息主要包括：

（1）宏观经济信息。

社会经济发展将影响到社会中的每一个人，因此必须在大的经济环境中思考和解决问题。比如物价水平持续大幅上涨就会引起通货膨胀，在通货膨胀的条件下，名义利率不能真实反映资产的投资收益率。

CPI 反映一定时期内城乡居民所购买的生活消费品价格及服务项目价格变动趋势和程度的相对数。若 CPI 趋高，实际工资收入远远跟不上物价上涨水平，养老储蓄购买力会降低，对现有货币产生幻觉，影响到未来的消费水平。

国内生产总值（GDP）的变化可能会影响到个体的收入水平，资本市场特别是证券市场一般会对 GDP 的变化提前做出反应，也就是说，证券市场反映预期 GDP 的变动，因此在养老基金投资规划时要进行 GDP 变动分析。而利率的变化既影响储蓄结果，也会影响资本市场的变动。

（2）社会保障政策信息。

国务院新闻办公室 2006 年 12 月 12 日发布了《中国老龄事业的发展》白皮书，全文近 11 000 字，由前言和老龄事业国家机制、养老保障体系、老年医疗保健、养老社会服务、老年社会基础设施、老年文化教育、老年人参与社会发展、老年人合法权益保障几个部分组成。自中华人民共和国成立以来，国家颁布了一系列包括老年社会保障、老年福利与服务、老年卫生、老年文化教育和体育、老年人权益保障以及老龄产业等多方面内容的法律法规和政策。

近20年来，全国人大及其常委会、国务院及其有关部门颁布的老龄法律、法规、规章及有关政策达200余件，初步形成以《中华人民共和国宪法》为基础，《中华人民共和国老年人权益保障法》为主体，包括有关法律、行政法规、地方性法规、国务院部门规章、地方政府规章和有关政策在内的老龄法律法规政策体系框架。政府先后颁布实施《中国老龄工作七年发展纲要（1994—2000年）》《中国老龄事业发展“十五”计划纲要（2001—2005年）》《中国老龄事业发展“十二五”规划》《社会养老服务体系建设规划（2011—2015年）》《中国老龄事业发展“十一五”规划》《“十三五”国家老龄事业发展和养老体系建设规划》《关于运用政府和社会资本合作模式支持养老服务业发展的实施意见》《关于确定第二批中央财政支持开展居家和社区养老服务改革试点地区的通知》等。国务院有关部门和地方各级人民政府，也分别制订本部门老龄工作行动计划和本地方老龄事业发展规划。

我国目前基本养老保险制度、基本医疗保险制度还处在定型化阶段，未来养老保险制度改革可能朝着以“社保税”为来源的基本养老金加上自储公助型个人账户积累型养老金相结合的方向转型。基本医疗保险在目录使用调整、结算方式改革、待遇支付异地使用等方面也要进行调整，未来各种变化都将影响到参保人的权益。每一次国家政策的改变与调整，都会对规划产生影响，理财师若想以更好的客户服务维护客户利益，需熟悉和掌握国家相关政策法规。

（3）金融产品信息。

从国际经验情况看，发达的个人养老市场依托于强烈的市场需求、强大的制度支持、优质的产品服务，并且强调自主选择权。

第一，产品市场需求大。从社会整体的角度看，政府和个人都需要补充养老产品来缓解国家基本养老保险制度的压力。从个人的角度看，随着全球资本市场的快速发展，人们的投资理财意识普遍提高，不再满足于低收益的银行储蓄，对长期稳定的、具有保障功能的养老投资产品需求强烈。

第二，制度支持力度大。多数OECD国家利用税收递延、减免税等措施来鼓励个人投资养老理财产品。同时在加大监管力度的基础上，也放宽对养老基金管理机构的投资范围限制，以取得较高的投资收益率来吸引购买者。我国2013年出台的针对企业年金的税收优惠制度，也是旨在鼓励企业建立补充养老保险计划。

第三，以需求为导向，客户定位清晰。国外个人养老产品突出了中老年人、中高收入者以及有稳定工作人群的产品需求，产品具有长期性、安全性、流动性、收益性等特征。例如，美国的共同基金就是通过不断探索，由“产品导向”转化为“需求导向”，从而克服了不能妥善满足需求、市场拟合度低的问题。我国金融机构管理模式多数停留在产品导向型阶段，理财师在各种指标压力下，很难实现客户利益最大化。养老服务的长期性、锁定性，要求理财师必须转变观念，以优质服务满足客户利益来建立信任关系。金融机构也应适应养老金融产品的特点，转变经营模式，开发养老理财产品，服务于老年客户群体。

第四，尊重自主选择。多数国家的养老基金管理机构会提供种类繁多的产品来满足不同风险收益偏好者的需求。通过在不同产品之间的比较分析，个人的自主选择权得到充分尊重。在个人能力不足的情况下，会选择专业人员进行管理，这恰恰给了理财师更多的工作和展示能力的机会。

目前我国市场对个人养老产品的需求强烈，主要有三个原因：一是人口老龄化的影响，我国目前处于进入或正在进入老龄人口高峰时期。高龄人口比例增长加大了长寿现象，亟须开发更多养老产品来满足养老理财市场需求。二是居民养老理财的意愿强烈。尽管我国的国家公共养老体系日益完善，但仍然只能保证居民老年时期的基本生活。同时，由于居民在退休后预期收入稳定且替代率不高，增长空间小，而“看病贵”使疾病等意外支出加大，再加上老年人缺乏安全感的心理特点，使得居民养老储蓄积累意识加强，在退休后使已有资产保值增值的意愿更加强烈。三是高储蓄为养老理财提供了物质保证。我国居民历来有高储蓄的传统，基本从40岁开始，收入和家庭消费稳定后到退休前期达到峰值，这为个人开展养老理财打下了物质基础。

针对A先生的案例，对所需的宏观信息进行整理，如表5－9所示。

表5－9　　宏观信息

项目		项目	
通货膨胀率	3%	房价增长率	3%
上一年社会平均工资（月）	3 500元	社保缴费基数（月）	8 000元
社会平均工资增长率	3%	养老保险个人缴费比例	8%
社保基金投资报酬率	2%	医疗保险个人缴费比例	2%
月平均缴费工资指数	1.5	公积金个人缴费比例	12%
公积金账户投资报酬率	2%	企业年金投资报酬率	5%
基本养老金发放水平	每期不变		

宏观信息数据有客观数据和主观假设两种。客观数据即不以理财师个人意志为改变的，基于宏观经济形势或根据国家政策法规得到的数据，如缴费基数、缴费比率、待遇发放政策公式等，需要理财师认真学习有关内容并准确把握；主观假设的数据是理财师根据个人的认识和理解得出的，如通货膨胀率、工资增长率、房价增长率等，实践中理财师可以参考相关机构发布的研究报告，或综合经济学家及金融专家的意见和观点。

4. 目标信息

A先生的退休规划目标信息如表5－10所示。

表5－10　　客户退休规划目标

项目	内容
日常支出需求	替代率80%
医疗需求	可以负担各种医疗费用
居住需求	退休时将现有房子换成C区80平方米的房子
养老服务需求	预计70岁开始需要家政及护理服务
其他养老需求	退休后上老年大学，学习绘画

目标信息是理财师与客户在充分沟通和交流的基础上完成的，绝对不能是理财师以主观判断形成。首先要确定养老需求四项基本要素，即养老日常生活支出、医疗、居住、养

老服务等内容。除此之外，客户还会有其他需求，如教育、旅游等。

5. 其他注意事项

(1) 工具的使用。

信息社会背景下获取信息的工具和渠道多种多样。网络是最好的选择，无论是政策信息，还是产品信息，都可以通过网络找到结果，但一定要用官方渠道，剔除干扰信息。还可以用一些技术软件，如蒙特卡罗模式、养老金断流概率等。在预测预期余寿时，可以使用保险公司的生命年表。

(2) 对家庭风险的分析。

在对A先生家庭信息进行整理和分析时，理财师要充分考虑到家庭的风险。主要有两类：

一是社会风险，即不以个人意志为转移的养老风险。例如，国家社会政策调整带来的养老权益影响；通货膨胀导致货币贬值，购买力下降的经济风险等。

二是个人风险，即由A先生家庭问题导致的风险。A先生人力资本上升或下降导致的收入增加或减少。从本案例来看，该家庭只有A先生有稳定的经济收入，整个家庭对他的依赖性太高，如果出现意外，失去A先生的经济来源，将对家庭生活产生极大影响。在本案例中，A先生有父母赠房一套，如果没有，需要买房，则其房产支出将会非常大。如果A先生需要给父母支付赡养费，或者生育孩子，增加家庭成员数量，都可能产生财务压力。

(二) 日常生活支出需求测算

在基本数据已经获取和宏观经济数据合理假设以后，就可以开始对客户的相关需求进行测算，需要指出的是，从安全性和稳健性的角度出发，一般数据的假设需要相对保守一些。在这里，仍然以A先生的数据为例，为大家展示测算的结论。

案例数据：A先生当前日常生活支出为每月5 000元，退休后投资收益率为3%，预期通货膨胀率为3%，预计客户退休后日常生活支出是退休前一年的80%，预期客户余寿20年。

退休前一年的日常生活支出为：$5\,000\times12\times(1+3\%)^{24}=121\,967.65$(元)。

退休第一年的日常生活支出为：$121\,967.65\times80\%=97\,574.12$(元)。

退休后日常生活支出在退休时点的现值可根据 $n=20$，$I=3\%$，$PMT=-97\,574.12$，$FV=0$，$g=3\%$，在期初年金模式下，计算得到 $PV=1\,951\,482.40$ 元。

(三) 医疗及保健需求测算

老年医疗保健规划是养老理财规划中的重要组成部分。在分析及测算老年医疗及保健需求之前，需要认识老年健康风险，测算健康风险程度，了解常见疾病类型和费用情况，只有做到充分了解和认识，才能较为准确地测算需求程度。

1. 认识老年健康风险

老年健康的风险有如下特征：

(1) 患病概率随年龄增长而增加。根据卫生部的统计，在两周患病率这个健康指标上，老年人与全人口的相对差距正在逐年扩大，体现为老年人的健康状况比起之前有着更迅速地恶化。1998年我国第二次卫生服务调查结果显示，60岁以上老年人两周患病率是全人口的 1.7 倍；2003 年第三次卫生服务调查结果显示，全国 65 岁以上老年人口两周患病率平均为 37.1%；2008 年第四次卫生服务调查结果显示，全国 65 岁以上老年人口的两周患病率平均为 43.2%；2013 年第五次卫生服务调查结果显示，全国 65 岁以上老年人口的两周患病率平均为 62.2%，约为青少年的 13 倍。对广州某社区 1 000 名老年人进行调查发现，老年人两周患病率达 467‰。武汉市某些社区老年人两周患病率高达 829.1‰，虽然两周患病率指标随着调查时间、地点与人群的不同而波动范围较大，但其远高于总体人群的趋势并无改变。这说明随着年龄的增长，老年人患病概率较高，健康状况出现不同程度的下降。

（2）慢性病在老年时更加常见。慢性病是困扰老年人晚年生活的最常见问题。随着年龄增长，机体各器官系统的退化，功能性和器质性疾病的发生比率大大增加，决定了老年人是各种慢性疾病的高患病群体。各地老年人健康普查表明，无重要器官病变的健康老人仅占老年人群的 20%～25%。第五次卫生服务调查结果显示，城市、农村的慢性病患病率随年龄的增加而增高，65 岁及以上老年人口慢性病患病率城市和农村分别为 89.4% 和 65.6%，且往往多病共存，人均患有 2～3 种疾病。城市地区老年人慢性病患病率的前五位依次是高血压、糖尿病、椎间盘疾病、缺血性心脏病和胃肠炎；农村地区慢性病患病率排在前五位的疾病依次是高血压、糖尿病、椎间盘疾病、脑血管病和胃肠炎。有研究调查了 61 057 名 60 岁以上老年人，发现其慢性病的患病率为 71.8%，患 1 种慢性病的占 33.6%，同时患 2 种慢性病的占 16.2%。对北京市 895 名 60 岁以上老年人慢性病现状的研究结果显示，其慢性病患病率高达 91.7%，患有 1 种慢性病者占 15.2%，患有 2 种慢性病者占 21.6%，患有 3 种及 3 种以上慢性病的老年人占 54.9%，平均每位老年人患 3.48 种慢性病。

（3）精神和心理疾病在老年时更加严重。心理健康是全面衡量老年人健康状况的一个不可忽视的方面。随着年龄的增长，躯体健康的弱化，收入的减少，家庭、社会关系的改变，生活圈的缩小以及社会支持的减少，老年人的心理健康问题日益突出。对 1 024 名老人进行心理测试发现，约八成以上的老年人处于心理健康的临界点或亚健康状况，主要表现有孤独、自卑、空虚、失落、失眠、易怒、反应迟钝、情绪反复等症状。文化程度、经济状况、婚姻状况、躯体患病情况以及家庭与社会支持系统，是影响老年人心理健康的主要因素。一般从认知功能、抑郁、自尊评价三方面测评老年人心理健康状况，认知功能随年龄增加而减退，认知功能减退的老人日常生活自理能力下降，需要更多的来自家庭成员的照顾；抑郁症状随年龄增加而加重，女性明显重于男性，与慢性病发病率高、生活自理能力下降、对家庭成员照顾的依赖性增加、经济拮据及丧偶有关。社会支持对抑郁症状亦有明显的影响；16.7%的老人自尊评价有问题，8.0%有严重问题，经济状况、生活自理水平及抑郁症状与老人自尊评价密切相关。对 2 005 名老年人进行的单维健康状况评估结果显示，社会健康障碍占 29.1%，年龄越大，所患疾病越多，参加的社会活动越少，老年人的社会健康状况越差。这提示了提高老年人心理、社会健康水平应注意到其躯体健康状况、生活自理能力、家庭和社会支持等各层面的因素，家庭、社会应给予老年人更多的尊重、关心和良好的生活照顾，尤其是对高龄、女性及丧偶的老人。

最值得重视的是，老年人医疗费用随年龄增加。美国学者通过美国的 Medical Expenditure Panel Surveys（MEPS）数据，分析了老龄人口对医疗费用增长的影响。研究表明，老龄人口的人均医疗费用是年轻人医疗费用的 3～5 倍。对中国的研究则发现，目前中国老年人全年人均医疗费用为总人口平均的 2.56 倍，占总人口 10%的老龄人口的医疗费用占总人口医疗费用的 30%。

（4）老年人医疗费用的不确定性增加。医疗技术复杂、医疗费用构成因素繁多，是造成老年人医疗费用不确定性随年龄增加的最主要原因。即使是商业保险机构，在厘定医疗保险费率时也无法利用大数定理完全控制这些不确定性。大约 40%的商业保险公司医疗保险赔付率超过 100%，有的甚至达到了 300%。不确定性的增加使得老年人的医疗支出动辄超过总人口平均医疗支出的数个标准差。若没有合适理财产品的保障，这种不确定性造成的福利损失将会相当大。

（5）疾病带来的损失除了直接医疗费用外还包括间接费用。在老年疾病损失中，间接费用是由老年医疗的患病率高、依赖度强、病程长等特点决定的，由此决定了老年疾病损失还包括交通费用、护理和陪护费用以及陪护人员的高额时间成本等。

2. 测算老年健康风险

此处主要讨论老年健康风险的静态测算。老年健康风险的静态刻画可以由以下三个层次组成：（1）人口，包括老年人口的年龄结构、性别结构；（2）疾病风险，包括疾病的种类、疾病的严重程度、疾病的持续时间等因素；（3）疾病费用，这与疾病种类、严重程度和持续时间直接相关，但仍然包括相当多的不可测因素。这些不可测因素包括医疗新器材、新药品的应用、物价指数、个人选择等。除此之外，还包括相当一部分间接费用因素。间接费用包括交通费用、护理和陪护费用以及陪护人员的时间成本。

老年健康风险的动态刻画与静态刻画类似，但人口的刻度还包含所有人口年龄结构以及死亡率随时间变化的因素，可以依次推算出动态的年龄组、死亡率和发病率。同时，新疾病、新型治疗方法以及物价的动态因素也必须通盘考虑，这使得长时间的健康风险测度复杂以至于不可行。因此，本章提到的健康风险的测算主要指静态的风险测算和短期的动态风险测算。

在刻画了老年健康风险度量的三个层次后，可以用以下公式简单地计算出老年医疗费用：

$$M_j = \sum_{i=1}^{n} P_j P_{ji} m_i$$

其中，M_j 为 j 岁的老人在该年度的总医疗费用；P_j 为 j 岁时的生存概率。在线性死亡而非线性死亡的假设下，该生存概率可简单地替换为 j 岁的老人在该年度的存活期望时间；P_{ji} 为 j 岁的老人患有 i 疾病的概率；m_i 则是治疗 i 疾病的平均医疗费用。这一估算并不需要考虑健康程度等个人因素，也不考虑疾病程度、患病时间等内部因素，同样不考虑治疗方案、医疗水平等外部因素，只是一个所有疾病的平均数，因此只是一种比较粗略的刻画。上述估算是基于某一年龄人口的平均状况而得到的预期医疗费用，可作为设计理财方案时的参考标准，再根据个体的具体健康状况调整。对于医疗费用的更精细刻画需要从大量、分类细致的数据中抽取对比样本才能够进行。

实例 5-2 求退休后预计的医疗费用

假设现年 40 岁的张先生只可能患有糖尿病以及高血压两种疾病，预计 60 岁退休，预期寿命 75 岁。目前的医疗费用调查数据显示，高血压、糖尿病、冠心病、脑中风等疾病年均医疗费用开支均为 4 000～10 000 元（取上限计算），患病率如表 5-11 所示。忽略医疗费用上涨因素，求张先生退休后每年预计的医疗费用开支。

表 5-11 糖尿病和高血压患病率

年龄	50～59 岁	60～69 岁	70 岁以上
糖尿病（%）	4.5	10	15
高血压（%）	23.72	39.22	48.13

解析

60～69 岁每年预期医疗费用＝100%×(10%＋39.22%)×10 000＝4 922(元)

70～75 岁每年预期医疗费用＝100%×(15%＋48.13%)×10 000＝6 313(元)

该例题的计算已经定下了预期寿命，所以每一年的生存概率不必代入计算。在实务情况中，必须考虑可能死亡的情况（见实例 5-3）。

实例 5-3 求退休后预计医疗费用的贴现值

假设现年 60 岁的王先生只可能患有糖尿病以及高血压两种疾病，他刚刚退休，死亡概率符合现有生命表（见表 5-12）。目前的医疗费用调查数据显示，高血压、糖尿病、冠心病、脑中风等疾病年均医疗费用开支均为 4 000～10 000 元（取上限计算）。忽略医疗费用上涨因素，假设年利率 δ 为 5%，求王先生退休后每年预计的医疗费用开支在今年的现值。

表 5-12 生命表数据

年龄（岁）	生存概率	年龄（岁）	生存概率	年龄（岁）	生存概率	年龄（岁）	生存概率
60	0.991 771	70	0.975 429	80	0.931 129	90	0.815 667
61	0.990 687	71	0.972 691	81	0.923 813	91	0.797 379
62	0.989 510	72	0.969 660	82	0.915 776	92	0.777 500
63	0.988 253	73	0.966 316	83	0.906 929	93	0.755 941
64	0.986 909	74	0.962 629	84	0.897 200	94	0.732 617
65	0.985 458	75	0.958 570	85	0.886 511	95	0.707 456
66	0.983 866	76	0.954 098	86	0.874 779	96	0.680 396
67	0.982 095	77	0.949 171	87	0.861 920	97	0.651 394
68	0.980 114	78	0.943 738	88	0.847 843	98	0.620 428
69	0.977 897	79	0.937 743	89	0.832 457	99	0.587 505

解析

$$VM_{60}=\sum_{j=60}^{100}\frac{P_jP_{ji}m_i}{(1+\delta)^{j-60}}=64\ 987(\text{元})$$

3. 了解老年疾病的主要类型及费用

（1）一般常见病：病种主要有感冒、发烧、痢疾等。这类病种的特点是任何年龄阶段的人都可能发病，频率高但费用额度不高。产生医疗费用的项目主要有挂号、检查、诊疗、输液、药品等。但老年人可能由一般常见病引发其他疾病，因此应该注意消除诱发因素。

（2）老年多发病：病种有哮喘、高血压、心脏病、糖尿病等，特点是老年人发病的概率大于其他年龄阶段；一旦染病，持续性时间长，不易痊愈，需要长期支付费用；费用额度无论是当期额还是累积额均较高；患病期间一般需要护理照料，需考虑产生的相关费用，特别是间接费用。疾病本身的治疗可能产生门诊费用或住院费用。

表 5－13 是卫生部门官方网站公布的 30 种重大疾病平均住院医药费用，理财师要经常收集整理这些数据，以便在制作退休规划时参考使用。

表 5－13　　2017 年 30 种疾病平均住院医药费用（节选）

疾病名称（ICD－10）		出院人数（人）	出院者平均住院日	人均医药费（元）	药费（元）	检查费（元）	治疗费（元）	手术费（元）	卫生材料费（元）
内科	急性心肌梗死	391 399	8.6	27 552.5	4 854.5	1 769	2 467.6	3 507.8	12 369.7
	充血性心力衰竭	35 036	9.7	8 014.1	2 963.5	929.0	1 145.5	605.5	590.2
	甲状腺功能亢进	108 643	7.7	5 691.9	1 618.1	935.6	508.9	2 218.2	361.1
	脑出血	523 488	14.5	18 524.6	6 859.9	2 094.9	3 291	1 943.3	2 017.1
	脑梗塞	3 122 289	10.7	9 607	4 226.9	1 531.0	1 175.1	523.2	499.7
外科	胃恶性肿瘤	264 058	12.8	22 052	7 315	1 809.7	1 686.1	3 821.3	5 875.9
	肺恶性肿瘤	236 819	12.6	21 263.7	6 091.9	2 224.8	1 849.1	3 085.9	5 743.7
	食管恶性肿瘤	150 692	14.3	19 189	6 200.5	1 998.2	3 176.1	3 115.2	3 835.7
	心肌梗死冠状动脉搭桥	4 192	15.9	61 051.0	10 905.7	3 535.2	4 197.3	9 942.7	24 624.1
	膀胱恶性肿瘤	71 844	12.2	18 610.8	6 019.7	1 629.4	1 299.4	3 497.2	3 178.0
	腰椎间盘突出症	512 590	10.2	9 412.5	1 808	997.1	1 595.7	3 056.6	2 835.3
妇产科	子宫平滑肌瘤	350 626	8.8	13 279.8	2 557.8	804.0	971.1	3 745.4	2 429.1
眼科	老年性白内障	670 326	3.9	6 952.2	369.4	469.5	286.2	2 207.3	2 780.8

（四）居住需求测算

以退休时点为界，可分为有房需求和无房需求两种情形的测算。

1. 有房

有房是指理财客户在退休时有一定居住面积的养老住房。一般老年人喜欢在熟悉的环境中生存，因此理财师根据客户信息，可以不测算居住需求，但可进行住房残值管理。也有一些老人想改善居住条件和环境，提出换房要求，需要理财师在其退休前完成换房计划，以免影响正常的退休生活，如果条件允许可使用养老现金积累解决，也可以将原住房变卖支付新房购买款或首付款。

2. 无房

无房是指理财客户在退休时点出于各种原因没有满足个人条件的养老住房，如将原有住房让给子女等。可以考虑租房或重新买房，关于租房或购房成本，理财师可以结合 AFP 课程中有关房产规划的知识进行测算。在少子化及社区养老条件不足的情况下，可以引导有条件客户选择机构养老。

实例 5－4 A 先生现有 60 平方米的房子，退休时子女独立，无其他负担，想将原有 B 区 60 平方米的房子换到 C 区，C 区生活方便、交通便利，居住面积 80 平方米左右。

当前 C 区房子均价为 20 000 元/平方米，房价增长率为 3%，退休时 80 平方米的房子总价约为：$20\,000\times(1+3\%)^{25}\times 80=3\,350\,044.69$(元)。因此，A 先生的换房成本约是 335 万元。

（五）养老服务需求测算

养老服务需求内容多种多样，包括餐饮制作、家政、一般护理和失能护理等。未来老年护理人员经过专业培训，随着服务能力和水平的不断提升，其人力资本价格也将逐年提升。

根据《家政行业大数据调查报告——中国·广州（2017）》显示，广州地区家政服务行业招聘的三大工种中，月嫂/育婴师的工资水平最高，达到了 7 493 元。保洁/清洁工的平均月薪最低，为 3 586 元。二者之间差距较大。保姆/护工的平均月薪仅次于月嫂/育婴师，达到 6 744 元。

实例 5－5 假设 A 先生无子女在身边照料，需求养老服务机构提供家政、护理等项目，若 A 先生从 70 岁开始享受这些服务，保守估计每月费用为 6 000 元，满足预期余寿 80 岁需要服务 10 年，贴现率 3%。

解析

根据 $n=10$，$I=3\%$，$PMT=72\,000$，$FV=0$，在期初年金模式下，可计算出 $PV=-632\,599.84$，即该费用在 70 岁时点的价值约为 64 万元。

再将其折算到退休时点，即根据 $n=10$，$I=3\%$，$FV=-632\,599.84$，$PMT=0$，得到 $PV=470\,713.69$，说明该费用在退休时点的现值约为 47 万元。

（六）其他养老需求

如果身体条件和经济条件有保障，老年生活将会是丰富多彩的。因为他们有闲暇，有令年轻人羡慕的稀缺资源——充足的时间。历经沧桑后，老人们应该拥有如夕阳般灿烂的晚年生活，弥补因职业生涯期工作的忙碌而未能满足的许多心愿，如旅游、读书、娱乐、交友等。

实例 5－6 A 先生酷爱绘画，打算 60 岁开始去老年大学上课，持续 10 年，预计每年费用为 1 200 元，在 3%贴现率条件下，根据 $n=10$，$I=3\%$，$PMT=-1\,200$，$FV=0$，按照期初年金模式，可计算得到 $PV=10\,543.33$，该费用在退休时点的现值为 1 万元左右。

第三节　养老供给分析及测算

一、测算养老供给的基本思路

养老供给是在退休时点拥有的、能满足养老需求的养老资产，包括流动资产、固定资产、权益资产等。在进行养老供给测算时，需注意以下事项：

（一）基准点的设定

我们在养老需求测算时一般是以退休时点为基准点，按照期初年金计算养老需求在退休时点的现值，因此在测算养老供给时一定要与养老需求测算时点相统一，按期末年金计算养老供给在退休时点的终值（当然也可以按规划起点进行测算，关键是需求和供给要统一在一个时点），原因是我们可以将二者直接进行比较，来测算养老赤字。

（二）养老供给的主要内容

$$W_x(1+k)^{n-x}+\sum_{t=x}^{n}(E_t-C_t)(1+k)^{n-t}$$

按照财务测算模型的内容分析，养老供给的测算一般有以下内容：

1. 规划起点趸缴的养老资产 W_x

即理财客户在规划起点针对养老锁定的一次性供给，这部分资产会在家庭资产负债表中有所体现。

2. 客户在养老资产积累期间形成的自由储蓄（E_t-C_t）

这是指在退休之前工作期间每期家庭产生结余时，锁定为养老使用的养老供给。这部分资产会在家庭收支储蓄表中有所体现。

3. 权益资产

这是由于期间参加各类养老制度或购买了契约产品或者用于养老准备的其他权益性投资性资产，比如国家基本养老保险、补充养老保险、商业养老保险、公司股权或股票资产等。除此之外，住房公积金、国家基本医疗保险等个人账户余额未在退休前使用的，也可以形成养老供给，如理财客户在退休前并未买房、建房、租房等，其住房公积金账户积累的余额在退休前不可以随便支取，但到退休时可以一次性支取作为养老供给。

4. 投资收益 K

这主要是指养老资产积累期间，全部资产为实现保值增值目标进行投资管理而形成的投资收益，最终可以转换成养老供给。固定资产如房产的增值也可以在房子变现后增加养老供给。

5. 其他供给

理财客户可能还会有其他产生养老供给的项目，比如遗产继承、退休后的兼职收入、偶然所得等，理财师在进行信息收集整理时要给予关注，不要在测算养老供给时产生遗漏。

二、养老金供给测算

养老金主要用于满足日常生活支出需要，一般包括两部分：一部分由权益资产形成，另一部分由工作期间薪酬收入产生的自由储蓄积累形成。

理财师可以从以下三个方面分析养老金供给水平：

1. 个人收入水平

大多数权益资产的累积额都与员工收入、人力资本相关，因此关注员工薪酬中的当期收入和延期收入，关注客户的职业生涯发展、预测员工的人力资本，这样才能准确估计养老金供给水平。

2. 家庭财务状况

通过分析家庭资产负债结构，可以明确有多少生息资产可以为退休规划所用，通过分析收支储蓄情况，可以判断客户的储蓄能力。

3. 个人理财价值观

个人理财价值观也对客户的养老供给有影响，理财师要特别关注客户的消费—储蓄偏好，看他们是倾向于当期消费还是倾向于退休后消费等。

（一）养老金的主要来源

1. 国家基本养老保险

国家基本养老保险是工作期间与雇佣单位签订劳动合同，按《中华人民共和国劳动合同法》规定强制参加的养老保险制度，在履行单位和个人缴费后形成的养老资产权益，在退休时点享受待遇支付形成的养老金现金流，一般按月支付。关于国家基本养老保险的具体规定详见 AFP 课程中有关员工福利的内容。

实例 5－7 假设 A 先生 35 岁时上一年度职工月平均工资为 3 500 元，社会平均工资增长率为 3%；社保基金投资收益率为 2%；指数化月平均缴费工资指数为 1.5；养老个人账户已累积 36 000 元；工资增长率 4%；基本养老金每期发放水平不变。计算 A 先生退休时点的基本养老金现值。

解析

基本养老保险 35 岁当期年缴费为 8 000×8%×12＝7 680 元，根据 $n=25$，$I=2\%$，$PV=-36\ 000$，$PMT=-7\ 680$，$g=4\%$，按照期末年金的形式可以计算出 A 先生退休时点养老金个人账户积累额为 452 750.27 元，即退休后个人账户养老金为 452 750.27/139＝3 257.2(元)。

退休前一年度月社会平均工资为 $3\ 500\times(1+3\%)^{25}=7\ 328.22$(元)，统筹账户的养老

金为 $(7\ 328.22+7\ 328.22\times1.5)/2\times35\%=3\ 206.1$(元)。

A 先生国家基本养老金月待遇支付水平为 $3\ 257.2+3\ 206.1=6\ 463.3$(元)。

A 先生退休后 20 年，在贴现率为 3%的条件下，可以根据：$n=20$，$I=3\%$，$PMT=6\ 463.3\times12=77\ 559.6$，在期初年金的模式下，计算得到 $PV=-1\ 188\ 507.73$，即 A 先生的基本养老金在退休时点的现值为 1 188 507.73 元。

2. 企业年金测算

企业年金是在国家基本养老保险基础上由企业发起建立的补充养老保险计划，详见 CFP 课程中有关员工福利的内容。

实例 5－8 A 先生月缴费为 $8\ 000\times4\%=320$(元)，企业和个人 1∶1 配款并建立个人账户进行积累，并按 5%产生基金收益，计算退休时点企业年金账户的积累额。

解析

根据 $n=25$，$I=5\%$，$PV=0$，$PMT=-320\times2\times12=-7\ 680$，$g=4\%$，在期末年金的模式下，计算得到 $FV=553\ 358.29$，即退休时点企业年金的账户积累额为 553 358.29 元。

3. 个人养老储蓄

可以在退休规划开始时点一次性趸缴，也可以分期进行灵活储蓄。前述案例中 A 先生没有进行针对退休的专门储蓄。

（二）影响养老金供给的主要因素

影响养老金供给的因素有很多，包括退休时点、经济增长率、通货膨胀率、利率、汇率、税率、收入变化率、支出变化率、社会保险费率及各类账户投资报酬率等，这里重点研究退休时点对养老供给的影响。

退休时点对退休规划的影响是双向的，涉及养老基金积累期和养老待遇支付期。退休年龄即根据有关法律规定达到法定时点，可以停止工作和领取全额养老金的年龄。我国现行法定退休年龄具有刚性，一般为男性 60 岁，女性企业职工 50 岁，机关和事业单位的女职工 55 岁。正省部级领导 65 岁退休，艰苦工作岗位如从事高危行业、井下作业、带有辐射性质的工作岗位员工，男性可以 50～55 岁退休，女性可以 45 岁退休，以身份证日期为准。

未来改革趋势为职工可以选择退休，即根据养老生活目标，选择最佳退休年龄，求得养老供需平衡。或者弹性退休，即由全职在岗到完全离岗设立缓冲期，减少生活方式骤然变化带来的风险。无论是哪种方式，基本原则是缴费期越长，缴费额度越多，可领取的养老金额度也会越多。如果未来中国退休政策采用更为灵活的方式，理财师在制定退休规划时要根据政策环境和客户的特定需要，采取灵活的方式进行合理安排，通过测算帮助客户在工作和闲暇之间做出适合自己利益最大化的选择。

实例 5－9 计算 A 先生分别在 60 岁、63 岁和 65 岁时退休的养老金替代率水平。

(1) 60 岁时退休：

养老金替代率 $=6\ 463.3/[8\ 000\times(1+4\%)^{24}]=31.52\%$

（2）若 A 先生选择 63 岁退休，则：

基本养老保险 35 岁当期年缴费为 8 000×8%×12=7 680(元)，根据 $n=28$，$I=2\%$，$PV=-36\ 000$，$PMT=-7\ 680$，$g=4\%$，按照期末年金的形式可以计算出 A 先生退休时点养老金个人账户积累额为 545 625.65 元，即退休后个人账户每月养老金为 545 625.65/117=4 663.47(元)。

$$\begin{aligned}\text{统筹账户的养老金} &= [3\ 500\times(1+3\%)^{28}+3\ 500\times(1+3\%)^{28}\times1.5]/2\times38\% \\ &= 3\ 803.68(\text{元})\end{aligned}$$

$$\text{基本养老金}=4\ 663.47+3\ 803.68=8\ 467.15(\text{元})$$

此时 A 先生的养老金替代率为 $8\ 467.15/[8\ 000\times(1+4\%)^{27}]=36.71\%$。

（3）若 A 先生选择 65 岁退休，则：

基本养老保险 35 岁当期年缴费为 8 000×8%×12=7 680(元)，根据 $n=30$，$I=2\%$，$PV=-36\ 000$，$PMT=-7\ 680$，$g=4\%$，按照期末年金的形式可以计算出 A 先生退休时点养老金个人账户积累额为 615 110.81 元，即退休后个人账户每月养老金为 615 110.81/101=6 090.21(元)。

$$\begin{aligned}\text{统筹账户的养老金} &= [3\ 500\times(1+3\%)^{30}+3\ 500\times(1+3\%)^{30}\times1.5]/2\times40\% \\ &= 4\ 247.71(\text{元})\end{aligned}$$

$$\text{基本养老金}=6\ 090.21+4\ 247.71=10\ 337.92(\text{元})$$

此时，A 先生的养老金替代率为 $10\ 337.92/[8\ 000\times(1+4\%)^{29}]=41.44\%$。

可以发现退休时点越晚，养老金替代率越高；但是，晚退休意味着在余寿不变的情况下，可以享受的退休时光就减少了。

专栏 5-3

延迟退休与养老金待遇支付

退休是个人选择，何时结束职业生涯退出劳动力市场，每个人的情况不同。领取养老金时点要根据养老保险制度本身运行情况按国家规定执行，二者不能混为一谈。由于计划经济时期，城镇企业职工退休就能领到养老金，机关和事业单位公职人员可以领到退休金，所以人们已经习惯将退休和领取养老金混为一谈。

在正规就业市场早退休，再到非正规就业市场重新工作，可能是个不错的选择。但是，这种状况对国家税收、收入分配、就业结构、劳动保护、社会保险制度的冲击是深重的，亟待在综合治理中得到改善。领取养老金年龄是国家依法规定的。如果领取养老金年龄的相关政策具有一定的弹性和激励性，部分受益人可能选择提前退休领取减额养老金，或者推迟退休领取超额养老金。

从国际经验看，实际退休年龄和法定领取全额养老金年龄通常并不一致，劳动者不应“被退休”，应当具有选择权。需要指出的是，国家公务员受公共财政预算约束，一般不允许推迟退休，可以在达到一定服务年限后提前退休或者病退。在中国计划经济时期，国家对国营企业和集体企业职工如同机关事业单位，一律实行公务人员管理，在达到一定年龄时即“被退休”和领取“退休工资”。这种计划经济的产物，在企业职工头脑中有着根深蒂固的影响，甚至可能延伸到个体劳动者。很多 50 岁“被退休”的女职工进入了非正规劳动力市场，直到她们有了孙辈或老辈有病，才可能回家料理家务。一旦国家依法提高养老保险最低缴费年限，并允许提前领取减额养老金或者提前使用个人账户养老金，人们的实际退休年龄与领取全额养老金的年龄即可能分离。另外，在完善个人账户投资管理的前提下，如果收益率高于银行储蓄利率，会有更多的人选择推迟退休，以积累个人养老金。总之，一方面，在劳动力市场上，职工不应当“被退休”；另一方面，在职工未达到最低养老保险缴费年限之前，只要企业能够正常运转，一般不允许企业辞退职工；此外，国家还应当出台减税费政策（如对有居住房的年长职工免缴住房公积金，免缴生育保险费等），鼓励企业聘用年长职工。如此，人们就可以自主选择退出劳动力市场和领取养老金的最佳年龄。

资料来源：杨燕绥．领取全额养老金年龄与实际退休年龄可以不同［J］．中国社会保障，2014（1）．

三、医疗及保健供给测算

医疗保障指分担居民医疗费用、确保人人享有基本医疗服务的制度安排。现有的医疗风险保障措施包括城镇职工基本医疗保险及补充医疗保险、城乡居民基本医疗保险、商业医疗保险等计划安排。老龄人口的医疗费用是青年人口的 3～4 倍，一般老龄人口的收入和资产均难以应对医疗成本的上升，应当积极参加基本医疗保险及补充类型的医疗保险计划，分担年度医疗费用的 70%～80%，再购买商业健康保险分担另外的 10%～20%，这样可以将个人需要承担的医疗费用降至 10%以下。养老规划还要关注医疗资源的可及性，确保老人能够在有效的时间里利用和享受医疗保险待遇，不至于因为无法获得及时诊治而影响老年人的身体健康。

假设某地社会平均工资为 2 000 元/月，社保封顶线为 2 000×12×4＝96 000（元），社保统筹报销比例 80%，且规定社保报销与补充医疗保险报销独立核算，即社保报销后的全部余额在目录内的部分可再由补充医疗保险报销 80%，10 万元封顶。假设不考虑起付线，比较目录内医疗费用为 9 万元、15 万元、20 万元、25 万元时社保医疗保险和加入补充医疗保险后的自付比例。

表 5－14 和图 5－9 比较了不同医疗费用时，补充医疗保险对降低自付比例的作用。可以看出，当医疗费用较高时，补充医疗保险的作用十分重要，如当医疗费用为 25 万元时，仅有社保时的自付比例为 61.6%，加入补充医疗保险后自付比例降至 21.6%。

表 5－14　　社保自付比例及加入补充医疗保险后的自付比例

医疗费用（元）	90 000	150 000	200 000	250 000
社保自付比例（%）	20	36	52	61.6
加入补充医疗保险后的自付比例（%）	4	7.2	10.4	21.6

在商业保险与社会保险提供了不同的起付水平、最高水平以及自付比例的情况下，老年人可以根据各自不同的健康状况、经济状况选择适合自己的健康保障理财产品。一般情况下，若预期医疗支付较多，则应当选择起付水平较低的产品，反之，则选择起付水平较高的产品。可见，医疗保险制度越完善，风险覆盖程度越高，个人财务风险越小。例如，北京城镇职工医疗保险报销比例（2018年）情况如表 5－15 所示。

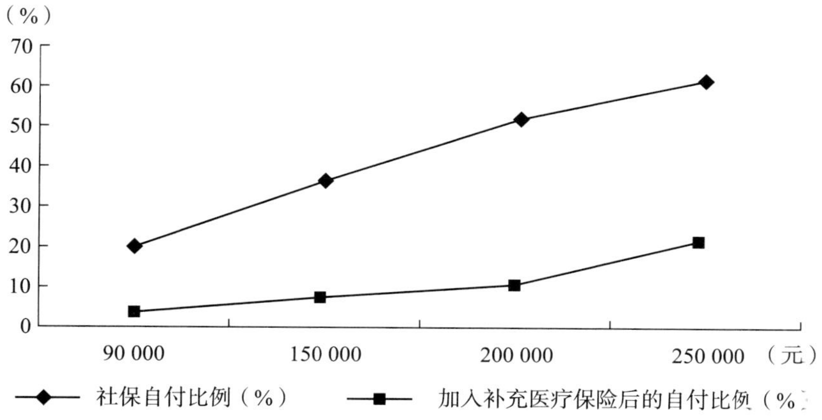

图 5-9　加入补充医疗保险后自付比例示意图

表 5-15　　2018 年北京城镇职工医疗保险报销比例

<table>
<tr><td rowspan="15">城镇职工</td><td rowspan="5">门诊类</td><td colspan="2" rowspan="2">参保人员类别</td><td rowspan="2">起付线</td><td rowspan="2">封顶线</td><td colspan="2">报销比例</td></tr>
<tr><td>本市社区</td><td>其他定点</td></tr>
<tr><td colspan="2">在职</td><td>1 800 元</td><td rowspan="3">2 万元</td><td rowspan="3">90%</td><td>70%</td></tr>
<tr><td rowspan="2">退休</td><td>70 岁以下</td><td rowspan="2">1 300 元</td><td>85%</td></tr>
<tr><td>70 岁以上</td><td>90%</td></tr>
<tr><td rowspan="10">住院类</td><td rowspan="2">参保人员类别</td><td rowspan="2">起付线</td><td colspan="4">报销比例</td></tr>
<tr><td>医疗费用金额段</td><td>一级医院</td><td>二级医院</td><td>三级医院</td></tr>
<tr><td rowspan="4">在职</td><td rowspan="8">本年度第一次住院 1 300 元，第二次及以后每次 650 元</td><td>1 300 元～3 万元</td><td>90%</td><td>87%</td><td>85%</td></tr>
<tr><td>3 万元～4 万元</td><td>95%</td><td>92%</td><td>90%</td></tr>
<tr><td>4 万元～10 万元</td><td>97%</td><td>97%</td><td>95%</td></tr>
<tr><td>10 万元～30 万元</td><td>85%</td><td></td><td></td></tr>
<tr><td rowspan="4">退休</td><td>1 300 元～3 万元</td><td>97%</td><td>96.1%</td><td>95.5%</td></tr>
<tr><td>3 万元～4 万元</td><td>98.5%</td><td>97.6%</td><td>97%</td></tr>
<tr><td>4 万元～10 万元</td><td>99.1%</td><td>99.1%</td><td>98.5%</td></tr>
<tr><td>10 万元～30 万元</td><td>90%</td><td></td><td></td></tr>
<tr><td>备注</td><td colspan="7">（1）报销范围适用于符合北京市医保规定的医保内费用、自费、自付二不累计起付线不计入医保内费用；
（2）医事服务费报销不计入起付线、封顶线；
（3）起付线和封顶线按一个自然年度累计计算（当年 1 月 1 日至 12 月 31 日）；
（4）起付线以内和封顶线以上的费用完全由个人自付；
（5）退休人员报销比例含退休人员补充保险。</td></tr>
</table>

专栏 5-4

美国退休员工的医疗保障

1. 社会医疗保险

医疗保险（medicare），由美国卫生与公众服务部（Department of Health and Human Services）提供，向美国 65 岁以上的老年人提供医疗保险，是仅次于社会保障项目的第二大政府财政支出项目。医疗保险项目由联邦政府负责管理，各州间政策统一。

医疗保险大约包括了老年人住院治疗医疗费用的 90%。政府医疗保险包括 A、B 两部分，A 部分是住院医疗保险（HI），参加 A 部分保险是强制性的，它允许参与者每年享受 90 天的住院治疗和 100 天的技术护理。如果两者都在同一年发生，病人则要承担少量费用；B 部分是补充性医疗保险（SMI），用于支付院外医生诊费，医生指定的药品和其他院外医疗服务等方面的费用。与强制性的住院医疗保险不同，补充性医疗保险是自愿性的。参加补充性医疗保险者每月需要支付一定的保险费，目前为每月每人 40 美元。实际上，几乎所有（99%）的老年人都参加了补充性医疗保险。

在美国的老年人全部医疗保健支出中，医疗保险包括住院医疗保险（HI）和补充性医疗保险（SMI），二者合计约占 44%。医疗补贴（medicaid）约占 12%，个人自负和私人保险公司支付合计约占 44%。

2. 健康储蓄账户

随着人们生活水平的提高，越来越多的人开始关爱生命，投资健康。美国银行业为适应社会发展的新形势，推出了健康储蓄账户，受到民众的青睐，注册人数急速上升。美国民众踊跃加入健康储蓄账户的原因之一是医疗保险费的上升。Kaiser Family Foundation 报告显示，自 2000 年以来，医疗保险的保费每年平均上升 12%。另一个原因是，许多人意识到他们每年并不需要保险所涵盖的那么多医疗保险。仅仅 10%的患者很需要，占到美国健康保险支付总额中的 69%，其余的人最终可能是多付了保费去填补那部分差额。

正因为如此，许多金融顾问告诉客户应该开设一个健康储蓄账户。美国开立的健康储蓄账户是免税的储蓄账户，只要储蓄的资金用于符合规定的医疗支出，那么所有的存款、资本利得和提款都是免税的。健康储蓄账户通常也提供与账户挂钩的借记卡和支票。值得注意的是，健康储蓄账户通常与高自付额度健康保险计划相连，最适合那些能够负担高自付额度的较富有人群。一旦支付了自付额，大多数与健康储蓄账户相连的计划都百分之百地涵盖大多数医疗费用，诸如急诊费、住院费、化验费和处方药费用。健康储蓄账户要求参与者每年至少在递延税金储蓄账户中存入 1 000 美元（以家庭为单位的每户至少存入 2 000 美元），最多可以存入 4 500 美元。通过此账户可以支付例行体检、轻微健康问题。同时，年末账户余额可以转入下一年账户，同样也是免税的。

然而，即使是不那么富有的人，也可以考虑开设一个健康储蓄账户。Galen Institute 的一项研究发现，大多数与健康储蓄账户相连的健康保险计划的参加者，每月只要支付不足 100 美元的“保费”，而大多数医疗保险的保费为个人每月 335 美元，家庭每月 906 美元。

事实上，美国金融行业开始注意到了健康储蓄账户的投资选择。因为健康储蓄账户的资金可以投资于固定账户、共同基金、股票和债券。所有这些都是免税的，除非资金被提取用于其他目的。那样的话，账户所有人除了要缴纳所得税，还会缴纳 10%的罚金。

随着美国大部分人口的老龄化，健康保险成本肯定会以空前的速度上升。如果金融行业能够进入这个原本为保险领域的资金渠道，将培育起健康的竞争环境，就像健康储蓄账户本身一样，有望把健康保险成本进一步降低。

健康储蓄账户（HSA）是对拥有高免赔额健康保险的雇员设置的未来健康融资计划，它允许雇员每年存入一定数量的钱用来支付日常或未来的健康费用。有关 HSA 的法律已于 2004 年 1 月 1 日正式实施，它给受益人带来的好处主要是以下几个方面：

取用自便：留存于 HSA 中的余额会逐年累积，账户里的钱属于个人，本人想什么时候提取使用就什么时候提取使用，本人还可以根据需要选择合适的医生和医院，而无须经过批准。

税收优惠：存入账户的钱可以税前抵扣，收益免税，支付免税。存入账户里的钱可以在税前抵扣，这意味着可以把这部分金额从应税总额中扣除。同时，根据法律规定，拥有账户的人可以对账户里的钱进行投资，而投资收益在支取前一直是免税的，本金在支取的时候也是免税的。当然，免税的资金只能支付合理的医疗费用，包括健康保险的免赔部分、处方药和非处方药、牙科和视力治疗费等，另外，还能支付健康保险计划未包含的部分。

投资不限：HSA 里的钱可以投资于固定收益账户、共同基金、股票或债券等。

长期保留：HSA 非常方便，无论是更换工作或者退休都不受影响，会一直伴随指定的账户受益人。如果受益人去世，这部分资金的所有权将会转移给配偶，而且完全免税。

HSA 的两条限制：需要注意的是，HSA 只为受益人支付合理的医疗费用，

同时，拥有 HSA 的受益者必须参加高免赔额健康保险计划。相应地，个人申请也会有一些法律上的限制。

任何年龄在 65 岁以下的，并参与了雇主提供的合格健康保险计划的雇员都可以参加 HSA。所谓合格的健康计划应具备以下条件：如为个人，其免赔额至少为 1 000 美元，最多赔付额为 5 100 美元；如为家庭，其免赔额至少为 2 000 美元，最多赔付额为 10 200 美元。

可以往账户里存钱的，一般是雇员本人，也可以是雇主或雇员的家庭成员。如果由雇主缴纳，税前抵扣额就归雇主所有，但是需要注意，这部分钱很有可能是从雇员的工资里提前扣除的。

每年存入 HSA 里的钱是有金额限制的。符合条件的个人可以往 HSA 中存入与其健康保险计划免赔部分等额的钱，但是每年不得超过 2 650 美元，家庭不能超过 5 250 美元。

55～65 岁的人可以提高其缴纳金额，这是为了帮助他们更好地为退休后的医疗费用做准备。在 2005 年，可以增加 600 美元，然后可以逐年增加，一直到 2009 年达到 1 000 美元为止（见表 5 - 16）。

表 5 - 16

合格的健康计划——最小免赔额	个人：1 000 美元，2006 年为 1 050 美元 家庭：2 000 美元，2006 年为 2 200 美元
合格的健康计划——最大支付金额	个人：5 100 美元，2006 年为 5 250 美元 家庭：10 200 美元，2006 年为 10 500 美元
HAS 最高税前抵扣额	个人：全额抵扣，最高为 2 650 美元（2006 年为 2 700 美元） 家庭：全额抵扣，最高为 5 250 美元（2006 年为 5 450 美元）
HAS 最高税前抵扣额	55～65 岁的人，金额可以相应逐年提高。2005 年为 600 美元，逐年增加 100 美元，直到 2009 年达到 1 000 美元为止
未包含在健康保险免赔范围内的业务	预防、意外事故、残疾、牙科、视力治疗
免税支出额	医疗费用：健康保险免赔部分、处方药和非处方药、牙科、视力治疗、脊椎治疗、针灸和其他传统或非传统的住院或非住院费用。COBRA（《1985 年综合预算与调整法案》，Consolidated Omnibus Budget Reconciliation Act of 1985）费用，失业期间的健康支出，长期健康险保费
对账户资金用在非医疗费用上的处罚	65 岁以下：征收所得税并处 10%的罚金 65 岁以上：视为正常收入

四、居住供给测算

改善老年居住条件的主要经济来源，一是利用住房公积金每月缴款产生账户的累积额；二是将已有住房变现置换新房；三是若养老现金有结余，也可用于满足居住需求。

实例 5-10 A 先生现有住房公积金账户余额为 108 000 元，当年积累金额为 23 040 元（=8 000×12×12%×2），按 2%贴现，根据 $n=25$，$I=2\%$，$PV=108\ 000$，$PMT=23\ 040$，$g=4\%$，计算可得 $FV=-1\ 358\ 250.80$，即退休前公积金账户累积 1 358 250.80 元。

如果选择将现房 60 平方米出售，假设当前 B 区房子均价 16 000 元/平方米，房价增长率 3%，退休时出售获得房款：$16\ 000\times(1+3\%)^{25}\times 60=2\ 010\ 026.81$（元）。

则退休时将有 1 358 250.80+2 010 026.81=3 368 277.61（元）可用于购房。

五、养老服务供给测算

一般满足养老服务供给的主要来源包括三项，一是前期专门针对养老进行的储蓄；二是参加养老护理保险；三是利用社区提供的养老服务。

案例中 A 先生并未进行相应的储蓄，也没有购买护理保险。若 A 先生退休后换到 B 区生活，可以享受一定的社区服务。

六、养老金缺口分析

根据上述对 A 先生养老供给和需求的分析可以看出，按照 A 先生现在的状况，日常生活支出、重大疾病的医疗费用、养老服务及老年大学的需求都存在缺口，养老生活质量难以保障，具体见表 5-17。

表 5-17　　A 先生养老需求及供给汇总

<table>
<tr><th colspan="2">项目</th><th>需求在退休时点的价值</th><th>供给在退休时点的价值</th><th>缺口</th></tr>
<tr><td colspan="2">日常生活支出</td><td>1 951 482.4 元</td><td>基本养老金 1 188 507.73 元
企业年金 553 358.29 元</td><td>存在缺口</td></tr>
<tr><td rowspan="3">医疗费用</td><td>一般常见病</td><td rowspan="3">有需求</td><td rowspan="2">基本医疗保险
补充医疗保险</td><td rowspan="2">无缺口</td></tr>
<tr><td>老年多发病</td></tr>
<tr><td>重大疾病</td><td>无</td><td>存在缺口</td></tr>
<tr><td colspan="2">居住需求</td><td>3 350 044.69 元</td><td>3 368 277.61 元</td><td>无缺口</td></tr>
<tr><td colspan="2">养老服务需求</td><td>470 713.69 元</td><td>无</td><td>存在缺口</td></tr>
<tr><td colspan="2">其他养老需求——老年大学</td><td>10 543.33 元</td><td>无</td><td>存在缺口</td></tr>
</table>

第四节 养老金缺口解决方案

不同类别的养老需求缺口对退休生活的影响以及解决方法是不一样的，在考虑解决缺口时，首先要根据需求的重要程度进行排序。一般而言，首先，日常生活需求是养老最基本的需求，应放在第一位；其次，医疗需求和住房需求可根据客户的具体情况调整前后顺序，养老服务紧随其后；最后，在以上四项基本需求得到满足后再考虑其他养老需求，以提高生活品质。当各项需求分别考虑清楚并予以解决后，还要检查后面的需求应对方案是否会对前面的需求解决方案产生影响，如为养老服务进行储蓄是否会影响养老金的积累，以房养老在解决住房问题的同时是否还可以补贴日常生活支出。

养老金缺口意味着要实现人生退休阶段的所有需求，存在财务上的赤字。虽然不管赤字有多高，人们总是会度过自己的退休阶段，但是不同的规划会导致截然不同的退休生活品质，甚至会对退休的余寿也产生影响。因此，对于退休以后的养老规划尽可能完整细致，可以使得我们更加坦然地面对人生中最后的余晖。

从本质上讲，如果出现养老金缺口，解决方案只有以下几种：(1) 增加养老供给；(2) 降低未来养老需求；(3) 提高养老资产收益率；(4) 其他方案。

一、增加养老供给

面对养老金缺口，主要的解决方案就是增加当前和未来的养老供给，相对于“节流”而言，“开源”的方案更为可行，具体的措施包括以下几类：

（一）降低支出，增加工作储蓄

在合理范围内减少不必要的生活支出，从月度和季度的日常支出清单列表中查找消费比例的规律，剔除不合理和过于超前的消费，增加结余；同时，对于大型自用型资产的购置进行合理性分析，减少冲动消费带来的支出失控，尽量利用消费打折、消费积分、拼团消费等形式，将支出节约的部分转化为养老供给，减少养老金缺口。

（二）延长工作年限

适度延长工作年限，用更长的工作时间来积累退休金，与全球多数地区相比，中国的法定退休年龄偏低，造成部分人群存在养老金缺口，尤其是在人们寿命普遍延长的情况下，养老金不足的矛盾更为突出。我们认为，从经济上来讲，在身体状况允许的情况下，延长工作时间不但可以增加退休积累，而且减少了养老金的消耗，两方面结合可以极大地改善养老金缺口；从身体健康的角度来讲，合适的工作状态有助于保持思维的敏捷和身体各项机能的活力。因此，延长工作年限是解决养老金的重要措施。

（三）提高人力资本价值，增加兼职

提高自己在当前和未来的人力资源价值，其关键在于通过不断学习和训练，提升自己的专业水准，进而提升自己的职场竞争力，或者通过兼职工作来提高自己的工作收入水平，将更多的职业薪资投入到养老金的需求缺口中，弥补养老金的不足。

实例 5-11 如果将 A 先生的养老现金需求与来自国家基本养老金和企业年金的总供给相比较，则在退休时点上产生的缺口为：

1 951 482.4－(1 188 507.73＋553 358.29)＝209 616.38(元)

A 先生当前并未进行任何养老储蓄，可以建议退休前进行养老储蓄以填补缺口。

养老储蓄的方法有很多，表 5-18 列示了四种常用方法。

表 5-18　养老储蓄的方法

内容	定义	特征
薪酬比例法	按薪酬的一定比例向退休计划供款	通常是月供款 在缴费比例不变的情况下，薪酬基数提高，供款水平也相应提高 是最常用的供款方式
固定供款法	一定期限内按一个固定数额供款	时间固定 供款额度固定
储蓄法	按能力随时供款	灵活没限制
趸缴法	一次性供款	额度大

针对上述案例，我们讨论三种方案。

方案 1：每年进行定额储蓄。

在 3%的收益率下，根据 $n=25$，$I=3\%$，$PV=0$，$FV=209\ 616.38$，在期末年金的模式下，计算得到 $PMT=-5\ 749.33$，即每年需要储蓄 5 749.33 元。

方案 2：按照薪酬的一定比例供款。

在 3%的收益率下，根据 $n=25$，$I=3\%$，$PV=0$，$FV=209\ 616.38$，$g=4\%$，在期末年金的模式下，计算得到 $PMT=-3\ 664.25$，3 664.25÷96 000＝3.82%，即每年按照收入的 3.82%供款。

方案 3：一次性供款。

在 3%的收益率下，根据 $n=25$，$I=3\%$，$PMT=0$，$FV=209\ 616.38$，计算得到 $PV=-100\ 113.95$，即如果在规划起点一次性趸缴，需要供款 100 113.95 元。

从案例来看，A 先生有 15 万元的初始积累，但需要优先进行子女教育投资，因此一次性趸缴的方案显然不适合；每年储蓄近 6 000 元在规划执行初始阶段压力会很大；以每年近 4%的薪酬收入进行养老储蓄积累可能是个相对较好的选择。

二、降低未来养老需求

在提高养老金供给以后仍然出现养老金缺口的前提下，可以采用降低未来养老需求的措施，使得供给与需求达到基本平衡的状态，具体步骤包括：将未来退休后的日常生活需求、医疗保健需求、居住需求、养老服务需求和其他需求进行分类，区分重要程度，合理进行排序，对非核心需求进行需求降级，从降低单一需求总量，到降低综合需求总量，再到取消某些非核心需求，渐次减少养老需求总量，或者推迟部分退休需求目标实现的时间，以实现整体退休规划。

需要提醒的是，这是一种以牺牲退休生活品质为代价的妥协，一般只有在增加养老需求以后仍然存在养老金缺口的情况下才考虑。

三、提高养老资产收益率

在前两项解决缺口的方案实施以后，缺口仍然存在的情况下，可以采用提高养老资产收益率的方案，来缩小养老金缺口，达到最终的供需平衡状态，具体包括以下措施：重新清理为退休规划所储备的所有资产，除了政策原因导致的固定用途储蓄部分无法重新配置以外，将自行投资的资产组合进行检视，将现有资产配置的有效性和风险程度进行计算，调整投资组合的风险程度和流动性水平，以提升整体组合的综合预期收益，使得养老贮备资产以更快的收益率增长，弥补存在的养老需求缺口。

同样需要提醒理财师和客户的是，采用提高资产收益率的措施在提升整体资产收益水平的同时，必然导致养老资产面临更大的资产波动风险，尤其是在相对有效的资本市场，“鱼和熊掌不可兼得”，这种相对过激的投资策略需要认真评估可能的风险，并征得客户同意以后才能实施，并且需要严密的市场跟踪，避免出现过大风险导致的不良后果。

四、其他方案

一般来说，通过前面三方面的方案设计，养老需求和养老供给都可以达到平衡，针对仍然无法弥补的特殊缺口，我们建议还可以考虑以下几种措施：

（一）寻求更多的国家机构支持

在基本养老需求无法通过自身的财富积累满足的前提下，可以考虑通过国家福利、国家救济、民政协助等方式来寻求解决方案，随着中国整体养老福利水平和国家救助体系的建立与完善，越来越多的弱势群体和农村孤老人群被纳入国家基本养老福利范围，通过这些由国家提供的福利救助，可以给予社会弱势群体和孤老病残群体极大程度的帮助，完成最基本的养老需求。

(二)寻求家族成员帮助

根据中国相关法律规定，抚养子女和赡养老人是法定家族成员的义务，在自身基本养老需求无法满足的情况下，可以依照法律规定，要求家族成员，尤其是成年子女承担部分赡养义务，帮助客户满足退休后的养老需求。

(三)寻求社会团体帮助

根据自身的基本情况，可以向提供养老捐赠和慈善服务的相关社会团体寻求帮助，中国境内存在着大量来自国际和国内的相关慈善机构和宗教团体，它们承担了服务社会、回报社会、促进社会公平、提升社会福祉的使命，可以通过这些机构的帮助来完成人生最后一个阶段的轮回。

(四)变更养老方式和地点

将居家养老变更为养老院养老，将他助式养老改为自助式养老，可以节约养老支出水平，将本地养老变更为生活水平更低的地区，也可以使得养老需求的总量下降很多，这些措施本质上讲也属于降低养老需求中的一类，但是从思维上讲，更加跳跃，更加具有挑战。

第五节　养老产品

养老产品是指实现养老资产保值增值的工具，是养老供给的具体体现。一般意义上讲，所有的资产和投资工具都可以部分实现养老目标，但是，由于养老目标时间跨度长、目标弹性小、抗风险能力低的特点决定了大部分市场上的主流投资工具都与退休规划目标存在一定程度上的不吻合，由此催生了一些特定的投资工具，来专门服务于养老目标的需求。

除了以国家社会保障和企业年金计划为主的固定用途储蓄以外，我们从客户的角度，将那些市场上主要服务于养老目标的投资工具统称为养老产品，大致可以分为养老储蓄、养老保险、养老信托、以房养老和其他养老产品几大类。

一、养老储蓄

养老储蓄作为最传统也是最普遍的养老方式，被国人广泛接受，由此产生了中国庞大的银行个人储蓄额，表5-19是中国工商银行历年的个人存款结构变化表，从列表可以看出，个人在中国工商银行的金融资产大致分配在银行理财产品、活期存款、定期存款上，大约各占三分之一。

表 5-19　　2014—2018 年中国工商银行个人存款结构变化

年份	个人金融资产总额（万亿元）	个人存款（亿元）	个人存款占个人金融资产总额的比例（%）	活期存款占个人客户存款总额的比例（%）	活期存款占个人金融资产总额的比例（%）
2014	10	71 886.07	71.89	43.87	31.54
2015	11.59	76 011.14	65.58	44.61	29.25
2016	12.2	81 402.81	66.72	45.70	30.49
2017	13	83 801.06	64.46	44.58	29.39
2018	13.51	94 364.18	69.85	41.66	29.10

资料来源：根据中国工商银行各年报表整理所得。

目前，我国的商业银行个人养老产品主要分为两种，即单一的养老理财产品和综合性银行养老服务产品。单一的养老理财产品种类繁多，多数为短期投资，不能满足个人养老投资的长期性需求。但一些保证收益型、低风险的理财产品可以在一定程度上满足老年人对资产保值增值的需求，也符合这一群体厌恶风险的心理特征。部分银行推出了以“养老”为主题的理财产品。例如，中国建设银行针对个人高资产净值客户发行了“乾元—养颐四方（重阳节专享）”养老主题理财产品；上海银行推出了“慧财”人民币养老无忧理财产品（1374Y115 期）；江苏银行的“聚宝财富 2013 尊享 39 号（敬老款）”、华夏银行的“龙盈理财增盈增强型（老年客户优先）”也相继推出。据不完全统计，包括上海银行、招商银行、华夏银行、光大银行、中国建设银行等在内的多家银行共推出了 60 余款养老主题理财产品。

我国的综合性银行养老服务产品的发展处于起步阶段，有部分银行于近两年开始了尝试，例如，兴业银行开发的“安愉人生”养老综合金融服务方案，该服务体系由金融服务和增值服务两大部分组成，其中，金融服务包括养老财富增值、养老融资业务等四部分。兴业银行定位于为客户定制专属养老理财产品，实现财富的稳健增值；此外，客户还可通过兴业银行获取“以房养老”消费贷款、免担保旅游、医疗贷款等服务，满足自身的日常消费、医疗、养老和旅游等资金需求。但由于银行的养老服务产品设计及宣传不到位，社会反应并不强烈。

由于“资管新规”、“理财新规”和《商业银行理财子公司管理办法》等监管文件在 2018 年连续出台，2018 年被称为资管元年。从市场情况来看，银行理财产品存续余额总体保持平稳。银行业理财登记托管中心与中国银行业协会联合发布的数据表明：截至 2018 年年底，全国共 403 家银行业金融机构有存续的非保本理财产品为 4.8 万只，存续余额 22.04 万亿元，同比下降 4.51%，银行非保本理财产品累计兑付客户收益 10 566 亿元；非保本理财资金投向存款、债券及货币市场工具的余额占非保本理财产品投资余额的 65.70%，其中，债券资产配置比例为 53.35%；银行理财面向个人投资者发行的一般个人类、高资产净值类与私人银行类非保本理财产品存续余额为 19.16 万亿元，占全部非保本理财产品存续余额的 86.93%。其中一般个人类产品存续余额为 13.84 万亿元，占比 62.76%。①

① 银行业理财登记托管中心，中国银行业协会. 中国银行业理财市场报告（2018 年）[R]. 2018.

二、养老保险

我国目前的商业养老保险产品从发行机构上看分为两种，即传统的人寿保险公司产品和专业的养老保险公司产品。截至2018年年底，我国现有人寿保险公司71家，提供数以千计的产品供客户选择，最受关注的有传统型、分红型及投资型；自2004年专业的养老保险公司进入市场以来，截至2019年3月共有9家机构，分别是平安养老保险股份有限公司、太平养老保险股份有限公司、中国人寿养老保险股份有限公司、长江养老保险股份有限公司、泰康养老保险股份有限公司、安邦养老保险股份有限公司、新华养老保险股份有限公司、中国人民养老保险有限责任公司，还有首家获准筹建养老保险公司的合资寿险公司——恒安标准养老保险有限责任公司，提供数十种年金计划产品。

2019年开始，中国银保监会加快了对养老保险产品的审批速度，6月6日有6家保险机构的税延养老保险产品首批获得中国银保监会批准销售。这6家保险机构分别为：太平洋人寿、中国人寿、平安养老、新华人寿、太平养老、泰康养老。具有里程碑意义的税延养老保险产品问世，标志着中国的养老保险产品获得更多的财政支持。由于税延养老保险具有特殊的政策性与惠民性，对其承接保险公司的整体实力和经营状态有非常高的要求，因此银保监会对申请开办的保险机构提出了涵盖注册资本、偿付能力、服务网络、养老资金管理经验等在内的12项要求，税延养老保险产品也表明中国的保险公司在中长期养老投资领域具有更强的实力。

按照积累期养老资金收益类型的不同，税延养老保险产品将包括收益确定型、收益保底型、收益浮动型等三类、四款产品。

一是收益确定型产品（A类），指在积累期提供确定收益率（年复利）的产品；二是收益保底型产品（B类），指在积累期提供保底收益率（年复利），同时可根据投资情况提供额外收益的产品，可细分为每月结算收益的产品（B1款）和每季度结算收益的产品（B2款）；三是收益浮动型产品（C类），指在积累期按照实际投资情况结算收益的产品。收益确定型产品（A类）类似于传统寿险产品，收益保底型产品（B类）类似于万能险和分红险，而收益浮动型产品（C类）类似于投连险。

三、养老信托

（一）养老信托介绍

养老信托由于具备信托财产独立、信托收益确定及信托财产保障性强等金融特性，且能够应对人口老龄化的威胁而受到越来越多的关注。

养老信托作为信托业务的类型之一，同时具备信托的基本要素和养老功能。因此，养老信托应是委托人基于对受托人的信任，将其财产委托给受托人，由受托人按委托人意愿以自己的名义，为受益人养老目的而对财产进行管理或者处分的行为，或为受益人提供全面养老服务的行为。

由于养老信托受益人享受养老权益的凭证或信物是养老信托受益凭证，通过养老信托受益凭证，养老信托可为老年人或其利益相关人提供养老服务、投资理财服务并实现财富传承等功能。养老信托首先属于事务型信托类别，其次它融合了养老服务与金融服务，最后养老信托实现了老年人的资产管理及增值与日常身体照顾及医养的愿望。养老信托的特征主要包括反映养老服务本质的综合性与长期性。

综合性方面。养老信托跨越财产信托、慈善信托以及事务信托等，从受益人的归属、信托目的、法律立场以及存续期等多个角度来看，表现出综合性。

长期性方面。关于养老信托的设立直至终止，根据老年人的健康情况，通常历时几十年。由于养老信托不仅可以存续于受益人（老年人）的整个晚年时期（也可从中年延续至老年），甚至能够存续于指定的下一代。因此，养老信托表现出长期性特征，即延续至受益人整个生命周期甚至代际叠加。

（二）养老信托的功能

养老信托主要是利用信托制度为养老需求者的利益（自益或他益）提供养老服务与财产管理。值得说明的是，受托人的专业性与信托财产的独立性一方面解决了老年人难以管理财产等问题；另一方面养老财产的安全性得到保障，且利于财产保值与增值。具体来说，养老信托有如下三方面的功能：

一是统筹管理功能。通过管理老龄受托人的养老金、提供“老有所养、老有所医、老有所为、老有所学、老有所教、老有所乐”服务、代理投资理财并实现财富传承，从而实现安全托管委托人的财产并保护委托人权益的目的。

二是协助功能。受托人由于与老年人建立了信托关系，故受老年人委托与养老金管理公司、养老地产开发商、医疗服务商、养老服务供应商以及各种金融机构建立委托合作关系，便于老年人摆脱商务琐事，更好地享受老年生活。

三是完善养老产业功能。养老信托通过对养老产业进行投资，争取政府关于养老金融建设的财政补贴与税收优惠，借助信托平台整合养老机构和养老服务，以打造养老产业链条，丰富养老产品功能，更好地为安养老年人提供优质服务。

（三）养老信托的优势

利用养老信托安排养老资产的独特价值在于，其能够发挥信托制度在家庭财富管理上固有的内在优势，一是实现资产安全隔离，二是实现特定养老目的。“受人之托，代人理财”刻画了信托制度的含义。其中，信是信托的核心。因此，信托需要双方当事人相互信任。养老本质与信托类似，均是一种基于信任而产生的托付行为。

囿于健康状况与活动能力受限，老年人往往基于信任而选择并依赖受托人管理处分其生前和身后事项。由此可见，养老与信托具有高度的融合性，加之信托是一种以法律形式保障的养老工具，不会出现老年人财产被家属挥霍等情况，养老信托工具具有更好的公信力。

由于家庭财富养老规划的资产运用时间较长，通常历时数十年。因此，养老资产的安全性尤为重要。信托财产的独立性原则是信托制度区别于其他制度（尤其是委托—代理制度）的本质特征。因此，信托财产的独立性确保了养老资产的专属性与安全性。

多数老年人希望获得长期、全面的服务，主要包括人身照顾服务、金融理财服务以及其他服务，其中，不乏诸如为后代分配养老财产等特定目的的服务。根据信托的法理构造，信托财产运用方式多样且明确，内在契合养老资产管理的要求与目的。

（四）养老信托产品

与其他提供较为单一金融服务的养老产品不同，养老信托通过利用信托账户中的资金，以其灵活运用信托财产等特性，为老年人提供内涵丰富的养老服务。

养老信托产品主要包括养老金信托、保险金信托、养老财产信托、养老消费信托等。

2014 年 12 月，我国首只养老消费信托产品“中信养老消费信托”落地。金融机构、养老机构以及健康管理公司通过合作，努力实现为老年人提供高性价比养老消费产品，满足老年人理财、照护、保健、救援等多重需求。自信托生效之日起，一方面，老年人能够获得稳定且具有竞争力的现金收益回报，满足财富管理需求。另一方面，老年人能够获得居家养老服务、社区医养服务以及紧急救援服务等，满足养老需求。此外，消费者还可自行采购其他另付费医养服务项目，并享受超值优惠。

中融信托、华宝信托、上海国际信托等信托公司均发行了养老信托产品，养老信托独特的优势将引起越来越多的人群关注。

四、以房养老

（一）以房养老介绍

以房养老是一种新型养老模式，即利用个人财务生命周期与住宅生命周期的差异，通过金融保险机构，在住房居住功能不变的情况下，将住房的价值逐步转化为持续稳定的现金流，用于养老的理财模式。这一模式考虑了家庭生命周期与住宅生命周期的差异，并且以个人及家庭资源在个人一生中优化配置为原则，将住房这种不动产通过一定金融机制和变现形式，在其使用居住功能不变的状况下实现价值上的流动，以对家庭的养老保障事宜发挥相应功用。

住房规划是一项中长期规划，而非短期行为。“60 岁前人养房，60 岁后房养人”，使住房这种不动产实现价值流动，具有养老和居住的双重功能。也就是说，人们在 60 岁以前，即整个中青年时代，通过贷款买房、还贷付息等持续的现金流出，逐步形成自己对住房产权的拥有，积聚起家庭财富的重要部分。到 60 岁后的老年时代，又将该自有产权的住房向银行、保险公司或特设机构特别出售或抵押，将住房资产所凝聚的价值逐步释放为持续稳定的现金流入，用来养老，离世以后，住房资产转移给贷款机构，实现住房产权逐步由个人向机构的重新转移。

以房养老能够有效应对积蓄少、退休金低和子女赡养缺位的风险，实现一生财务效用最大化。以房养老模式适合的人群包括退休金不高而拥有自有房产的老人、无须将房产传承给下一代的老人以及丁克一族等。

（二）以房养老对退休生活的改进

老人通过以房养老的方式变现房产，因预期收入增加，从而使得平均消费水平得到提升。

以房养老理念的推出，将对退休规划产生相当直接的影响。这时老年人的养老储蓄不仅仅是货币钱财的储备，还包括价值更为可观的房产。这无疑会增加对养老生活满意度的预期，从而使真正结束工作舒心养老的时期的生活质量有较大提高。

通过以房养老的方式变现房产，增加退休后的养老供给，一方面可以形成良好的养老预期，减少了在工作期间进行养老金的储蓄和积累的压力，当前消费可以适当提高；另一方面，退休后取得现金流，消费也可以增加，因此提高了人们在整个生命周期中的消费水平。

（三）以房养老的操作模式

1. 反向抵押贷款

该模式是以自有住房为抵押，在继续拥有房产居住权的同时，向业务开办机构申请贷款，将其未来一定时期的房屋价值全部或部分提前转换为现金的一种房屋贷款。

贷款本息随借款人预期余寿延长而增加，现金由金融机构流向房主，与购房时月供现金流方向相反。通过增加资产的流动性，为老年人提供更多的养老现金流，使老年人可以在自己的生命周期内充分享受到整个住宅生命周期的收益权。这是以房养老模式中最重要的一种，这种贷款可以是一次性取得，也可以是按月或在一定信用额度内根据借款人需要自由支付。

反向抵押贷款在居住年限或老年人生存年限内无须还款。申请贷款人最终死亡时，用该房产归还贷款，包括本金和利息。反向抵押贷款的特点是分期放贷，最后一次性收回。由于反向抵押贷款是分期放贷，贷款本金、利息总额随时间延长而增加。这种贷款之所以叫“反向抵押贷款”，原因在于它的现金流方向与传统抵押贷款相反，以房产为抵押，借方（房主）从贷方（抵押贷款机构）取得现金，而不是像传统的住房抵押贷款那样现金从房主流向银行等金融机构。这项业务在国外已经比较盛行，但国内才刚刚开始试点，有待进一步发展。

反向抵押贷款最适合的人群，是那些在城市里拥有自有房产而退休金不高的老人，城市住房市场价值容易估计和预测，以确定贷款规模、贷款期限等，这是反向抵押贷款的一个先决条件。越来越多的城市家庭子女不和老人住在一起，子女有自己的住房，老人过世后不需要将住房留给子女。城市中以房养老的观念容易推广，养儿防老的观念逐渐淡薄，子女能接受老人用自己的房子来养老。

2. 住房租换

这是一种老年人出租大房子再租入小房子，以房租差价补充养老金的方式。住房租换可以盘活部分住房资源，同时得到部分养老费用。这种模式在自有住房有较大升值潜力时，因免于出售可减少损失。

3. 售后回租

老年人将住房出售给某特定机构再重新租回，取得整笔款项用于投资营利或缴纳整笔养老保险金，每个月就可以从保险公司得到相当的款项，用来缴纳房租和养老使用。

这里将三种模式进行比较，如表5-20所示。

表5-20 三种以房养老模式的比较

	住房反向抵押贷款	住房租换	售后回租
对养老金补助程度	最大程度进行补助	补助程度较小	补助程度随租金价格波动
操作难度	程序复杂	程序琐碎	较简单
住房价值利用	完全利用	部分利用	完全利用
参与方	房主、金融机构、资产评估机构等	大小房屋房主、中介等	房主、购房者、中介等
优点	老年生活保障较为确定	房屋产权仍属于本人或继承人	一次性取得款项，可自由支配
缺点	住房不再作为财产留给后代	租入小房后，居住条件变差，生活品质下降	若房价上升会造成损失；租金波动造成经济担忧

比较这几种以房养老模式，反向抵押贷款、售后回租对养老供给补助程度最大，住房租换的补助程度相对较小，但房屋产权仍属本人或继承人。

4. 其他类型

其他以房养老模式还有住房养老银行、政府回购经济适用房转廉租房、社区养老（政府补贴房屋租金与养老费用差价）、年金屋（日、美酒店式管理，押金可继承）等。北京市首家“养老房屋银行”于2007年10月18日在石景山区启动实施。参与“养老房屋银行”的老人，可委托房屋中介将原住房对外出租，租金用于抵扣老人在养老中心产生的看护费用。

（四）以房养老一次性支付定价模型

一次性支付是指申请人与贷款人签订贷款合同后，贷款人将贷款总额一次性交付给申请人，等到申请人去世后，贷款人再将住房收回拍卖变现归还贷款本息的行为。申请人去世后，贷款行为宣告结束，贷款人将住房收回拍卖变现。贷款人的支出是在期初发放的贷款额，收入是在贷款期限结束时收回该住房的拍卖额。但对某个具体的申请人来说，因其剩余的寿命不确定，贷款期限的长短是不确定的。不过根据大数定律，申请人在借贷合同签订后每一年的死亡率应是确定的，这就可以将贷款人的收入即房屋的未来价值用死亡率进行加权平均。

这样，贷款人收入的多少主要受贷款利率、房价波动、申请人死亡率的影响。贷款利率可由无风险利率加贷款机构合理的利润率来确定；房价波动率可通过一定期限内房地产价格指数的波动率来近似表示；申请人死亡率的具体数值，可以由生命表来查取。在一个完全竞争性的市场中，贷款人支出的现值应与贷款人收入的现值相等，故以房养老一次性支付定价模型为：

$$LS_x=(1-\alpha)\times H_x\times\sum_{t=0}^{T}\left(\frac{1+g}{1+r}\right)^{t+1}\times{}_{t|}q_x$$

其中，LS_x 表示年龄为 x 的申请人得到的一次性支付总额。

x 表示申请人的初始年龄。

T 表示申请人的最大平均余寿，根据经验生命表最大岁数为 105 岁。

α 表示住房反向抵押贷款的费用率，即所有发生费用与贷款总额的比率。

H_x 表示贷款合同签订时房屋的市场价值。

g 表示住房价格的年均净增长率。

r 表示住房反抵押贷款年利率。

$t|q_x$ 表示年龄为 x 的申请人活过 t 年且在第 $t+1$ 年前死亡的概率。

实例 5－12 A 先生在 60 岁退休时申请住房反向抵押贷款以补贴养老供给，采用一次性支取方式，相关数据如下：

房产价值：$H_0=3\ 350\ 044.69$（元）
申请人的最大平均余寿：$T=105-60=45$
住房反抵押贷款的费用率：$\alpha=5\%$
住房价格的年均净增长率：$g=3\%$
住房反向抵押贷款年利率：$r=7\%$
假设 $0\leqslant t\leqslant 45$，$t\|q_x$ 恒为 0.021 7

看作增长型年金公式中的 C

$$LS_{60}=H_0\times(1-\alpha)\times\sum_{t=0}^{T}\left(\frac{1+g}{1+r}\right)^{t+1}\times 0.021\ 7$$

$$=[H_0\times(1-\alpha)\times 0.0217\times(1+g)]\times\sum_{t=0}^{T}\frac{(1+g)^t}{(1+r)^{t+1}}$$

相当于求一个 46 期的期末增长型年金现值：

$$C=H_0\times(1-\alpha)\times 0.021\ 7\times(1+g)$$
$$=3\ 350\ 044.69\times(1-5\%)\times 0.021\ 7\times(1+3\%)$$
$$=71\ 133.01(\text{元})$$

根据 $n=46$，$I=7\%$，$PMT=71\ 133.01$，$FV=0$，$g=3\%$，可以计算得到 $PV=1\ 470\ 098.9$。即 A 先生能从银行取得的最大贷款限额为 1 470 098.9 元。

该笔资金可以实现 A 先生的养老服务需求，并剩余 1 470 098.9－470 713.69＝999 385.21 元。

基于上述分析，A 先生将住房反向抵押给银行，可以获得约 147 万元现金收入。其中 47 万元购买养老服务资金后，尚有 100 万元的结余。

（五）以房养老的风险分析①

从以房养老申请人的角度来说，以房养老既涉及住房问题又涉及养老问题，在实际运作中会遇到很多风险，诸如长寿风险、利率风险、房产价值波动风险等。

1. 长寿风险

在采用一次性支取方式申请住房反向抵押贷款，以补贴养老供给不足的情况下，存在借款人因为长寿带来的养老金缺口风险；在金融机构按月支付老年人生存年限内的固定养老金，借款人生前无须还款，离世以后，住房资产转移给贷款机构的情况下，长寿风险由机构承担。

2. 利率风险

利率风险与实际利率和预期利率不一致有关。在签订以房养老合同时，借款人获得贷款额的多少与预期利率有极大的相关性。当预期利率的变动和实际利率变动不一致时，借款人面临从贷款机构获取的现金流减少的风险。

3. 房产价值波动风险

房产价值波动风险与实际房产价值和预期房产价值不一致有关。住房产权是以房养老中最重要的抵押品。以房养老中的贷款提供者主要依据对房产价值的估计来确定贷款发放额。若贷款签订时对房产价值的升值预期高于实际房产价值升值率，在贷款提供者对借款人除住房以外的资产无任何追偿权时，贷款提供者就会存在损失。若贷款签订时对房产价值的升值预期低于实际房产价值升值率，借款人要么会提前终止贷款合同，要么会要求分享超额的收益。

专栏 5-5

中信银行“信福年华”养老按揭产品

2011年11月，中信银行率先在国内试点“养老按揭”业务。

借款人条件：老人须年满55岁；法定赡养人须年满18岁；老年人或法定赡养人有多套房屋，其中一套房屋用于抵押，便于房产处置。

贷款用途：满足养老用途，由老年人自主支付日常生活费用、医疗、其他改善性生活等。

限定：累计贷款金额最高不超过所抵押住房评估价值的60%，并且每月实际支付养老金额不超过2万元。

贷款期限：最长不超过10年。

贷款利率：按中国人民银行公布的同档次基准利率或上浮一定比例执行。

有两种还款方式：一是按月还息，到期一次还本；二是按约定每月等额偿还部分本金。

担保：以借款人本人名下住房作为担保物，且产权明晰。

实例 5-13 A先生采用以房养老方式，不但满足了养老服务的需求，还留有余额，可实现A先生上老年大学的目标；完成该目标后，住房反向抵押贷款仍有余额：999 385.21－10 543.33＝988 841.88(元)。

① 祝罗骁．关于以房养老各种风险及防范的初探［J］．价值工程，2011（19）．

综合考虑A先生的具体情况，可以降低退休前储蓄水平，申请住房反向抵押贷款可以将固定资产（房产）通过金融产品变现成流动资产，除了可以补贴日常支出，还可以解决购买养老服务资金的不足，剩余资金作为医疗备用金，以备不时之需；或实现更多其他养老需求，如旅游、捐赠等；或可作为身后遗产。综合方案见表5-21。

表5-21　　退休规划综合解决方案

<table>
<tr><th colspan="2">项目</th><th>需求在退休时点的价值</th><th>供给在退休时点的价值</th><th>缺口</th><th>解决方案</th></tr>
<tr><td colspan="2">日常生活支出</td><td>1 951 482.4元</td><td>基本养老金1 188 507.73元
企业年金553 358.29元</td><td>存在缺口</td><td>增加退休前储蓄</td></tr>
<tr><td rowspan="3">医疗费用</td><td>一般常见病</td><td rowspan="3">有需求</td><td rowspan="2">基本医疗保险
补充医疗保险</td><td rowspan="2">无缺口</td><td rowspan="2">—</td></tr>
<tr><td>老年多发病</td></tr>
<tr><td>重大疾病</td><td>无</td><td>存在缺口</td><td>投保商业保险</td></tr>
<tr><td colspan="2">居住需求</td><td>3 350 044.69元</td><td>3 368 277.61元</td><td>无缺口</td><td>—</td></tr>
<tr><td colspan="2">养老服务需求</td><td>470 713.69元</td><td>无</td><td>存在缺口</td><td rowspan="2">住房反向抵押贷款</td></tr>
<tr><td colspan="2">其他养老需求——老年大学</td><td>10 543.33元</td><td>无</td><td>存在缺口</td></tr>
<tr><td colspan="6">住房反向抵押贷款余额可补贴以上需求，并满足更多养老需求</td></tr>
</table>

五、其他养老产品

在养老产品的供给方面，金融市场针对老年市场的现状和需求变化，不断尝试推出更多更好的产品，以满足对养老资产管理的需要。在现有养老储蓄、养老信托、养老保险、以房养老等工具的基础上，养老基金产品也应运而生。

目前市场上具有养老性质的基金主要是保本型、债券型、货币型和生命周期型四种。新兴的生命周期型基金也满足了养老投资选择。由于基金存续时间长，充分考虑了不同年龄段的风险收益特征，能够有效避免养老资金“晚节不保”的风险，因此比较适合百姓作为养老投资。

其中，目标日期基金（target date fund），是一类主要为个人养老投资需求设计的基金品种。目标日期基金通常会在产品名称中设立一个“目标日期”（通常代表预计的退休年份），随着所设定目标日期的临近，逐步降低权益类资产的配置比例，增加非权益类资产的配置比例。

根据LIPPER和美国ICI的数据，截至2018年年底，全球有30多个国家/地区有目标日期基金，数量达到1 726只，总规模达到12 410亿美元。其中美国市场目标日期基金规模最大，达到11 160亿美元，占全球目标日期基金总规模的比重高达90%。

2017年11月中国证监会发布《养老目标证券投资基金指引（试行）》，2018年中国境内首批获批的养老目标基金分别有：

工银瑞信养老目标日期2035三年持有期混合型基金中基金（FOF）；

南方养老目标日期2035三年持有期混合型基金中基金（FOF）；
华夏养老目标日期2040三年持有期混合型基金中基金（FOF）；
鹏华养老目标日期2035三年持有期混合型基金中基金（FOF）；
易方达汇诚养老目标日期2043三年持有期混合型基金中基金（FOF）；
嘉实养老目标日期2040五年持有期混合型发起式基金中基金（FOF）；
银华尊和养老目标日期2035三年持有期混合型基金中基金（FOF）；
中欧预见养老目标日期2035三年持有期混合基金中基金（FOF）。

到2019年4月，中国境内正在运作中的养老目标基金共20余只，12只为养老目标日期基金（TDF），全部取得正收益，2018年成立的8只TDF基金到2019年4月的年化平均净值增长率为3.59%，其中以2035为目标日期的基金数量有5只。

根据国际经验，保险、基金、商业银行三大行业再加上信托业未来必然会在养老领域展开激烈的竞争。各行业的优劣势各不相同，产品各有千秋。金融产品信息广泛，涉及证券、保险、基金、信托等金融领域的相关知识，以及储蓄、国债、股票、房产等产品综合知识。由于产品数量众多，内容复杂，专业性强，需要理财师充分了解和掌握，寻找到适合服务客户的金融产品。

专栏5-6

易方达汇诚养老目标日期2038三年持有期混合型发起式基金中基金（FOF）

1. 易方达汇诚养老目标日期2038三年持有期混合型发起式基金中基金（FOF）（以下简称“本基金”）根据中国证券监督管理委员会《关于准予易方达汇诚养老目标日期2038三年持有期混合型基金中基金（FOF）变更注册的批复》（证监许可〔2019〕801号）进行募集。

2. 本基金对于每份份额设定三年最短持有期限，投资者认购或申购基金份额后，自基金合同生效日或申购确认日起三年内不得赎回。

3. 本基金募集对象为符合法律法规规定的可投资于证券投资基金的个人投资者、机构投资者、合格境外机构投资者和人民币合格境外机构投资者以及法律法规或中国证监会允许购买证券投资基金的其他投资人。

4. 本基金的目标日期为2038年12月31日，主要适合退休时间为2033—2043年左右的投资者。敬请投资者根据自身年龄、退休日期和收入水平进行投资。

5. 风险提示：本基金名称中包含“养老”字样，但并不代表收益保障或其他任何形式的收益承诺。基金管理人不以任何方式保证本基金投资不受损失，不保证投资者一定盈利，不保证最低收益，也不保证能取得市场平均业绩水平。

6. 本基金主要投资于公开募集的证券投资基金，基金净值会因为其投资所涉及证券市场波动等因素产生波动。

7. 本基金属于采用目标日期策略的基金中基金，2038年12月31日为本基金的目标日期。从基金合同生效日起至目标日期止，本基金的预期风险与预期收益水平将随着时间的流逝逐步降低。即基金合同生效日至2038年12月31日，本基金理论上预期风险与预期收益水平低于股票型基金、股票型基金中基金（FOF），高于债券型基金、债券型基金中基金（FOF）、货币市场基金和货币型基金中基金（FOF）；2038年12月31日之后（不含该4日），本基金将转型为债券型基金中基金（FOF），理论上预期风险与预期收益水平低于股票型基金、股票型基金中基金（FOF）、混合型基金、混合型基金中基金（FOF），高于货币市场基金和货币型基金中基金（FOF）。

8. 在投资管理过程中遵循各个阶段既定的投资比例，动态调整大类资产配置，控制基金下行风险，力争追求基金长期稳健增值。

9. 住房公积金、享受税收优惠的个人养老账户、经养老基金监管部门认可的新的养老基金类型，基金管理人可将其纳入特定投资群体范围。通过基金管理人的直销中心认购本基金的特定投资群体认购费率有一定折扣优惠。

资料来源：中国基金网，2019-04-26.

第六节　养老模式

中国是目前世界上唯一的老年人口过两亿人的国家。全国老龄办数据显示，中国老龄化出现了前所未有的速度和趋势。在老龄化急剧发展的趋势下，老年慢性病病人占比上升，心血管疾病和癌症占老年人死亡原因的33%，中风、慢性阻塞性肺炎、肺癌是过早死亡的三大原因，糖尿病、肌肉骨骼障碍、抑郁症成为失能的三大原因。寿命提高了，但是身体功能下降了，给社会和家庭带来巨大养老经济负担。

在这种背景下，进行养老模式的讨论十分必要，如何做到顶层设计与基层实施相结合、国际经验与现实国情相结合，从社会政策、产业发展、技术支撑等多方面进行深入探索和讨论，有助于产生符合各方需求的中国方案，打造符合中国特色的康养之路。

一、居家养老

居家养老是传统的、以血缘关系为基本特征的养老方式，即由子女提供经济援助、生活照顾（包括医疗护理）和精神慰藉的封闭式运作形式，它体现了中华民族传统的尊老美德。调查数据显示，90%以上的老年人选择居家养老。居家养老具有如下优势：一是这种代际同居或居住地靠近的方式，子女可以为父母提供经济支持和生活照顾；二是父母在力所能及时可以帮助子女照顾孩子、料理家务，降低生活成本，提高老年人在家庭中的地位；三是老年人与各年龄段的人保持接触，保持对社会的适应力和关注度，尤其是老人与孙辈的交往，在“含饴弄孙”中享受天伦之乐，延缓衰老。这种养老方式以土地资源束缚劳动力的农耕经济为社会基础，进入信息化社会后，伴随着人员流动频繁、就业压力加大和代际异地生活的情况越来越多，少子化、家庭小型化，家庭难以独立生活并提供全部养老服务，传统的居家养老遇到挑战。

二、机构养老

机构养老指依靠国家资助、亲人资助或老年人自助的方式居住养老机构，由养老机构生产（包括服务外包和购买服务）和提供相关服务。养老机构包括社区、敬老院、养老院、老年公寓、老年护理机构等。目前，机构养老出现医养、智老、乐老相结合的综合社区化特征，由此形成养老社区。

社会机构养老的特征是集中养老，其优势在于服务专业化，即细致专业的生活照料和医疗护理；居住环境好，无障碍设计；休闲时间多，集体生活能排解孤独；减轻子女负担；满足老人独立生活的尊严感甚至再婚生活的需要。机构养老的劣势在于，社会养老需要老年人重新适应环境、重建人际关系，容易与他人（同住老人）发生冲突；生活成本高，额外支付基本生活设施租赁费用；缺少来自家人的精神慰藉。

从社会发展的角度看，家庭养老是一种适应较低生产力水平和落后生产方式的养老模式，而建立在社会养老保险、退休金制度、医疗保险等现代社会养老保障体系基础上的社会养老模式是适应现代工业社会发展要求的养老模式，从家庭养老向社会养老过渡是社会发展及养老模式演进的必然趋势。

机构养老适用于自理、半自理及失能老人等多种需求：（1）日常生活照料。设施应符合无障碍建设要求，配置必要的附属功能用房，满足老年人的穿衣、吃饭、如厕、洗澡、室内外活动等日常生活需求。（2）康复护理。具备开展康复、护理和应急处置工作的设施条件，并配备相应的康复器材，帮助老年人在一定程度上恢复生理功能或减缓部分生理功能的衰退。（3）紧急救援。具备为老年人提供突发性疾病和其他紧急情况的应急处置救援服务能力，使危重病老年人能够得到及时有效的救援。（4）社交服务。主要是针对有一定自理能力的老年人，可以通过集中在养老服务设施中，增强彼此沟通、交流、娱乐的机会，颐养天年。

2017 年 3 月，中山大学人口研究所主持的广州市老年人生活状况调查显示，总体上将近 10%的广州老年人愿意住养老院，不愿意和看情况的比例相当，但城、乡老年人住养老院的意愿呈现非常显著的差异，农村老年人愿意住养老院的比例只有 2.3%。大部分城市老年人没有排斥未来住养老院的可能性，而绝大多数农村老年人明确表示不愿意住养老院。因此实际上城市老年人住养老院的意愿比农村老年人强烈得多；国家统计局北京调查总队 2014 年 1 月 7 日发布了针对北京市养老机构及入住老人的一项调查报告，结果显示，87.8%的受访老人自愿到机构养老，被子女送到养老机构的占比仅为 2.5%，无依靠、不得不来的占 9.2%，其他原因的占 0.5%。当问到老人们入住养老院的原因时，因为在家没人照顾的占 63.5%；减轻子女负担的占 47.8%；能享受专业机构人员照顾服务的占 33.8%；和同龄人居住在一块儿，容易沟通交流的占 27%。广东省老龄办在 2015 年按照全国老龄办的部署和方法步骤，对全省 60 周岁及以上的老人进行了问卷抽样调查，从调查结果来看，在居家养老和机构养老等养老模式中，居家养老由于能够实现老年人不脱离现在的居住生活场所和社交网络，更受老年人喜欢。① 因此从全国范围看，机构养老相对于居家养老还处在起步和发展阶段，需要引导、促进和规范。对于北京这类发达城市，由于基础条件好、观念转变快，机构养老方式更易被接受。

① 广东省城乡老年人生活状况抽样调查报告.

（一）社区养老

社区是以住宅和居住群为主要特征，是家庭和社会的纽带，是现代社会的非正规组织单元。社区养老指以社区为养老服务生产和供给单位，提供餐饮、日间生活照料、家政服务、精神慰藉、保健康复等服务，由此弥补家庭养老能力不足的部分，是居家养老的支持体系。

社区养老是老龄化社会的产物，是养老服务体系和老龄产业的末端，它可以直接提供配餐、日托、家政、护理、健康和心理咨询等服务，像是一个大家庭。社区养老同时也是支持养老服务体系和老龄产业的中端，如养老服务呼叫系统，既可以及时反映老年人的服务需求，又可以生产养老服务需求的大数据，向养老服务生产的前端输送信息，集合政府、企事业单位、组织和机构、志愿者和义工等社会力量，支持老龄产业发展。为此，2018 年《关于运用政府和社会资本合作模式支持养老服务业发展的实施意见》《关于确定第二批中央财政支持开展居家和社区养老服务改革试点地区的通知》文件等强调，“制定城市总体规划、控制性详细规划时，必须按照人均用地不少于 0.1 平方米的标准，分区分级规划设置养老服务设施。凡新建城区和新建居住（小）区，要按标准要求配套建设养老服务设施”，“10 个床位即可以举办老年护理院”，这为社区养老服务基础建设提供了有力保障。

2017 年全国各类养老服务机构和设施共有 15.5 万个，比上年增长 10.6%，其中，注册登记的养老服务机构有 2.9 万个，社区养老机构和设施共 4.3 万个，社区互助型养老设施有 8.3 万个；各类养老床位合计 744.8 万张，比上年增长 2%（每千名老年人拥有养老床位 30.9 张），其中社区留宿和日间照料床位有 338.5 万张。根据民政部 2018 年第四季度的机构数据显示：老年人与残疾人服务机构共 29 792 个。截至 2018 年年底，全国养老服务机构近 3 万个。

2017 年每千名老年人拥有养老床位 30.9 张，这与“十三五”养老规划每千名老人养老床位 35～40 张相比，存在很大差距，养老床位总体不足，意味着养老院、养老公寓、养老地产还有很大增量空间。根据民政部相关数据显示：2018 年全国养老服务床位共 746.4 万张，其中养老机构床位数共 392.8 万张；社区养老床位数为 353.6 张。

社会居家养老能有效节约社会资源，减轻机构养老服务的压力，而且投资少、成本低、收费少、服务广、效益佳，是一种很受老年人欢迎、很有发展前途的城市养老模式。中外社会化养老的历史经验表明，社区居家养老是城市大多数老年人安度晚年的主要方式。政府挑头，集体努力，家庭保障，社会支援，才能实现社区养老的目标。

（二）敬老院、养老院、老年公寓

养老院、老年公寓式等社会养老模式虽然被认为是现代社会养老模式发展的方向。但从现阶段中国国情和发展趋势看，养老院、老年公寓等社会机构养老模式仍不可能成为目前中国城市养老的主要模式。目前存在以下几个方面的不足：第一，社会成本巨大。修建养老院、老年公寓等社会养老服务设施，包括居住、就餐、起居、活动等在内的硬件设施是必不可少的，必须进行巨额基建投资；而社会养老不仅要有投资巨大的硬件设施，而且要有相应的专职养护人员队伍和配套的养老服务管理系统，专业化水平要求比较高，这些都将加大城市建设和社会资源的负担。第二，现有资源的浪费。老人原来都有自己的住所和完善的生活设施，老人进到养老院以后，这些都将闲置，而养老院要重新占用土地资源和水电资源，造成浪费。第三，养老院的收费相对来说是比较高的，并非多数家庭能够承受得了，而且越来越庞大的老年人口规模也是养老院难以容纳的。第四，最关键的是绝大多数老年人目前并不愿意去养老院。老人离开了自己熟悉的家庭环境，来到相对陌生的地方，和原来并不熟知的人朝夕相处，这将增加他们的失落感。

（三）老年护理机构

老年护理机构有医疗背景或能整合医疗资源及运营物业，在一定范围内，为长期卧床老年患者、残疾人、临终患者、绝症晚期和其他需要医疗护理的老年患者提供基础护理、专科护理，根据医嘱进行支持治疗、姑息治疗、安宁护理、消毒隔离技术指导、老年保健、营养指导、心理咨询、卫生宣教和其他老年医疗护理服务。

老年护理机构主要服务于不能自理或部分不能自理的老年人，为其提供生活照料、医疗保健、康复训练等服务的养老机构。随着我国人口老龄化和高龄化的快速发展，失能老年人因自身和家庭原因不在家照护，而是入住到专业的护理机构。在护理机构里，失能老年人能够接受比较专业的服务，这种服务通常是生活照料和医疗全天候看护的服务。机构护理的优点是可以比家庭护理更加专业和集中，在照料老人生活起居的同时，还能检测老年人的病情变化，同时能对因失能而内心痛苦的老年人进行心理辅导。

一般来说，机构护理分为公共养老护理机构和私营养老护理机构。前者是国家兴办的用来满足低保老人或孤寡老人的，企业的运营依靠政府的监督和市场化竞争来赢得政府的支持，部分公共养老护理机构采用“公办民营”的方式运营，政府保留所有权，与经营相关的管理权通过招标的方式委托民营机构接手，为市场提供长期护理服务的内容和项目。例如原北京福利院改造为汇晨老年公寓以后，政府通过发包委托民营机构北京康颐投资公司运营和管理，在确定养老护理机构国有资质的前提下，民营则可以提高护理机构的工作效率；而私营护理机构主要面向高端人士的养老需求，提供更加高品质的退休生活和医养服务，收取的费用相对较高。

老年护理机构的投资收益率较高且稳定，医护有保障。国家支持养老机构按规定开办康复医院、护理院、临终关怀机构和医务室、护理站等。鼓励执业医师到养老机构设置的医疗机构多点执业，支持有相关专业特长的医师及专业人员在养老机构开展疾病预防、营养、中医养生等非诊疗性健康服务。对养老机构设置的医疗机构，符合条件的按规定纳入基本医疗保险定点范围。

目前的问题在于：医护人员难招、难留，容易发生医疗纠纷等风险；医养结合难，医属于卫生部门，养属于民政部门，存在一些职责不清的问题。

三、其他养老模式

我国南北方差异较大，环境迥异，而老年人有其自身喜好，比如一般不喜欢温度低的地方，由此使得养老方式越来越呈现多元化。

移居养老是利用移入地和移出地不同地域的房价、生活费标准的巨大差异，以及气候、环境、自然养老资源的巨大差异，满足适合老年人的生活方式，例如有条件的北方人选择由寒冷期长的东北迁移至气候温暖的南方城市。还有根据气候变化选择养老城市的候鸟式养老。

度假养老基地连锁是一种高端养老方式，类似于连锁酒店管理，老年人可以选择在合适的时间在喜欢的城市的连锁养老基地生活。

还有邻里好友互助养老（有媒体称其为“扎堆养老”）、家庭组合养老（两代兄弟姐妹回归大家庭）、亲情住宅（家人比邻而居）、会员制养老等多种民间自主开发的养老模式。

还有以养老为主题的地产——养老地产。将地产、房产和养老服务结合用于养老。类似于美国的太阳城模式和持续护理退休社区模式（CCRC 模式），中国泰康养老社区就是对这种模式的尝试。

此外，对于专门的养老服务机构来说，有租地、建房的经营模式，也有直接租房的经营模式。

专栏 5－7

国家养老项目土地出让

2014 年 4 月 10 日，以养老主题出让土地的第一个项目在深圳率先实施。两块养老设施用地公开出让后，分别由前海人寿和融通信投资以 4 亿元和 2.8 亿元价格摘得。土地性质为社会福利用地，使用期 50 年；出让土地的规模不大，总共占地约 17 000 平方米；起拍价不高，一块楼面地价为 2 540 元/平方米，另一块为 2 630 元/平方米；竞拍人很多，有养老保险机构、房地产商；溢价率达 484%～600%。

专栏 5－8

泰康之家·活力养老

泰康于 2009 年获得中国保监会批准的投资养老社区试点资格。目前泰康之家已经发展成为国内领先的高品质连锁养老机构，在北京、上海、广州、三亚、苏州、成都、武汉、杭州、南昌、厦门、沈阳、长沙 12 个全国核心城市投资建设大规模、全功能、国际标准的医养社区。社区以医养结合、持续照护为核心，全部建成后将提供约 2 万户养老单元。目前，北京泰康之家燕园、上海泰康之家申园、广州泰康之家粤园养老社区已正式投入运营。泰康之家·燕园社区位于北京昌平新城核心区域，距市中心约 40 公里，总建筑面积约 31 万平方米，总投资约 54 亿元，共能容纳约 3 000 户居民入住，于 2015 年 6 月 26 日开园试运营。该社区引入国际领先的 CCRC 养老模式，并配备了专业康复医院和养老照护专业设备，是可供独立生活老人以及需要不同程度的专业养老照护服务的老人长期居住的大型综合高端医养社区。泰康之家·燕园是中国首家获得 LEED 金级认证的险资投资养老社区。

目前，泰康之家已布局三亚海棠湾和苏州阳澄半岛，计划打造现代桃花源般的村落式度假社区，开展会员制候鸟式的度假养老服务。这是泰康所倡导的“活力养老”生活方式的一部分，用于满足活跃长者们希望随季节来安排度假地的退休生活需要。

除此之外，泰康之家还携手美国知名医养产业服务提供商 ABHOW，在医养社区服务、运营等领域开展深入的合作，未来将在更多领域建立合作关系，打造国际联盟社区。

资料来源：泰康之家官网.

第六章

境外部分地区养老模式介绍

本章主要内容

人口老龄化带来的养老模式问题是中国当前和未来相当长一段时间需要面临的严峻挑战，也是全球其他地方曾经面临或者正在面临的问题，对这些有着经验积累的地区，进行专门的介绍，既有助于我们了解养老模式的现状以及变化，也有助于我们理解和找到更多更好的解决养老问题的方法。所谓“他山之石”正是如此。

第一节　瑞典的养老模式

据世界银行的数据，1960 年欧盟各国 65 岁以上人口占总人口比例平均数已经达到 10%，2018 年该数据已经高达 20%（联合国新标准认为 65 岁以上老人占总人口的 7%视为进入老龄化社会）。[①] 个别欧洲国家早在 100 多年前就达到了老龄化社会标准，那时中国还处于清朝时期，人口结构比现在的非洲还年轻。

很多欧洲国家具备完全成熟的养老产业总体布局，不但支撑欧洲的深度老龄化社会的需求，同时也给正在逐步发展、逐步完善的亚洲养老市场，特别是中国市场提供了一个很好的借鉴学习的机会。

① 世界银行网站.

一、瑞典养老模式简述

截至2018年年底，瑞典共有1 012万居民。早在1890年，瑞典65岁以上人口占总人口的比例就已达到7%，1960年升至12%，2018年为19.9%[①]，高于发达国家的平均数值17%。[②] 至今，瑞典的老龄化进程已经持续了100多年。

根据瑞典1955年颁布的《社会福利法》，老年人可根据本人需要选择养老方式，主要是市政府提供服务。瑞典实行的是全民福利型养老制度，主要有两种方式：居家养老、机构养老，其中九成老人选择居家养老。瑞典的社会养老机构大多由政府设置或者政府资助设置，有的政府直接管辖也有由非政府组织承办的。

二、居家养老模式

瑞典各地方政府目前都在大力推行居家养老的形式，争取让多数人在退休后尽可能长时间地在自己的家里安度晚年，这主要是因为居家养老比较人性化，也很个性化，更能给人以安全感。

1. 完善的政策支持

在1989年7月1日实施的法案中，瑞典就创新性地将一个照顾假期的政策融入到了社会保险系统中。具体地说，此政策准许市场受雇人员在老年家庭成员需要照顾时，最多可以有60天的假期。在此期间可以获得社会保险支付的补贴。经评估发现老年人确实有在家接受照顾的需要，而且有家庭成员愿意承担照顾老人的责任，地方政府会直接给予现金补贴。补贴标准是基于老年人的需要和所提供的照顾时间来决定的。老年人的家人，如果每周提供的照顾多于20个小时，可以申请被政府雇用，从而作为一个领取政府薪金的照顾人员，为老年人提供照顾服务。

2. 专业化、多样化的社会服务支持

瑞典政府是老年社会服务开展的主体，绝大多数的老年社会工作者都属于国家公职人员，他们需要接受系统的培训，有些更是相关专业就读的高材生。政府对于老年社会工作队伍的监管和相关政策的落实和实施十分重视。在瑞典，老年人服务由多种方式构成：一是日托型服务，即白天由社工人员在社区老年活动中心里集中照顾，老年人晚上回家居住；二是由政府派专人每日为偏远地区老人配送三餐的特殊服务；三是如果老年人不喜欢住在家里养老，也可以选择住进政府提供的老年人服务院。老年人服务院是瑞典目前最多的老年服务机构，同时也是社区老年人活动中心。

---

① 瑞典国家统计局网站.

② 世界银行网站.

三、机构养老

瑞典的机构养老分为养老公寓养老和养老院养老两类。

1. 养老公寓

在瑞典，一般的综合性的公立老年公寓，是从介护服务到临终关怀的全程照护模式。住户年龄一般都在 65 岁以上。护理院定时提供足部护理和理发服务，有康复训练室和易于散步的步道。每年大约会有 70%的老人在这里走完人生旅程。

实例 6-1　卡佩曼老年公寓

卡佩曼（Kampement）老年公寓是 Attendo 旗下的一家私立老年公寓。该项目在 2005 年建成，共 96 套公寓，目前全部住满。项目共分为 6 个单元（2 个认知症单元，4 个护理院单元）。每层楼 2 个单元，中间相互连接。

该老年公寓的亮点是聘请了专门的康复师，为失能老人提供有效、持续的康复训练。此外，老年公寓非常注重辅具的使用，引入了大量不同类型的辅具。公寓定期为员工举行集中的辅具使用教育培训，保证所有员工都能完全掌握辅助用具的操作方法。为此，老人的安全性得到了大幅的提高，同时员工的工作强度降低了，压力减轻了，工作的成就感和愉悦感也随之增加。①

2. 养老院

养老院的服务对象主要是基本上失去生活自理能力的孤寡老人和患有老年痴呆等严重疾病的老人。

实例 6-2　霍斯图勒老年公寓

霍斯图勒（Hornstull）老年公寓有 88 间公寓，分为一居室公寓和两居室公寓，面积在 40～70 平方米。两居室可以供夫妻居住。公寓有 24 小时护士和护理人员，周一至周五有物理治疗师和职业治疗师。医生一周巡诊一次。

霍斯图勒老年公寓的亮点在于适老化设计的配套设施及文娱活动。机构内配备有花园，机构外有公园。公寓内有厨房，包括炉灶、烤箱和冰箱。公寓的露台提供早餐和咖啡茶歇，每天举办各个类型的活动，不限制参与的人群。活动由专业的老年活动公司 Tellus 负责，按月制定活动表。

瑞典的养老模式一直被世界各国学习和模仿。作为较早进入老龄化社会的德国、日本和中国台湾地区，对瑞典的养老模式有很多研究及落地项目。比约恩·维格斯特罗姆将瑞典认知症共同生活之家（group home）的概念引入德国，德国投资者于 2001 年建造认知症共同生活之家。日本在介护保险出台之前，有多达 10 万人到瑞典和北欧考察，将共同生活之家的模式制度化并向全国普及。②

四、瑞典养老服务评估

瑞典政府高度重视服务评估工作。1982 年颁发的《社会服务法》为养老服

①② 瑞典养老产业成功模式［EB/OL］. 搜狐网，2018-08-08.

务评估提供了法律依据，保证了评估工作的可靠性与稳定性，确保照料服务给予持续支持，并明确政府应监督评估服务质量，促使相关工作不断发展完善。

按照有关法律规定，瑞典在各级政府均依法设立独立的养老服务评估部门，根据《社会服务法》要求，制定评估工作的具体目标、流程及相应配套的政策规定，保障评估工作的有序进行。通过评估，体现了税后再分配的公正性。

政府对参与评估工作的人员有较高要求，除了学历水平、专业知识、工作经验达到标准外，更看重个人的综合素质与道德素养，以确保在评估过程中，体现国家法律精神，保障法律赋予公民的照料服务得到落实。

瑞典有一套规范、完善的评估工作程序。评估一般由老年人提出申请，通过书面材料、电子邮件、传真等形式向评估机构提出。之后，评估员在接收到评估申请后规定的时间内，了解相关情况，开展评估工作。评估项目包括老人的身体健康状况，日常生活能力，如穿衣、吃饭、洗澡、清洁、睡觉、外出等，老人的社会交往情况，如是否有老伴、是否独居、子女居处、周边关系等。

政府部门根据评估结果，明确老人每天的服务时间与服务类别，如机构照料、居家照料、短时居住等。①

第二节　荷兰的养老模式

截至2018年年底，荷兰总人口为1 712万人。65岁以上人口占总人口的比例为19%，是世界上老龄化比较严重的国家之一。荷兰不仅有完善的养老系统，还创造了很多颠覆传统、具备先进理念的新型养老模式。在大开眼界的同时，各国的养老产业也纷纷开始效仿。

一、荷兰传统的养老模式

通过对养老领域的研究发现，各国普遍存在居家养老、社区互助、机构养老等多层次养老，荷兰作为社会福利保障体系最健全的国家之一也不例外。

1. 居家养老

荷兰政府鼓励可以自理的老人在自己熟悉的环境中养老，子女或社区给予一定的帮助和照顾。对于那些身体健康、能独立日常起居生活的老人，只要留在家里养老（无论是自由房产还是租房），国家都会根据其偿付能力给予不同程度的资金补贴。对于一部分因疾病行动不便、自理能力受到一定影响的老人，政府积极推进“家庭自动化”进程，对此给予一定的补贴，并通过特殊程序提醒老年病患服药。

荷兰在一定标准的区域内都保证设立一个保健机构，为区域内需要帮助的老人定期派送护士提供保健服务，同时会派送义工为老人定期上门做家政服务，还会帮助老人及时转诊。

① 潘屹. 社区综合养老服务体系建设：挑战、问题与对策［J］. 探索，2015（4）：70－80；赵玉峰. 北欧居家养老服务的经验与启示［J］. 环球视野，2016（4）：67.

对于有一定活动能力的患有老年痴呆症的老人，还可以白天在日托中心活动和吃饭，晚上回家睡觉。这种方式在欧洲非常受欢迎，即使不被保险覆盖，老人也愿意自费前来。日托中心的服务还包括引导老人做自理生活，同时做很多激活人体机能的训练。

2. 养老公寓养老

养老公寓一般针对健康有活力、生活独立的老年人。这类老年公寓种类齐全，基础设施分配合理，不仅满足老年人拥有私人空间的需求，还能满足日常社交需求。

3. 养老院养老

国家、社会公益组织及其他机构，针对丧失独立生活能力的老年人，设立了专门的护理院、养老院等服务机构，提供各种针对老年人的特殊需求的服务。

实例 6-3 韦德佛合堡（全球 26 个杰出养老项目之一）

韦德佛合堡养老院是荷兰最大的养老集团彼得冯瑞（Pietervan Foreest）下属机构之一，被“Design for Aging”丛书选为全球 26 个杰出养老项目之一。

Pietervan Foreest 是位于荷兰中部的大型养老机构，有 3 300 名员工，业务覆盖养老院、居家养老和针对残障智障老人的专业护理院。在激烈的竞争当中，彼得冯瑞曾差点倒闭。但在荷兰养老界的“铁娘子”特蕾莎·冯德赫克女士（Theresevan der Hurk）接掌后，仅用一年就扭亏为盈，并从 100%国有逐步私有化。

韦德佛合堡坐落在一个有 4 000 户住户的小区内，是一个养老社区中心。不仅提供所有养老设施（失智老人单元、护理宾馆、失智老人日托中心、适老性住宅等），也提供所有居民所需要的健康医疗服务和设施（药房、康复中心、诊所、理疗中心）以及生活设施（超市、幼儿园、各类商店等）。其精髓是：好的建筑十家一般温馨安心的健康医疗服务。

二、颠覆传统的新型养老模式

1. 生命公寓①

传统养老机构的医疗色彩非常浓厚，充满了白大褂和药水味，使老人觉得自己正被当作“病人”照料，不可避免地联想到自己的生命正走向衰竭。

全世界首先向这一传统模式提出挑战的是荷兰鹿特丹的生命公寓。2012 年在联合国评定下，荷兰生命公寓作为世界上最好的养老机构闻名于世，在近几年不同机构对世界上养老机构的评级中，荷兰生命公寓依然位居前列。

其创始人汉斯·贝克先生被业内称为银发产业中的“教父”，致力于推广生命公寓的乐老哲学，并两次获得老龄住宅产业杰出思想家的称号。

生命公寓以广泛参与和快乐养老服务理念为基础的养老模式带来的另一个结果就是成本的有效控制和市场营销的调整，实现了荷兰养老院文化的彻底突破。

生命公寓采用的是鼓励和积极的生活方式，“是（Yes）”文化强调通过老年人与环境互动，保持个人对生活的最佳掌控。在传统养老机构中，医生护士在最上

① 荷兰养老之父与继承人谈养老，重塑你的养老观 [EB/OL]. 搜狐网，2018-02-23.

端，老人在底端，老人往往是被命令与拒绝的。生命公寓倡导对任何老人及任何要求都先从说“是”开始对话。无论什么事，都可以通过先说“是”，与老人开始对话，逐步深入沟通，哪怕老人提出一个非常难达到的要求，通过对话与沟通，最后也能达到折中方案，让老人满意，获得快乐。

在生命公寓系统里，一直不支持过度护理，强调最低量看护、自力更生和使用自己的能力；对于需要照料的老人，生命公寓尽量培训老人学会自己操作器械，而不是由护理人员代劳；还提供大量机会让老年人自理生活，并保持独立和自尊。“不要照顾老人，但协助他们自己照顾自己”等口号更成为其隐含的文化。

快乐除了个体自主外，另一面则是群体。生命公寓创造了泛家庭概念，帮助老人创造新的家庭感觉，大家互相都有家庭成员感觉。

在生命公寓中可以养宠物。公寓也有停车场改成的花园和小动物园，有时为了制造话题还会把大象、骆驼引到公寓里面。老人的注意力转移，他们就不会太关注自己的病痛。生命公寓还首创了怀旧博物馆，如五六十年代的一些物品作为展品，让老人参观。

生命公寓会组织老人助轮车大赛，80 多岁的老人都会很热情地参与，获胜的老人可以高兴地喝香槟。荷兰举办一年一度盛大的同性恋派对时，公寓也会组织老人参加，甚至 91 岁的老人也会热情地参加。

生命公寓在短短数年间已经扩张到具有 20 余家分支机构，等待名单达到一万名，很多老人为了能够在生命公寓占得一席之地，刚刚退休就去排队。生命公寓模式已经成为荷兰的标准养老模式，并被日本、丹麦、新西兰、澳大利亚等发达国家竞相效仿。①

2. 老年痴呆村②

荷兰阿姆斯特丹有一个名叫 Hogeweijk 的“假村子”，外号是“老年痴呆村”，是由著名首席设计师弗朗克·冯迪伦设计的，专门为重度失智症老人打造的护理院，只收容患有严重痴呆症或阿兹海默症的人。因为都是有阿兹海默症与老年痴呆症的老人在此生活，这里虽然看上去与普通村子一样，但里面除了患者之外的人其实都是护理或医疗人员，只不过他们营造出“真村子”的感觉而已，所以这里可以说是世界上最好的养老院。

根据美国 *The Atlantic* 的报道，Hogeweijk 与一般的村子几乎一样，有广场、剧院、邮局与超市等设施，比较不同的是，Hogeweijk 有摄像机 24 小时监控老人们的行动，所有住在这儿的老人共由 250 名全职和兼职的护士和医生照顾，护理人员都身穿便服，像拍戏一样有各自的角色需要扮演，以各种各样的身份出现在村子里，如收银员、杂货店顾客和邮局的职员等等。对于患老年痴呆症和阿兹海默症的老人们来说，在“超市”付钱是一件麻烦事儿，所以在 Hogeweijk，所有的东西一律“免费”——其实所有的费用都是由老人们的家人支付的，村子里没有任何货币交易。

除了那些装成园丁、售货员的护理人员，养老院最特别的地方就要数房子本身

① 李丹. 荷兰生命公寓对我国养老模式的启示［EB/OL］. 中国护理管理，2018，18（9）.

② 世界最好的养老院：荷兰 Hogeweijk 老年痴呆村［EB/OL］. 家在深圳，2015－08－10.

了。村子也只有一个入口和一个出口，这都是为了保护在里面生活的老人。养老院里没有病房与高墙，没有守卫、门厅和走廊。老人们居住的 23 栋房屋各具特色，家具也是根据他们记忆中的样子布置的。这里有 20 世纪 50 年代、70 年代和 21 世纪初风格的房子，家具也布置得十分用心，甚至连桌布都是那些年代的风格，给住在这里的老人们家一般的感觉。

Hogeweijk 非常紧俏、一位难求，除非病人过世，否则不会有空位。Hogeweijk 的设计理念不仅在荷兰，也逐渐在世界其他国家如意大利、俄罗斯、加拿大推广。老年痴呆村的设计实践证明这种设计能够提高重度失智老人的身体机能，延缓失智症进程，减少安全风险，有效延长生命。2013 年 CNN 调查发现这些病人吃的药变少了，也更能吃了，重点就是，他们比那些生活在一般赡养院的老人更开心。[①]

第三节　中国香港的养老模式

香港政府统计处多年发布的报告显示，香港 65 岁或以上人口占整体人口的比例，由 1981 年的 6.7%，逐年创新高，而且预计 2036 年将增加至 29%。相当于在 1981 年，每 15 人中间有一位 65 岁或以上的老人[②]；2016 年，缩减至约 6 位便有一位[③]；推算至 2036 年，每 3.5 人便有一位是 65 岁或以上的老人[④]，作为世界上最长寿的地区，香港的养老模式备受关注。

香港的养老模式也分为居家养老、机构养老和离境养老三大类。当前 65 岁以上老人大约有 120 万，大部分（约占 91.9%）选择在熟悉的家中安度晚年。

一、居家养老

1. “安老按揭”计划

2011 年香港政府推出“安老按揭”，帮助老人养老。年满 55 岁的香港居民，可以将个人名下的楼龄 50 年以下的住宅物业做抵押向银行提出按揭贷款。借款人可以选择固定期限内（10 年、15 年或 20 年）或终身每月收取年金作为生活费。如遇到特别情况，借款人也可根据需要提取一笔款项。借款人仍然是物业业主，可继续安居在原有物业直至百年归老。一般情况下，借款人无须还款。若在首六个月内解除合约，借款人需要清还贷款及相关费用。

当按揭贷款终止时，借款人（或其遗产代理人）可优先全数清还安老按揭贷款以赎回物业。如果借款人（或其遗产代理人）选择不赎回物业，贷款机构将出售物

---

① 陈志萍. 荷兰养老体系概况及老年公寓案例分析 [J]. 城市住宅，2015（11）；左凌英. 养老天堂在荷兰 [J]. 沪港经济，2015（10）.

② 香港人口趋势 1981—2011.

③ 香港统计年刊（2018 年版）.

④ 香港人口推算 2017—2066.

业以偿还借款人的按揭贷款。如果出售物业后所得款项超过按揭贷款总额，贷款机构在清还按揭贷款后将余额退还给借款人（或其遗产代理人）；倘若出售物业所得款项不足以清还养老按揭贷款，也不用借款人（或其遗产代理人）担心，差额会根据协议由保险公司承担。

目前，养老按揭计划由香港按证保险有限公司营运。

当借款人正式申请“安老按揭”年龄越高及选择的期限越短时，每月领取的金额亦会越高。如果是一人申请，收取的每月金额会相较超过一人借款的每月金额高。超过一人申请的，每月资金金额将按照最年轻借款人的年龄计算。每月收取的金额，在当年内不会改变。一旦确定，不再受有关费用、楼价和利率波动、通货膨胀或通货紧缩等经济因素影响。如果借款人提取的一笔过贷款金额越高，其后领取的每月金额相应越少；如果借款人提取的一笔过贷款已达到上限，其后将不会有任何每月年金（见表 6－1）。[①]

表 6－1　　每月领取年金金额测算　　单位：港元

年限	每月年金金额（以物业价值 100 万港元计算）								
	55 岁			60 岁			70 岁		
	单人	两人	三人	单人	两人	三人	单人	两人	三人
10	3 200	2 800	2 500	3 700	3 300	3 000	5 100	4 600	4 200
15	2 400	2 150	1 900	2 800	2 500	2 250	3 800	3 500	3 200
20	2 050	1 800	1 600	2 400	2 100	1 900	3 300	3 000	2 700
终生	1 650	1 450	1 250	2 000	1 800	1 550	3 100	2 800	2 400

“以房养老”有其优点，但因为传统的养老观念，如何对房价进行评估，房屋灭失风险谁来承担等问题，“以房养老”市场认可度并不高。在此基础上香港又推出以租养老。

2. “以租养老”计划

以租养老是在不转移老人产权的前提下将房子部分或全部抵押给金融机构。金融机构将房产出租，房屋收益的一部分归于老人，老人百年后，子女可以进行处置变现。

3. 居家安老计划

居家安老计划是 2012 年香港房屋协会推展的。房屋协会成立于 1948 年，是一个独立的非政府及非营利机构，为香港市民提供房屋及相关的服务。建立“以屋邨为本，长者为中心”的协作平台，联合服务机构及专业团体，将小区资源联系起来，协助老年居民保持独立自主的生活模式，颐享丰盛晚年。

服务项目主要有五种。一是颐家，进行家居环境评估，提升家居安全；二是颐康，提供康复和保健服务，促进健康及长期病患管理；三是颐智，提供健智训练，延缓脑部退化；四是颐乐，举办正向活动，鼓励快乐人生；五是颐健，推广防跌运

① 参见香港按揭证券有限公司网站关于安老按揭的介绍。

动，强化身体功能。

4. 居家养老精准服务

香港的安老政策“以居家养老为本，院舍照顾为后援”。香港政府开立长者中心，被称为居家老人们的“第二个家”。以西营盘的西园长者中心为例，这旦经常举办丰富的班组活动、社交联谊，还有不定期的理发、体检、一日游等，都引来“老宝贝们”争相报名。638 名登记会员中，半数 80 岁以上。类似的长者中心，香港共有 200 多家，它们得到社会福利署的全资津贴。社会福利署还开设长者支持服务队、长者日间护理中心、日间暂托服务中心等，悉心照料“居家老人”。

二、机构养老

1. 养老公寓养老

香港房屋协会 70 年来一直担当房屋实验室的角色，早于 20 世纪 90 年代已预见香港人口老化所带来的住屋需求，故于 1999 年筹划“长者安居乐”住屋计划，为银龄一族提供集长者友善居所、照护医疗及社交支持的一站式安老选择。过去 20 年，香港房屋协会除了在推动“居家安老”方面不遗余力，更于 2015 年推出首个非资助性质的优质长者房屋项目“隽悦”。

“长者安居乐”推出后，为中等收入老人设计的房屋提供一站式服务，包括康乐、社交活动及健康护理服务，迎合老人因身体逐渐衰弱而对生活的不同需要。

2. 养老院养老

有统计显示，香港 65 岁以上老人只有 4%愿住养老院，但实际有 6.8%的老人住进去了，远高于发达国家 3%～5%的比例，主要原因是老人不想给子女增加负担，而且香港养老产业比较发达，全港共有 700 多家养老院舍，遍布港九新界及离岛，共提供宿位 7 万多个。

实例 6－4　政府买位

1998 年开始，香港政府向私营院舍购买部分床位，同时促使私营院舍提升服务素质。一所养老院如果 30%由政府买位，另外 70%的自营床位也必须按较高标准来运营管理。

创办于 1989 年的松龄护老院集团，9 所院舍都列入政府买位院舍，集团共有 1 200 个床位，400 多名员工，人手相当充足，政府评估为甲级买位院舍。香港耆康老人福利会、救世军、邻舍辅导会、博爱医院等各有数家安老院，提供政府资助床位，供经济能力较低的老人优先使用。

三、离境养老

1. 返乡内地养老

该养老模式是指老人离开香港，到广东、福建等地方安度晚年。2013 年 10 月 1 日起，特区政府正式实施“广东计划”，允许香港老人无须回港居住也可以领取长者津贴（高龄津贴）。香港政府向位于深圳等内地安老院购买床位，接受合格香港长者居住。

异地养老也有难题有待攻克，例如异地养老的医疗问题、异地养老的融入问题、服务定位的错配问题。

2. 国外养老

到物价低廉、气候宜人的国外，例如东南亚等地区养老也是部分香港本地老人的选项之一。

第四节　美国的养老模式

纵观全球养老产业市场，美国是个绕不开的话题。根据参与主体分类，美国的养老产业主要有政府主导型、市场化开发型以及政府和开发商合作开发型。美国的养老产业经营时间较长，市场化程度最高，大部分的养老机构属于私立性质，政府通常只向退休者提供最基本的养老需求，因此也更具借鉴意义。

一、居家养老模式

美国有发达的民间社团组织，探索出了丰富多元的居家养老模式。

（1）会员制模式。最早由波士顿一群老年居民在 20 世纪 90 年代探索出来，是以会员形式要求老年居民每年缴纳一定的会员费，可以享受包括交通、购物、家政、房屋维修、花园维护等一系列由志愿者提供的基本服务，以及一些专业机构提供的家庭保健护理和医疗服务。

（2）合作居住模式有些类似于中国的四合院模式，在享有私人住宅的基础上，让居民共享公共设备。有公共厨房、餐饮区、休息区、洗衣房、图书馆、工艺坊、健身房、花园等，便于老年人邻里互动。

（3）PACE 医疗护理模式则源于联邦政府的扶老政策。PACE 的中文是综合性老人健康护理计划，自 1997 年正式纳入美国联邦政府平衡预算法案。PACE 服务区对于 55 岁以上体弱、患病和行动不便的老人提供所必需的医疗护理救助服务，包括病理医疗、物理理疗、处方药物、喘息照护、营养咨询、社会公益服务等等，这些服务和所产生的费用都由美国联邦医疗保险与医疗补助网络覆盖的服务商提供。

二、“太阳城”模式

太阳城模式的开创者是房地产开发商德尔·韦布（DelWebb）公司。20 世纪 60 年代，其以“太阳城”（Sun City Center）命名，在亚利桑那州阳光明媚的凤凰城建立了第一个太阳城项目，并直接带动了美国养老社区的建设。

太阳城这类房地产项目主要针对年龄在 55～70 岁的活跃健康老人，除住宅外，还提供康乐会所和户外运动设施。太阳城模式本质上属于住宅开发性质，由房地产开发商主导，通过销售养老概念住宅，开发商得以收回投资并产生盈利。

太阳城选址通常位于郊区，占地大、容积率低，精装修标准，拎包即可入住，附近一般配有专为社区服务的商业中心。目前全美有十多个太阳城项目，分布于亚利桑那州、加利福尼亚州等。考虑到老年人收入水平，太阳城项目房价往往相对便宜，如"苹果谷太阳城"位于洛杉矶东北方向120公里左右，房价仅为洛杉矶市内的约三分之一，对老年购房群体构成了极大的吸引力。

专栏6-1

美国太阳城养老社区

美国太阳城养老社区（sun city west）位于亚利桑那州，全年有312天阳光明媚。20世纪50年代，太阳城本是一片半沙漠的棉田。房地产建筑商觉得这里气候炎热干燥，土地又非常便宜，因此在这里修建住宅，供美国寒带一些农民在冬季农闲时到这里度假，结果来此度假的基本是老年人。

作为"老人城"，太阳城明文规定：所有居民必须在55岁以上，这个年龄以下的，即便是亲属子女也没有居住权。子女想护理生病的老人，也只能住在该城之外的地方，18岁以下的陪同人士一年居住时间不能超过30天。

这里的建筑规划完全按照老年人的需求设计，小区内实现无障碍设计：无障碍步行道、无障碍防滑坡道，低按键、高插座设置，社区住宅以低层建筑为主。同时，强调社区内的空间导向性，对方位感、交通的安全性、道路的可达性均做了安排，实施严格的人车分流。相比临近的凤凰城，这里房价便宜，由于没有学校，很多税赋得到减免。整个城市车辆最高时速不超过50公里，高尔夫球车是居民合法的主要交通工具之一，这种车由电力驱动，速度缓慢，老人们上下车方便，视野开阔。

除了硬件设施完备外，还有专门为老人服务的综合性医院，心脏中心、眼科中心以及数百个医疗诊所遍布大街小巷。患有心脏病等严重疾病的老人，脖子上佩戴着一个项链一样的报警装置，遇到危险，只要按一下"项坠"，救护车就会立即赶到。疗养院和老人照顾中心分布在城区各地，需要照顾的老人可根据自己的身体状况和经济承受能力选择各种水平的服务。

太阳城拥有大量的生活设施，包括7个娱乐中心，可以进行游泳、网球等活动。另外还有2个图书馆、2个保龄球馆、8个高尔夫场、3个乡村俱乐部、1个美术馆和1个交响乐演奏厅。老年活动中心和乡村俱乐部多且内容丰富。来这里活动的老人平均年龄72岁，90岁以上的老人有20多人，基本是当地居民。在活动后，老年人还可以来中心的餐厅用餐，愿意交钱者每人2.5美元，没有带钱的可以免费就餐。

太阳城虽然是个老人社会，但并不完全与世隔绝，和其他任何一个美国小型城区规划一样，这里的商店、医院、娱乐设施及与老人有关的医学研究都是年轻人在其中工作，只是这些小于55岁的人需居住在太阳城周围。

三、持续护理退休社区模式（CCRC模式）

1. CCRC模式的特点

持续护理退休社区模式（Continue Care of Retirement Community，简称CCRC）是主流养老房地产模式之一，由运营商主导，主打精细化管理服务。这一模式已有100多年历史，经过长期发展，CCRC进一步发展成为一种复合型养老社区。

CCRC 模式的理念是，在复合型社区中满足老人对健康管理、护理和医疗等不同生理年龄阶段的基本养老需求，令老人不需要搬家就可以在 CCRC 社区中完成人生三分之一的幸福旅程，这也是一种提升客户黏性的有效做法。

全美目前共有近 2 000 处 CCRC，其中约 82%为非营利性组织所有，有相当一部分是从传统养老院转型而来。

CCRC 模式对管理和护理人员水平要求较高，员工人数众多，服务提供者和入住老人的比例一般为 1∶1。为了集中为老人提供全方位服务，并进一步降低看护成本，CCRC 项目通常位于郊区，以多层为主，布局紧凑，密度相对太阳城更高。

2. CCRC 的三类服务人群

（1）服务自理型老人。老人年龄介于 55 岁和 65 岁之间，在社区中有独立住所。社区为这部分老年人提供便捷的社区服务，如餐饮、清洁、医疗保健及紧急救护等。同时，为满足老年人的精神生活需求，社区会组织各种形式的活动，如老年大学、兴趣协会等。

（2）服务介助型老人。此类对象为需要他人照料的老人。这类老人除了可以得到社区服务外，还有类似饮食、穿衣、洗浴等日常生活护理。为了丰富介助老人的生活，一些社区也会在老人身体可接受范围内，提供各类活动。

（3）服务介护型老人。针对的是生活完全无法自理的老人。在介护型社区，老人 24 小时都处于专业护士的监护之下。介护型老人年龄一般在 80 岁以上，同时居住在特殊的单元里。

3. CCRC 模式的获利模式

和太阳城靠出售房地产获利不同，CCRC 只提供房地产租赁权和服务享受权，通过收取房屋租赁费和服务费赚钱。其中，服务费包括一次性入门费、定期的房屋租赁费及特殊服务费等。根据房间大小，入门费从 20 万美元到 100 万美元不等，年费或月费则视所需护理的程度而定，针对健康活跃的老人，每月需要支付3 000 美元，半护理老人为 4 000 美元/月，全护理老人则是 5 000～6 000 美元/月。特殊服务费则取决于个体所需的额外护理服务。

CCRC 模式具有支付入门费的会员制特点，这也恰恰是这种模式的突出风险之一，假如遭遇不诚信的企业，或因企业经营不善等导致项目现金流出现严重问题时，老人预先缴纳的入门费就极有可能“打水漂”。因此，CCRC 模式必须由具备市场认可、具有优秀品牌的公司进行管理和开发。

实例 6-5　布鲁克代尔

布鲁克代尔老年关怀公司（Brookdale Senior Living）是全美最大的养老房地产运营商，负责老年人退休后护理、医疗、起居等，以入门费、租赁为主要收入来源。据历年美国老年住宅协会（ASHA）的报告，布鲁克代尔已连续十多年蝉联规模最大的养老房地产运营商头衔，该公司同时也是美国大型养老房地产开发商之一，这决定了布鲁克代尔既是轻资产公司，也有重资产运作模式。

2014 年 7 月底，布鲁克代尔完成与 Emeritus Senior Living 的合并，后者是行业第二大运营商，合并后的公司将成为美国最大的养老房地产运营商，也是唯一的全覆盖的高级生活解决方案公司。

布鲁克代尔的经营状况并不好，自 2005 年登陆纽约证券交易所以来，其长期处于亏损状态，截至 2018 年年末，公司 ROE 为－41.46%。① 布鲁克代尔运营成本中最大的一项为人工成本，占比大约为 66%，这和公司本身以提供护理服务为主业，需要大量人力密切相关。此外，费用的核心组成部分为租金和折旧摊销费用，大约各占 11%。

虽然自成立以来一直亏损，但布鲁克代尔是全美国 50 大养老房地产商第一。截至 2018 年 12 月 31 日，公司拥有 344 个社区，租赁 343 个社区，代表其他企业管理 18 个社区，代表第三方管理 187 个社区，共拥有 65 854 个单位（该数量排名在 2018 年为全美第一），运营 96 026 个单位（该数量排名在 2018 年为全美第一）。②

四、房地产投资信托公司模式

据美国老年住宅协会（ASHA）2018 年报告，截至 2018 年，在全美规模最大的五大老年住宅开发商中有不止一家是房地产投资信托公司（REITs）。金融机构参与养老房地产的优势在于，其为房地产项目提供了资金来源，可有效解决资金占用较长的问题，并为开发商提供了更好的退出机制。

REITs 是美国养老房地产的主流投资商。大多数养老或医疗房地产类的 REITs 公司成立于 20 世纪 70—80 年代，大型 REITs 公司拥有的物业数量可达 600 多处，其中，80%～90%的物业是自有的，其余物业则是通过与运营商或其他投资人合作发起的私募基金平台持有。这类 REITs 总资产规模可达百亿美元以上，但员工却只有一两百人，属于典型的资本密集型企业。

正是依靠赚取租金收入以及部分经营所得，REITs 获得了源源不断的稳定收益，也由此成为了养老房地产市场上有力的长期投资人。

实例 6－6 HCP Inc.

HCP Inc. 于 1985 年在马里兰州成立，在美国纽约证券交易所上市，也是标准普尔 500 指数成分股。HCP 公司是美国一家服务于医疗保健领域的房地产投资信托公司，是在 REITs 模式下运作最成功的案例。房地产包括老年人住宅、生命科学地产、诊所、医院及专业护理院。

整理历年来的财务数据，多年平均收益率高达 50%以上，净利率为 25%以上。根据 ASHA 2018 年的报告，HCP 共拥有 31 911 个单位，排名为全美国第四。2017 年公司总收入为 18 亿美元以上，毛利润率高达 55.73%，净利润率为 22.4%。

五、总结

美国养老房地产生态圈的构建离不开各个市场主体的分工合作：开发商采取拿地、建房、卖房的“快进快出”方式。太阳城模式和持续护理退休社区模式

---

① 雅虎财经网站.

② 美国老年住宅协会网站.

(CCRC)是目前的主流，前者一般以出售为主，部分出租；后者则主要采取出租的方式，向老年人提供日常协助或医疗护理。养老房地产需要新建大量和老年人有关的建筑及配套设施，是典型的重资产行业，维护费用、折旧摊销等成本较高，聘用大量专业护理人员，服务方面的支出也十分庞大。总的来看，美国养老房地产行业成本很高，传统开发商想要从中赚钱并非易事，利润微薄，且因受制于养老设施等配套的建造，资金回笼速度相比一般房地产业更慢；运营商通常只租赁不持有物业，同时提供专业护理服务，借助轻资产模式放大经营现金回报，但需承担经营风险；投资商（如 REITs）则通过长期持有资产获取稳定的租金收益，利润率高但资金回笼期长，风险低，但投资收益率也略低。

一方面，在这种各司其职的方式下，参与者既能找到专业的运营商，也能寻到长期投资人，同时也满足了各类投资主体的风险偏好，进一步促进了美国养老房地产业的长期发展；另一方面，美国养老房地产行业中传统的开发商和运营商利润微薄也是不争的事实，而这种微利甚至亏损经营的状况不仅仅发生在上市公司身上。①

第五节　泰国的养老模式

泰国属热带季风气候，全年分为热、雨、凉三季，年平均气温为 24～30℃，冬无严寒，夏无酷暑，拖鞋、短裤基本可以度过一年，可以说具有世界上最适合人类生活的气候条件。尤其是泰国北部的清迈等地，温度更加温和舒适，相比于南部地区，尤显得凉爽宜人。泰国的清迈是在泰国养老的首选地方，许多外国人选择到泰国的清迈养老。

根据世界银行的数据，目前泰国拥有 750 万名 65 岁或以上的老人，估计到 2040 年，老人人数将达 1 700 万人，超过总人口的四分之一。泰国人口老龄化的速度在东南亚居于前列，与中国不相上下，预计到 2040 年，泰国老年人口将在东亚发展中国家居首。

除了泰国老龄化形势严峻，由于价格低廉，加上怡人的热带气候和先进的医疗水平，泰国早已成为世界最佳退休养老胜地之一。美国旅行杂志《国际生活》发布的 2016 年度全球退休指数中，泰国被誉为全球第一养老圣地。根据泰国移民局的数据，2017 年申请退休签证的 50 岁以上外国退休者多达 7.3 万人，比 2013 年的 4 万人多了近一倍。

全球人口老龄化带来各种担忧，但泰国发展商却看到了商机，开始专注于养老地产的开发投资，不只要照顾泰国老人的晚年生活，更要将泰国打造为外国人的“养老天堂”。

一、泰国的养老退休签证

泰国政府把自己定位为全球中产阶级的养老圣地，积极推动退休养老产业。泰国副总理颂奇承诺：泰国政府将出台更多旨在推动泰国养老旅游产业的扶持政策，建立更加健全的养老保障体系。政府将会在现有基础上继续加大在特种旅游

① 马天月. 美国人的养老模式及启示［J］. 中国社会工作，2018（10）；祁世芳. 美国养老地产模式探究［J］. 中国房地产，2016（35）.

产业方面的政策扶持力度，尤其是养老旅游产业，进而进一步推动泰国养老旅游产业发展。

为了吸引外国人来泰国旅居养老，泰国推出了养老退休签证。

早在2002年，泰国政府就出台了一项政策，规定年满50岁、存款不低于80万泰铢（约合人民币15万元）、有身体健康证明和无犯罪记录证明的外国人，可申请为期1年的"退休签证"，到期后还可续签。

泰国这种鼓励外国人来养老的政策是有延续性的，2016年11月22日，泰国政府在原有1年期养老签证基础上延长签证。以前允许每次只可以申请延长不超过1年的时间，而现在则可以获得10年的留泰时间。第一次申请可留泰不超过5年，第二次申请可以再获得5年时间。

申请养老签证的条件与以前比也有所变动，必须是50岁以上的外籍人士，个人账户内必须要有300万泰铢以上的存款（检验完3个月之后就可以使用），或每个月收入在10万泰铢以上，同时必须持有覆盖期为1年的健康保险。

实例6-7　日本老人泰国养老

在泰国驻日本东京领事馆网站上，一位日本网友分享了家中长辈在泰国曼谷的优雅晚年生活。他79岁的母亲每天5点半起床，到附近公园和小区的日本老人一起散步，有时还会在露天泳池游泳，回家路上则从当地市场买回新鲜便宜的食物，还有丰富的泰式海鲜。他84岁的父亲则爱上高尔夫球，每星期和友人结伴去几次球场。长辈们每月举行一两次露天唱K烧烤聚会，还为此去上唱歌班，提高歌艺。

这样的晚年生活实在太有吸引力，拿着日本的退休金在泰国消费，似乎可以轻松变土豪。除了成本优势外，泰国气候温暖湿润，是非常适宜疗养和治疗慢性疾病的地方。截至2016年，泰国已经有8万多名日本老人，建立起不少日本养老小区，其中约有1 500名日本老人居住在清迈市区。

二、养老模式

（一）居家养老

1. 买房养老

泰国房产是永久产权，房屋类型包括：公寓、别墅、土地、酒店、联排别墅等。泰国本国人购买房屋无限制。外国的自然人不可以购买永久产权的别墅、土地、酒店、联排别墅等，只能购买公寓。公寓只有49%的面积可售予外国人；别墅等房屋需要注册泰国合资有限公司持有，外籍人士股权占比上限为49%。也就是说，与外国人交易，泰国所有的房产都是"51（泰国人）：49（外国人）"的份额配比。也有买房放置于泰国人名下代为持有的，但风险比较大。

2. 租房养老

由于自然人购买的房屋类别仅限于公寓，对于想要居住在别墅，或者想要耕种农田的外国人来说，可以选择租赁的方式。泰国法律规定土地租赁协议最长为30年有效期，除此之外的一切协议均属无效亦不完全受法律保护，即使签署

30＋30＋30 年也同样面临有限的法律保障。

（二）机构养老

1. 养老公寓

过去，泰国家庭都数代同堂，年长者一直由子孙照顾，但随着人口变化及越来越多人从乡下搬到城市，如今数代同堂已经不切实际。房地产开发商就瞄准这一点，纷纷推出养老公寓项目。

例如，房地产开发商 SC Asset Cor. 投入 3.5 亿美元开发高档养老公寓，公寓设备包括吸震地板和轮椅通道。该公司营销主管纳塔吉说，该公司正在研究其他地区的退休公寓和社区，目前也在考虑是否要与当地私营医院合作，打造一个退休村。

泰国医疗服务优质高效，而且价格相对便宜。泰国以全民医保为傲，而这种优质护理服务已经融入了许多高级住宅配套服务中。

2. 养老院或养老村

在泰国，随着国家正步入老龄化社会，政府和私有开发商修建的养老院项目越来越多。据国际房地产咨询公司仲量联行（JLL）称，泰国各度假胜地的大部分豪华养老院的主要客户群是外国人和泰国富有阶级。然而，泰国国内对豪华养老院并没有太大需求。泰国人总是倾向于自己照顾老年人。泰国家庭，尤其是条件不错的家庭，都会因不是自己照顾老年人而感到尴尬，他们宁愿在家里聘请一位护理人士。不过，这一情形在不久的将来也许就会改变。

吞武里医疗集团投资 5 亿美元在曼谷郊外打造一座“医疗城市”——金幸福村。该集团主席文瓦信说：“我们会确保老人家从醒着的那一刻直到他们睡着的那一刻，都受到良好照顾。”

这座医疗城市不只是针对泰国老人，更瞄准了外国退休者；吞武里医疗集团希望将至少 20％的公寓售予外国人。文瓦信说，目前有一些中国人和日本人对这个项目感兴趣。

3. “阿兹海默症”老人护理院

数以千计的英国、法国、美国和日本患者蜂拥到泰国（有的重症患者是子女做决定送到泰国）。经营者们开始面对极大的养老院需求，各种养老收容所如雨后春笋般涌现，业务主要是失智老人的看护。

从心照护之家安养院（Baan Kamlangchay）是由一位瑞士人在泰国清迈创建的养老院，养老院像度假村一样风景秀美，有棕榈树和舒适的游泳池，可以远足、游戏。该中心对阿兹海默症以及其他老年痴呆症患者采用人性化护理方式。对于患者及其家人来说，这可以作为一种选择方式。

三、跨国养老的思考

尽管很多国家评估认为很多泰国私立医院达到了西方标准，但是当地医院的水平参差不齐。

此外，即使一些泰国开发商已经意识到外国人和泰国人对豪华养老院需求的增长潜力，但是对开发、运营、管理豪华养老产业知识的匮乏是他们需要面对的一大挑战。除了住宿，养老院需要有专为老年人提供的服务，其中包括家务管理、膳食、药物管理、锻炼活动和洗浴盥洗帮助等。这些服务都需要根据每位老人不断变化的需求、年龄和健康状况进行私人定制。

况且，跨国养老还面临情感、语言等多方面障碍。同时，跨国养老还存在重重陷阱。一些外国老人因为语言不通，不熟悉环境等问题，被泰国的移民中介看成“人傻钱多”，加以诓骗。

还有一个更加严肃的话题：异国养老之旅的终点，也可能是孤独地客死他乡。这可能是跨国养老的人需要认真思考的问题。

参考法规

1.《企业会计准则第 9 号——职工薪酬》
2.《中华人民共和国劳动法》
3.《中华人民共和国劳动合同法》
4.《住房公积金管理条例》
5.《企业年金试行办法》
6.《关于中央企业试行企业年金制度的指导意见》
7.《事业单位职业年金试行办法》
8.《企业年金基金管理办法》
9.《关于扩大企业年金基金投资范围的通知》
10.《企业会计准则第 10 号——企业年金基金》
11.《关于企业年金、职业年金个人所得税有关问题的通知》
12.《财政部、国家税务总局关于基本养老保险费、基本医疗保险费、失业保险费、住房公积金有关个人所得税政策的通知》
13.《中华人民共和国信托法》
14.《中华人民共和国合同法》
15.《OECD 企业年金治理准则》
16.《商业银行个人理财业务管理暂行办法》
17.《国务院关于加快发展养老服务业的若干意见》
18.《中国老龄工作七年发展纲要（1994—2000 年）》
19.《中国老龄事业发展“十五”计划纲要（2001—2005 年）》
20.《中国老龄事业发展“十二五”规划》
21.《社会养老服务体系建设规划（2011—2015 年）》
22.《中国老龄事业发展“十一五”规划》
23.《“十三五”国家老龄事业发展和养老体系建设规划》
24.《关于运用政府和社会资本合作模式支持养老服务业发展的实施意见》
25.《关于确定第二批中央财政支持开展居家和社区养老服务改革试点地区的通知》

参考书目

1. 博迪，默顿. 金融学 [M]. 伊志宏，等译. 北京：中国人民大学出版社，2000.

2. 柴效武，孟晓苏. 反向抵押贷款制度 [M]. 杭州：浙江大学出版社，2008.

3. 柴效武. 以房养老理念 [M]. 杭州：浙江大学出版社，2008.

4. 仇雨临. 员工福利管理 [M]. 上海：复旦大学出版社，2005.

5. 邓大松，刘昌平. 中国企业年金制度研究 [M]. 北京：人民出版社，2004.

6. 范子文. 以房养老——住房反向抵押贷款的国际经验与我国的现实选择 [M]. 北京：中国金融出版社，2006.

7. 谷照明. 产权改革与员工持股 [M]. 北京：北京大学出版社，2002.

8. 侯淅珉，等. 为由广厦千万间——中国城镇住房制度的重大突破 [M]. 桂林：广西师范大学出版社，1999.

9. 华茂通咨询. 现代企业人力资源解决方案 [M]. 北京：中国物资出版社，2003.

10. 霍，罗宾逊. 个人理财策划 [M]. 陈晓燕，等译. 北京：中国金融出版社，2003.

11. 李普曼. 员工持股计划实施指南 [M]. 张新海，吴增涛，刘敏恒，译. 北京：电子工业出版社，2002.

12. 李珍，孙立勇，张昭华. 中国社会养老保险基金管理体制选择 [M]. 北京：人民出版社，2005.

13. 林泽炎. 转型中国企业人力资源管理 [M]. 北京：中国劳动社会保障出版社，2004.

14. 刘昕. 薪酬管理 [M]. 北京：中国人民大学出版社，2007.

15. 刘子兰. 养老金制度与养老基金管理 [M]. 北京：经济科学出版社，2005.

16. 罗格，雷德尔. 养老金计划管理 [M]. 林义，等译. 北京：中国劳动社会保障出版社，2003.

17. 罗森布鲁姆. 美国员工福利手册（第 5 版）[M]. 杨燕绥，等译. 北京：清华大学出版社，2007.

18. 配第. 政治算术 [M]. 陈冬野，译. 北京：商务印书馆，2014.

19. 石金涛. 现代人力资源开发与管理 [M]. 上海：上海交通大学出版社，2006.

20. 宋世斌. 我国医疗保障体系的债务风险及可持续性评估 [M]. 北京：经济管理出版社，2009.

21. 孙建勇. 养老金治理与投资 [M]. 北京：中国发展出版社，2007.

22. 杨河清. 劳动经济学 [M]. 北京：中国人民大学出版社，2002.

23. 张凤林. 人力资本理论及其应用研究 [M]. 北京：商务印书馆，2006.

24. 郑功成. 社会保障概论 [M]. 上海：复旦大学出版社，2005.

25. 葛建霞，杨柯君. 上海市 2 005 名老年人健康状况评估分析 [J]. 社区医学杂志，2004 (2).

26. 姜岩. 国有企业建立企业年金的动因及可行性分析 [J]. 社会保险研究，2004 (1).

27. 李安明，张建华，李滔等. 社区老年健康状况多元分析及其对策研究 [J]. 中国卫生事业管理，2003 (5).

28. 李琼，吴琳. 让商业健康保险为老年人提供经济保障 [J]. 上海保险，2003 (2).

29. 林红，张拓红，杨辉，等. 北京市 895 名老年人慢性病现状及其影响因素分析 [J]. 中国慢性病预防与控制，2002 (10).

30. 刘雪荣，于普林，叶文，等. 河北省燕郊社区 717 名老年人慢性病现况调查 [J]. 中华老年医学杂志，2004 (23).

31. 刘子兰. 英国职业养老金计划监管探析 [J]. 国际经贸探索，2006 (3).

32. 吕探云，曹育玲，杨英华，等. 社区老人长期护理需要的调查与护理探讨 [J]. 护士进修杂志，2001 (16).

33. 申一帆，李曼春，张宏星. 1 000 名老年人卫生服务需求及社区卫生服务意向研究 [J]. 中华医院管理杂志，1999 (15).

34. 沈林灵. 为健康投资——美国健康储蓄账户概览 [J]. 大众理财，2006 (2).

35. 孙华平. 企业年金制度中的 DB 与 DC 管理模式比较分析 [J]. 工业技术经济，2008 (12).

36. 孙耀明. 城镇低收入人群住房福利研究总体思路 [J]. 中国社会科学院学报，2008 (2).

37. 王德文，林维文，周天枢. 福州市老年人慢性病现状调查 [J]. 中国公共卫生，2004 (20).

38. 王小合，范亚峰. 老年人身心健康状况及卫生保健策略分析 [J]. 卫生软科学，2004 (18).

39. 卫生部信息统计中心. 第二次国家卫生服务调查主要结果的初步报告 [J]. 中国卫生质量管理，1999 (1).

40. 卫生部信息统计中心. 第三次国家卫生服务调查主要结果的初步报告 [J]. 中国医院，2005 (9).

41. 杨燕绥. 领取全额养老金年龄与实际年龄可以不同 [J]. 中国社会保障，2014 (1).

42. 祝罗骁. 关于以房养老各种风险及防范的初探 [J]. 价值工程，2011 (19).

43. 郭华萍. 住房福利十年记 [N]. 东南早报，2004-5-31.

44. 国家卫生和计划生育委员会. 2012 年我国卫生和计划生育事业发展统计公报 [R]. 2013-06-19.

45. 姜岩. 从中西比较看养老金公司的市场定位 [N]. 中国保险报，2007-10-29.

46. 姜岩. 建立企业年金管委会更符合年金市场发展需要 [N]. 上海证券报，2005-9-21.

47. 姜岩. 企业年金受托人的法律地位亟待明确 [N]. 中国证券报，2005-9-29.

48. 姜岩. 如何破除企业年金市场发展的“瓶颈” [N]. 上海证券报，2006-10-19.

49. 民政部. 2012年民政部社会服务发展统计公报 [R]. 2013-06-19.

50. 清华大学公管学院就业与社会保障研究中心. 养老服务体系与老龄产业发展研究 [R]，2012.

51. 全国老龄委. 中国城乡老年人口状况追踪调查 [R]. 2007.

52. 张锦. 浅析澳大利亚养老金体系改革 [EB/OL]. http：//www.drcnet.com.cn.

53. Department for Work and Pensions，*Security in Retirement：Towards a New Pensions System*，2006.

54. Theodore W. Schultz，*Investment in Human Capital The American Economic Review*，V01.51，No.1.（Mar.，1961）.

55. Tullio Jappelli and Franco Modigliani，*The Age-Saving Profile and the Life-Cycle Hypothesis*，The Collected Papers of Franco Modigliani，Volume 6，MIT Press，2003 edition.

图书在版编目（CIP）数据

员工福利与退休规划/北京当代金融培训有限公司组织编写．—北京：中国人民大学出版社，2019.7
ISBN 978-7-300-27089-0

Ⅰ.①员… Ⅱ.①北… Ⅲ.①职工福利 ②退休金-计划管理 Ⅳ.①C913.7 ②F241.34

中国版本图书馆 CIP 数据核字（2019）第 134403 号

员工福利与退休规划
北京当代金融培训有限公司　组织编写
Yuangong Fuli yu Tuixiu Guihua

出版发行	中国人民大学出版社		
社　　址	北京中关村大街 31 号	**邮政编码**	100080
电　　话	010－62511242（总编室）		010－62511770（质管部）
	010－82501766（邮购部）		010－62514148（门市部）
	010－62511173（发行公司）		010－62515275（盗版举报）
网　　址	http://www.crup.com.cn		
经　　销	新华书店		
印　　刷	涿州市星河印刷有限公司		
开　　本	787 mm×1092 mm　1/16	**版　　次**	2019 年 7 月第 1 版
印　　张	12.75	**印　　次**	2025 年 7 月第 11 次印刷
字　　数	264 000	**定　　价**	38.00 元